Missing Each Other

How to Cultivate Meaningful Connections

調和

打造自身平衡，建立彼此連結

愛德華・布羅德金 與 愛許莉・帕拉斯拉——著
Edward Brodkin & Ashley Pallathra

吳郁芸——譯

獻給我們的家人

CONTENTS ｜ 目次

推薦序

調和：用腦科學來說明人際同步協調的重要

國立陽明交通大學　腦科學研究所　專任教授兼所長／楊智傑醫師

現代醫學的進展，已經可以有效以藥物治療憂鬱症、躁鬱症，甚至是嚴重的思覺失調症。但在診間裡，儘管病患的症狀經過藥物治療後有所改善，常常聽到病患擔心的，反而是如何走入人群，如何和他人溝通。這不僅是來自於擔心別人異樣的眼光，更多是對於人與人之間的交流，產生恐懼和害怕的情緒，因此無法組織語言；也就難以產生良好的人際溝通，建立自我的信心。

正如本書開頭所寫：「我們天生就與別人連結」。而人與人的連結，來自於大腦「調和」的能力。調和這個字，翻譯自英文的*Attunement*。這個英文字指的是我們如何對他人做出反應，也是人與人之間建立關係的過程。創辦洛杉磯加州大學「正念覺察研究中心」的精神科醫師丹尼爾．席格（Daniel J. Siegel）曾說：「當我們與他人調和時，我們內心發生變化，並與他人的內心世界產生共鳴。這種共鳴是親密關係中出現的『感覺』之核心。發展中的小孩需要調和才能感到安全和發展良好，在我們的一生中，我們更需要調和才能感到親密與聯繫。」

可以說，調和是一種察覺他人心理狀態的能力。想像聽到嬰兒哭聲的反應，我們可能會想嬰兒是不是肚子餓了。又想像當一個人說我沒事的時候，我們是否能感受到這句話背後的情緒以及心理狀態。然而，我們自身對於調和的能力，也會受到本身情緒和心理狀態的影響。當情緒憂鬱時，可能會覺得所有人對自己的反應都是負面的，因此也就難以對別人產生正面的態度，進而影響到彼此的關係。這時，如果身邊之人也無法調和自身憂鬱的感受，可以想像到就會發生，例如——對憂鬱症的家人拋下一句：「你（妳）就是想太多才會得憂鬱症」。

大腦的調和能力，可能來自於鏡像神經元的作用。鏡像神經元給予了我們察覺他人行為的能力，進而去理解他人的內心世界。而許多研究表明，自閉症可能就是鏡像神經元的發展異常，導致社交能力的缺損。我們的大腦，無時無刻都在進行調和，不僅是對外在的反應，同時也反映在內部的大腦功能連結。如果大腦內部迴路失去調和的能力，自然也就無法對外界刺激產生適當的反應。

因此，這本書所分享的調和之四個組成：放鬆的意識、傾聽、理解和相互回應，就格外的重要。全球疫情的爆發，改變了人與人交流的模式。視訊會議隔絕了人與人交流間細微的動作和肢體變化，即便見面，口罩也遮掩了原本透過表情所帶來的訊息。傾聽成了唯一的選項。身體和心理是一體的兩面，透過身體的放鬆，才能夠讓大腦更順暢的運作。所謂「每臨大事有靜氣」就是身體和心理的完美調和。這本書分享了如何透過放鬆技巧來打造自身平衡，建立彼此連結。全書發人深省，並透過扎實的腦科學證據加以闡釋，因此特別推薦給讀者。希望透過這本書，在這個全球疫情改變交流模式的年代，進一步提升人與人間互動的品質！

作者貼心話

為了說明我們作者倆在本書中討論的概念，我們使用了來自我們自己生活和臨床實務中的故事。基於保護我們所採用的故事其主人翁隱私，我們不使用真實姓名或任何其他身分證明資料，而且很多故事題材都是脫胎於一位以上的人物綜合。

本書內含資訊僅供教育和告知、宣傳目的用途。不可用於代替熟悉讀者具體與特定情況的臨床醫生，根據當事人個別病情所提供的心理保健服務。因此，本書涵蓋的資料，不應被用在診斷或治療任何精神與心理健康狀況上，診治事宜只能由讀者自己的醫療保健人員加以進行。

本書內文包含身體活動相關運動練習與實作，在進行任何鍛鍊計畫、包括本書所述運動練習之前，應先諮詢醫生或初級醫療衛生工作醫事人員個人或醫療機構。對於因為運用本書中任何觀念、資訊或運動練習與實作，而導致發生任何傷害或損失情事，本書作者與出版商概不負責。

關於COVID-19（嚴重特殊傳染性肺炎）①說明：本書中提供的一些運動練習與實作，包括接近和／或密切接觸另一位搭檔作為運動夥伴。在COVID-19全球大流行期間，請務必遵守關於必須保持人身距離／社交距離的公共衛生指引；假如出現違反現行公共衛生建議或當事人醫療衛生提供者意見之情事，此時該違反人不得從事與接近或密切接觸相關之運動練習與實作。

---

① 英語為coronavirus disease 2019，是由嚴重急性呼吸道症候群冠狀病毒2型（SARS-CoV-2）引發的傳染病，二〇一九年末出現首例確診後擴散全球。**本書三百六十五則當頁注，均出自中文版譯者與編輯；書末收錄二百三十四則資料來源，均出自作者。**

序

「唯有連結！那就是她講道的全部內容：只有連結平淡與激情，才能讓兩者同時發揚光大，才會看到人類之愛其廣袤，也不再活在分裂中。」

——愛德華．摩根．福斯特（E. M. Forster）①，

《此情可問天》（*Howards End*）[1]②

①（一八七九—一九七〇）全名為Edward Morgan Forster，英國小說家暨散文家，他於一九二四年出版的著作《印度之旅》（*A Passage to India*）被公認為二十世紀最重要的小說之一。

②或譯：《綠苑春濃》，出版於一九一〇年。以一九〇〇年代的英格蘭為背景，描述三個不同等級的中產家庭生活。曾改編成同名電影，於一九九二年上映。

有許多關於冥想③或瑜伽高手非凡壯舉的故事都被傳開了，包括他們對自己身體和生理機能近乎神奇的控制能力。如果要說當今誰擁有這樣的能力，那人該是我們這個時代偉大冥想大師其中之一的達賴喇嘛（Dalai Lama）④尊者。有次在一場公開演講中，達賴喇嘛的一位摯友，哥倫比亞大學（Columbia University）⑤的羅伯特・舒曼（Robert Thurman）教授⑥被直接了當問及此事：舒曼教授是否曾經目睹到達賴喇嘛創造了某個奇蹟，或者行出一些不可思議的神蹟呢？他被這個問題問得不知該如何回答是好，雖然他見證過達賴喇嘛身邊所發生一些十分了不起的事，但是假使舒曼教授好像在造神，把能力形容得太誇張了，抑或是試著傳教，意圖使人改變信仰；這搞不好只會讓尊者本人無法苟同。他正斟酌著到底要怎麼回覆才好時，舒曼的妻子、也是達賴喇嘛摯友的妮娜（Nena）⑦則是跳出來先一步脫口而出表示，依她親眼所見，尊者已經創造出不少奇蹟。她解釋自己的意思是指：達賴喇嘛有能力聚精會神，並全神貫注、把注意力集中在他所遇到的每一個人身上。這位發問的男士希望能打聽到的故事，是帶著戲劇張力、無法解釋的那種奇蹟；因此似乎對這個答案感到失望。不過妮娜本人則堅持——尊者與人溝通的方式本身就是一樁奇蹟！[2]

達賴喇嘛是佛教僧侶和數百萬人的精神領袖，他可想而知是位大忙人，幾乎每天都會在各式各樣的活動中與無數人會面。然而，許多觀察家都如此形容：在每一次社交互動（social interaction）⑧中，他聚精會神、心無旁騖地關注他人，毫無例外！跟他交談是一種獨特的體驗，在這種情況下，你會感覺自己完全被看見和聽到！

③ 指選擇自己最舒服的姿勢，專注於呼吸。能溫和改變人主觀的狀態，鍛鍊自我意識、放鬆身心、增進智慧及正面能量，並減輕壓力；一般練完瑜伽之後，常接著進行冥想練習。

④「達賴」是藏傳佛教中，對格魯派（黃教）與班禪並列的宗教領袖其稱號。達賴與班禪的認證出自藏傳佛教的活佛轉世系統。現世達賴為達賴十四世，名為丹增嘉措（一九三四—）。「達賴」在梵語中指「大海」，「喇嘛」是藏語對上師的稱呼，隱含「智慧」之意；「達賴喇嘛」意指「智慧深似海」。

⑤ 位於美國紐約曼哈頓上城晨邊高地的私立研究型大學，二〇二一年在《華爾街日報》及《泰晤士高等教育》共同發表的全美最佳大學排名獲得第十五名。

⑥ 曾任哥倫比亞大學印藏佛學宗喀巴（Jey Tsongkhapa）教授（一九四一—）。為西藏之家（Tibet House）共同創辦人，並將《維摩詰所說經》從藏文「甘珠爾」譯成英文。

⑦ Birgitte Caroline "Nena" von Schlebrügge 男爵夫人（一九四一—）。其爵位承襲自父親的德國貴族身分，是一位墨西哥出生，一九五〇至一九六〇年代活躍於瑞典與美國的時裝模特兒。她與第二任丈夫羅伯特・舒曼結婚於一九六七年，育有三名子女；最有名者即為影星鄔瑪・舒曼（Uma Thurman）。

⑧ 或譯：社會關係。指兩個或更多人類個體間的任何關係。其互動通常遵守社會大眾共同認同及遵守的行為標準；方式則因個人社會地位角色而異。

達賴喇嘛並不會對你有一搭沒一搭的。舒曼教授在形容這一點時提到：「通常我們彼此交談時，我們會努力和對方打成一片，並與他們溝通交流。和達賴喇嘛在一起時，我們之間完全零距離！他就在這裡，和我們在一起！」[3]原先，大家可能會覺得不可思議，有一個人的交流方式可以被視作是幾乎超自然的，是一種**奇蹟**，即使這個人是達賴喇嘛。跟他人建立連結的能力，怎麼會看起來，像是超出了普通人的潛力範圍？他的能力看起來幾乎是個奇蹟，因為儘管有潛力，但是能夠以這種方式，與他人建立連結與溝通交流的人屈指可數。

達賴喇嘛與他人的這種連結，似乎與我們在自己生活中觀察到的真實互動相去甚遠：在日常生活的真實互動當中，我們通常不太會注意到彼此，對待對方時總是漫不經心。大多數的人在日常生活中長期處於一整天下來都很緊張、壓力大的狀態中，全副精神力氣都放在自己的想法和擔憂上，使得他們長時間都無法真正傾聽他人的意見。隨著「忙呀！」成為問候某人日子過得怎麼樣，回答時大家會異口同聲搬出來的標準口頭禪，我們似乎常常錯過了彼此，就像兩艘船在黑夜裡擦身而過，差不多就要碰到彼此了，但也不是完全聯繫相通。即使我們真的相逢，我們卻不曉得什麼緣故還是會誤解對方，或者我們各說各話、雞同鴨講，真正、持久的聯繫讓人感覺可遇不可求！在這個科技逐漸占據了以前專用於現場、面對面互動交流的時間與空間的時代裡，調和（指能夠意識到我們自己的身心狀態，同時還能理解、關注並融入另一個人並與對方連結的能力）說不定是人類最需要的、也是最容易被忽視的一種能力。

花點時間思索一下你自己的生活，以及你與他人的日常互動吧！你參加過多少次工作會議，在會議中大家因為手機等設備而分心，因此這些會議儼然只是在浪費時間？每個人似乎都在搶著講話、說服對方或者牛頭不對馬嘴、大家對話沒有交集，回應的不是對方所說的，而是自己腦袋裡的想法，就好像每個參會人士只顧著活在自己的世界裡，並兀自停留在他們自己的觀點中。你是否三天兩頭就注意到自己在這些情況裡顯得孤獨、離群，無法確定自己的感受、或者你是如何向他人表達你自己的？在家裡，你的孩子或伴侶有多少次感覺到他們是被你訓斥，而不是你去傾聽了他們？還有另外一些時候，說不定感到失望、受傷或孤獨的人是你，因為即使是跟你最親近的人（朋友、家人、你的另一半、你的寶貝孩子），他們似乎不會、或不能完全關注並融入你，傾聽和理解你、回應你，而你有多希望有人能這樣關注並融入你，傾聽和理解你、回應你？

接下來則是我們的智慧型手機和平板電腦響個不停、訊息不斷，讓我們習慣於去關注簡訊、電子郵件、社群媒體⑨提示、預告和監測與其他通知，這一切可以完全徹底地把我們的注意力從彼此身上轉移開來！我們每每要一直到在與合作夥伴或朋友交談時，一雙眼睛永遠離不開我們自己的手機而得罪了他們，我們才會意識到：我們和他們彼此之間的連結甚至已經中斷了！你是否曾經發覺到你錯過了你的朋友剛剛所說的一切，因為你只顧著埋首在自己的想法中，即使是簡短的談話也無法保持專注？你讓這場互動徒留掃興、失望和內疚的感覺，你向自己保證，你下次會表現得更好！但是，下一次機會來臨時，我們的手機還是被掏出來了，而我們的注意力也無法集中，我們又開始分心了……。

說不定這就是為什麼遇到像達賴喇嘛這樣的人，可以成為一種情感上的強大體驗：有一個人自始至終用「對你感興趣、關注你的態度」來看待你，是一種令人不可思議地感覺振奮，並且感受到有人正在支持鼓舞著你的體驗！這會為你注入能量，使你充滿活力，激勵你投入到這場互動中，而且關注對方。這種積極的回饋圈會為與你互動的人提供並且回報同樣的感覺。即使是在短暫的互動中，持續不斷地跟對方互相感覺情投意合，也能對任何關係產生持久的影響。

雖然實現像達賴喇嘛那樣與人相通連結的能力，似乎是遙不可及的事，不過有一些具體的、漸進的策略，是每個人都可以實行的，並且進而使我們能掌握與獲得更多這種能力，讓我們可以用自信和輕鬆的方式融入人群、與人交往！在這本書中，我們邀請你和我們一起來探索調和的科學和技巧，並嘗試一些策略和練習與實作，以便在你自己身上培養與發展調和這種能力。

我們作者倆在這個主題上耕耘，是啟蒙自我們兩人在賓夕法尼亞大學（**University of Pennsylvania**）[10]從事自閉症研究方面的合作事宜，這使得我們意識到，調和不僅在自閉症類群（**autism spectrum**）[11]患者的生活中、同時也在我們所有人的生活裡扮演著重要的角色，這也令我們發覺到，在心理學、精神病學和神經科學方面，對調和的研究仍處於起步階段；然而，近年來，調和的研究已經開始迅速發展開來。

---

⑨或譯：社交媒體、社會化（性）媒體。指讓人撰寫、分享、評價、討論、相互溝通的網站和技術，由大批網路用戶自發貢獻、提取、創造新聞諮詢並傳播的過程。

⑩位於美國賓夕法尼亞州費城的私立研究型大學，與哈佛、耶魯、普林斯頓、布朗、康乃爾、哥倫比亞大學及達特茅斯學院同屬享譽國際的常春藤盟校成員。

⑪二〇一三年公布的「精神疾病診斷與統計手冊第五版」（DSM-V），將自閉症、亞斯伯格症、未明示之廣泛性發展障礙，合併稱為自閉症類群障礙。

調和是我們可以在互動中主觀感受到的狀態，但是我們可能很難確切地指出這是如何運作的，以及我們該怎麼樣才可以在調和這方面做得更好。這個體認，讓我們展開了深入鑽研探索現有研究的旅程，並且開發出一個框架，來理解調和的運作原理，而且是非科學和精神心理健康專業相關人士所可以理解和使用的框架。除了更容易理解調和之外，我們還想創造出一些實用的東西——一種任何人都可以用來發展調和的方法。

藉由根據我們綜合多年來在調和相關領域的研究和訓練，包括社會神經科學、心理學、精神病學、音樂、正念[12]、太極拳和其他武術／運動學科，我們打造了一套循序漸進式的練習與實作，用於培養與發展以及練習調和的基本技能。

二〇一四年秋天，在賓夕法尼亞大學，我們著手探索我們該如何與他人互相連結，或是無法連結的問題；我們從一個跟**達賴喇嘛的卓越連結能力**非常不一樣的地方開始，我們嘗試幫助那些在與他人連結方面遭遇重重困難的成年人：這些人患有自閉症類群障礙（autism spectrum disorder, ASD）。自閉症類群是人類神經多元性的一部分，神經多元性是指人類在大腦功能和行為方面的廣泛差異，自閉症患者可能在某些方面天賦過人而且才華洋溢，但是自閉症主要是由在社交溝通（social communication）[13]和社會關係（social relationship）[14]方面力不勝任來加以定義的。在國家心理衛生研究院（National

Institute of Mental Health）的資助下，我們開始開發一項新穎的專案，為自閉症成年人提供社會功能方面的支援。許多自閉症類群患者感到孤獨，渴望與他人建立連結，但是他們不知道要怎麼做才能建立連結，特別是跟神經正常的人（不在自閉症類群裡的人）連結，他們不完全瞭解是什麼原因，讓他們在保持連結這件事情上遭遇荊天棘地。截至二〇一四年，在開發和測試對自閉症成年人的支援和服務方面，所從事的努力和工作則是寥寥無幾。

在這項研究調查中，我們頗具挑戰性的任務，就是去確定出——和他人一來一往進行錯綜複雜的社交互動和關係的這些成年人，他們在哪些點上面會遇到困難。我們也努力不懈制定策略，以幫助這些人在與他人互動時，能夠變得更加自在愉快，而且更有能力過關斬將、勢如破竹！我們知道智能障礙不是造成干擾和阻礙的原因，因為參加我們研究的那些人士並沒有智能障礙的問題，他們很多人是大學生、大學畢業生或者職場專

⑫ 並非指要用正向的觀點看事情或維持積極進取，而是用不偏不倚的態度覺察所有念頭，既不耽溺於正向或開心的念頭，也不被負向或厭惡的念頭所蒙蔽。
⑬ 或譯：社會溝通或社會傳播。有四個組成要素：社會互動、社會認知、語用、語言處理（包括理解與表達）。
⑭ 或譯：社會互動或社交互動。

業人士。參與我們研究的這些人士一般在「解讀」或瞭解社會情境（social situation）[15]時，冷不防會嘗盡千辛萬苦，好比他們可能會在跟人對話、提出問題或者發表意見上，抑或試著在尷尬的時刻，插進其他人所進行的對話中，感覺到他們所遭遇到的難題不是普通程度而已；或者他們可能會繼續一直長篇大論探討某個話題，而沒有意識到他們自己口若懸河、喋喋不休，說得正起勁，對方卻興味索然。雖然我們任何人都可能偶爾會出現這些行為，不過在許多自閉症成年人身上，這些都是他們一貫的模式。

是什麼讓自閉症類群患者在駕馭一般的社交互動時一波三折？根據我們的臨床經驗和之前的研究，我們已經有了一些想法。我們熟悉「社會認知」（social cognition）——即理解他人和互動的概念。心理科學對其進行了詳細深入的研究，這也被認為是讓許多自閉症成年人陷身泥淖的地方。然而，我們在和參與我們研究的自閉症人士一起合作時，有個關於**某種能力**的念頭開始縈繞在我們心頭，這項能力包括社會認知和社會技巧（social skills）[16]，但是又遠遠超出了兩者，這與達賴喇嘛發展到如此不同凡響程度的能力相同；與他人「接觸」的能力，不僅在思想層面，而且在本能直覺和情感層面都能接觸，並且與他人的感受和自己的感受都能保持「協調一致」和「同步合一」，這些不但是因為一瞬間的理解或同理心催化，而且是在互動的不可預測的迂迴曲折過程中，隨著時間的發展而發生的，這種我們稱之為社會性情感調和，或簡稱為調和的能力，是讓對方感覺到你與他們真正建立連結的原因。調和這個概念撲朔迷離、難以琢磨，儘管已經對調和在母嬰互動中的作用進行了大量研究，但是調和並未受到研究人員應有的關注與重視。

近年來，針對「鏡像神經元」的神經科學研究已經開始提出大腦有可能擁有調和機制，[4]此外，自閉症類群患者與神經正常人士之間**不協調**的想法才剛剛開始在自閉症研究中受到關注與重視。[5]譬如，由於自閉症患者在處理社交線索（social cues），或是在採取整個社會普遍認為的正常方式加以反應時胸中無數，跟他人調和對他們來說可能會考倒他們。然而，對於神經正常的人來說，由於焦慮、恐懼、不舒服或者其他一連串的情緒、先入為主的思想成見和偏見原因，要理解以及跟他們不熟悉的人（比方說自閉症類群障礙患者、陌生人、老闆等）建立連結也同樣折騰人。

---

⑮ 即與個體心理相關之全部社會事實的一種組織狀態。

⑯ 或譯：社交技巧。包括「個體本身與自己」（個人主動表現、學習）與「個體本身與他人的人際關係」（互動溝通和適當口語與非口語行為），以及「個體本身與環境的交互作用」（問題解決、應變處理等）。

我們愈是思索這種調和現象，就愈是開始意識到，在調和方面遇到瓶頸的人比比皆是，我們開始在自己的同事、朋友和我們每天跟他們互動的人，以及我們自己的生活中，觀察到類似的威脅。意識到這個問題幾乎已經滲透普羅大眾後，激發了我們去進一步探索調和，研究是什麼讓調和派上用場、運作進行的，調和又是怎麼出差錯的，以及該怎麼樣培養與發展調和。所以我們開始整理制定出一個框架，該框架可以幫助任何人跟另一個人全面有效調和。

我們大家都有一個基本的需求，那就是人與人之間的連結，這一點在我們的文化中似乎愈來愈被忽視。在這本書中，我們強調並且分析了關於高品質連結的研究，此外更說明了我們每個人都可以努力去執行，以改善與提升生活中的連結其切實可行方法。我們探討人與人之間的連結，明確界定出調和的意義，並且深入探索組成調和的各個環節，我們還為了開發與培養調和，而制定出一套循序漸進的實用方法。提到「連結」時，我們是指人與人彼此之間深度瞭解、關注與融入對方，這種調和並不全然由你與某個人共處的時間多寡來決定，而更應該要歸功於這種互動的品質：你和另一個人彼此傾聽和理解對方的程度，以及你們相互回應對方的技巧。連結的品質不僅取決於你們彼此之間交談之言語，而且還取決於你們的非語言溝通交流其技巧和時機：非語言溝通交流指透過運用眼神交流、臉部表情與肢體語言。

在一個我們可以動用科技，隨時隨地跟任何人要溝通交流就溝通交流的時代，「保持調和」的能力，是我們比以往任何時候都更需要具備的能力！儘管人類可以辦到的不少事情正在被電腦和機器人所取代，但是真正的調和是生命體——尤其是我們人類所獨有的，並且是無價的！我們瞭解、關注與融入他人，並且跟他人建立連結的能力愈強，我們在自己的個人和家庭關係，以及工作中，就會愈有建樹而且愈舒適自在！倘若我們裡面有許多人都能致力於培養與發展我們的調和能力，就有可能產生連鎖反應，從而對我們這個時代更嚴重的社會、政治和環境危機，產生正面積極的影響；反之，上述危機則會因為社區和管理機構之間溝通交流不順暢而延長和惡化。

發展與培養調和，是改善與提升我們生活中許多方面的強大有效方法：好比摯友能夠瞭解、關注與融入彼此，並且助長相互理解和支持。每一種浪漫關係的本質，都來自在一個親密的層面上連結或調和的感覺；在親職教養和養育子女的過程中，「安全依附」產生自孩子能夠從基本層面上，感受到他們的父母對他們的愛和關心。孩子需要相信他們的父母可以確實地傾聽他們的心聲，並且可以積極嘗試理解他們，一旦孩子對照顧他們的人有這種基本感覺時，他們會變得適應力愈來愈強，能夠在五光十色的多元化環境中健壯成長！從專業的層面來看，成功的領導力和團隊建立（team building）[17]，以及積極吸引客戶的關鍵，就在於有能力以**某種方式**與他人連結。假使有那種連結的感覺，團隊內部的動力、溝通交流與合作就會增長。調和改善與提升了團隊內部的溝通交流以及與客戶之間的溝通交流，調和有助於解決衝突，並朝著實現一套共同的目標而努力。幾乎在每個工作場所或職業中，都會有這樣的時刻：賭注很大風險很高、焦慮達到頂點、神經緊張，而且通常會導致當事人出現反應行為，中斷並破壞了同事和同輩之間的溝通交流。培養並發展一套新的習慣和技能，來增強在日常生活中的調和能力，即可在充滿壓力的緊迫時刻（就像在工作中碰到的那些情況一樣）更方便獲取這些技能。定期練習並實際操作，一旦有必要以及在緊要關頭時，要挖掘、獲得與使用這些基本的調和技能就會變得更順利，這些技能使你能夠把注意力集中在跟你合作的任何人士身上，在人性的層面上與他們連結，並且培養及增進彼此相互理解。

《調和：打造自身平衡，建立彼此連結》這本書提出了透過改善與提升我們日常互動的品質，來**重新投資**我們自己和對方的觀點。本書定義並探討了我們所說的調和四個組成部分之細節：放鬆的意識、傾聽、理解和相互回應。我們探討的內容，包括每個組成部分的精神心理和身體生理方面、相關研究、幫助你培養與發展該組成部分的練習與實作，以及把調和的內部運作重現，並且描繪地栩栩如生的多個故事。所有四個組成部分會同時發揮作用，而且因為**它們**之間密切相關，四者有一些地方是重疊的。最後，我們的目標是同時將所有四個組成部分付諸行動。這需要練習，不過我們會告訴你該怎麼下手。

現在我們要來聊一聊**練習和實作**這個主題：我們會從靜止冥想和正念冥想的練習與實作開始，然後再進行單獨的動作練習，最後再發展到找人搭擋一起運動並且展開對話練習。每個練習與實作，都包括身體生理和精神心理的調和組成部分。調和與正念的概念有一些重疊的地方。正念這檔事你可能已經並不陌生！近年來正念流行文化中鋪天蓋地宣傳播散。調和的第一個組成部分是放鬆的意識，這是一種正念，在這種情況下，你可以冷靜地意識到自己和你正在與之互動的人；但是調和的概念超越了正念，因為調和還涉及將正念策略納入多采多姿的社會互動中。假如你投入一些時間和精力，定期練習至少某一些運動和習題來鍛鍊你自己，這樣一來，我們所介紹發展調和的方法包準是最

---

⑰經由一系列計畫性的、有趣且能激勵人心的遊戲活動，誘使團隊取得共同成果，活動中團隊需透過建立溝通、計畫、解決問題和衝突等技能來進行協作。

管用的！這些練習很簡單，就算你沒有太多時間，或只是想重新確定自己在這些調和元素上的方向時，還是可以進行這些練習和實作。

本書《調和：打造自身平衡，建立彼此連結》主要、反覆出現的主題是平衡。發展與培養調和，包括要在練習與實作裡的身體生理和精神心理兩方面取得平衡：在身體要放正，頭、軀幹以及四肢各部位排列成一直線和肌肉放鬆之間取得平衡、在覺察和冷靜取得平衡、在覺察到自己和意識到他人之間取得平衡；[6]但是目標**並非**達到一個靜止不動的平衡點，也就是一般稱為「最後的完美調和狀態」；我們與他人的互動總是在不斷發展與變化，因此調和是一個圍繞著平衡點消長起伏的動態過程。調和一直都是一項「正在進行」的工作，跟舞蹈非常像，該工作與引導和跟隨，以及「跟別人有點黏、又不會太黏」的親密和距離之間交替轉換有關。

發展和培養調和——最後會與發展和培養注意力以及時機；發展和培養在不斷變化的互動迂迴曲折過程中，保持同步一致和連結的能力；以及發展和培養根據互動特定時刻所要求的靈活和適當反應之能力有關。無論是兩個人進行對話，而讓他們感覺到彼此相互傾聽和理解對方；或者兩位舞者在一起翩翩起舞；還是兩位籃球隊友在籃球場上快攻時配合地天衣無縫、默契十足，之後再一起走下球場；抑或兩個音樂家一起即興發揮演奏，這些全都涉及到放鬆的意識、傾聽、理解和相互回應這四個調和元素。調和是一種值得發展和培養的力量，因為這可以擴大和加深我們對自己和他人的感知，繼而又能使我們的效率、我們管理與處理衝突的能力，以及在許多不同的情境、脈絡、背景下、和許多類型的關係中，與他人互動的品質得到顯著提升與改善！

身為研究人員和臨床醫生，我們的工作承襲了科學家—實務者⑱的傳統，我們把這種平衡的方法，帶到了我們組織這本書的方式中。本書不僅是一本「調和大全」——使你對調和元素理解得很徹底、洞若觀火，而且還向你展示如何發展和培養這些要素，以及該怎麼做才能在日常生活中躬行實踐。到最後，這本書應該讓你更加瞭解自己與他人的連結，以及進一步發展、深化和加強這些連結所需的知識和技能。就讓我們開始吧！

⑱ 此處指的是「實務工作者」需受過充足的科學訓練：先成為心理學家，再成為臨床心理師；即實務工作與研究工作並行。

第一章

什麼是「調和」？為什麼很重要？

「只有透過我們與他人的連結，我們才能真正瞭解與提升自我，而唯有藉由對自我的努力，我們才能開始加強我們與他人的連結。」

——海瑞亞．勒納（HARRIET GOLDHOR LERNER）[1]①

① 或譯：海瑞特．李納（一九四四—）。現代臨床心理學家，其針對女性與家庭關係心理學的著述豐富，在家庭和女權主義理論與治療的精神分析概念之貢獻，最為人所推崇。

我們天生就與別人連結，從我們生命混沌初開的時刻，就可以明顯看出我們具有強烈的本能慾望，要與他人建立連結：嬰孩會認得人的面孔，並且表現出特別喜歡某張臉龐的偏好，這正說明了我們與生俱來對別人感興趣、同時好奇心十足。[2]嬰兒在安全的養育環境中繼續發育成長時，他們會發展出一種能力，使他們能與父母或者看護他們的褓姆形成情感與身體上的依附關係（attachment bond）②，這種關係則為他們提供了必要的安全感，讓他們可以探索、冒險、抓住機會並發展出他們自己的自我意識。

久而久之，一旦小孩子開始學習語言後，他們很快就會瞭解到，透過語言與非語言的溝通交流，他們即可把自己的思想跟他人連結起來，[3]而這正是在他們成長過程中的劃時代里程碑！過了一段時間之後，小孩子學會了參與複雜的互動，因而可以交流想法或經驗。我們天生就有興趣與能力去瞭解他人的經歷，而且對於找出「他們的經驗要如何與我們的體驗互相連結起來」這個問題十分關心。

在我們與他人交往的動機有多強烈，或是社交互動（social interaction）對我們來說是多有趣和愉快這些方面上，還是存在著個別差異（individual difference）的現象，這一點是毋庸置疑的，我們不太會想要一直跟某個人保持連結；但總體來說，無論你認為自己個性是內向還是外向的，你通常都會被迫與你周圍的人產生某種程度的身體、情感和／或心智連結。

我們知道人天生就需要社會聯繫（social bond）③，我們也明白一旦人的社會聯繫被剝奪了（尤其是在新生兒的階段）這時候會發生什麼事：人在自己的童年初期就被剝奪了社交接觸（這類接觸包含了比方說他／她被人擁抱、旁人把他／她搖來搖去安撫、有人緊抱著他／她），這會與大腦發育的改變產生連帶關係，並且會因此破壞了孩童與他人建立積極依附的能力。日子一久，這種在孩提時代，即缺乏與看護人褓姆之間的社會連結（social engagement）④，會導致人情緒調節困難、自尊心低、行為問題與認知發展（cognitive development）⑤受損。社交孤立（Social isolation）⑥讓我們賠上自己

---

② 大約在出生後七至二十四個月，此時幼兒開始展現爬行能力，「物體恆存」概念也漸成熟，使得嬰兒能主動縮短與親人之間的距離，明顯表現依附行為。

③ 一九六九年社會學家赫胥（Travis Hirschi，一九三五—二〇一七）提出的「社會鍵理論」（也稱社會聯繫理論）指人與動物行為無異，天生具有犯罪傾向，人需要社會鍵（社會聯繫）減少犯罪傾向。

④ 或譯：社會參與、社會投入、社會互動。指能連結社交網絡的能力，包括親密關係的品質、社交頻率，從互動中感受愉悅的程度。

⑤ 指的是個體自出生後在適應環境的活動中，吸收知識時的認知方式以及解決問題的思維能力，以及隨著年齡增長而改變的整體歷程。

⑥ 或譯：社交隔離、社會孤立、社會隔離。指的是人與社會之間完全或是幾乎完全缺乏聯繫的狀態。

成年後的幸福，會對整體健康與壽命造成負面影響，而且就跟其他公認的具風險因素（好比肥胖）[4]那些負面影響的情況差不多。社會聯繫少，也跟身心健康結果惡化息息相關[5]——健康狀況愈差，就愈不可能與他人進行社交互動，因而使得這種問題週而復始層出不窮。

進化心理學家⑦向我們解釋，人類傾向於相互連結是有適應方面的原因的，由於我們需要生存與繁殖，因此社會合作應運而生；我們需要有其他人，這樣才能獲取資訊與資源，而且使我們能保護自己以及我們的後代免於遭受危險，以及尋求幫助解決問題；因此，搞不好你會認為我們之所以需要連結，純粹是出於功利和實用上的考量，好比是為了生存和繁殖；但是為素昧平生的人挺身而出、拔刀相助、不求回報則是一例，說明了社會連結不一定是被親屬關係和功能所激發出來的。從童年開始，我們就學會了根據我們的相似之處，找出與他人的共同目標，並且建立連結。隨著年齡漸長，儘管有明顯的差異，我們卻愈來愈能接受對方，並且能彼此愛慕；這些經歷提醒我們，渴望與對方相互連結，並且發展出深厚的情感聯繫（包括柏拉圖式⑧的和浪漫的）這種慾望該有多麼堅不可摧，而且簡直是天經地義、舉世皆然的普世價值！人彼此連結的基本技能就是調和。

調和看起來是怎麼一回事？感覺起來是什麼樣子？

調和是一種能力，讓你可以一邊意識到你自己的心理思想和身體狀態，還可以一邊跟他人和諧共處以及連結，是基本的社會技能與人際關係的基礎；沒有調和，我們就會跟他人隔絕開來，封鎖阻斷我們自己的內心世界。調和不僅憑恃口頭語言，也會以透過我們交換無聲的信號（例如臉部表情、語氣、和肢體語言）來溝通交流感覺狀態作為依據。相互溝通交流就是在引起別人的注意力，並且善加運用我們的手勢和姿勢這兩種情況當中進行的，大家彼此互相配合時，[6]這種溝通交流最為有效。溝通交流的非語言成分則幾乎是在我們一呱呱墜地後就開始發展了，非語言溝通交流是在我們與父母，或是照顧我們的褓姆進行之互動中，所培養出來的。我們一生會持續不斷發展該能力；在任何深層的關係和互動中，調和都扮演著重要的角色。

---

⑦ 演化心理學以達爾文所提出的演化論作出根據，旨在用「適者生存」的理論解釋現代人心理現象的由來。

⑧ 以西方哲學家柏拉圖命名的一種追求心靈溝通，排斥性慾的精神戀愛，最早為十五世紀由文藝復興時期學者馬爾西利奧・費奇諾（Marsilio Ficino）提出。

調和有助於我們感受到自己和另一個人產生連結，同時也能幫助另一個人感覺到就像他與我們是連結在一起的一樣。調和是一種全身體驗，既包含肌肉動覺方面、也有情感和情緒層面，在這種體驗中，你可以從實際上感覺到你在別人的皮膚上，而感受到他們的節奏、情感與經驗；調和比同理心、同情心和移情作用更進一步，因為調和打造了一種兩個人感覺跟對方連結起來的雙人體驗，這是經由對彼此的情感與情緒狀態、需求和慾望的相互、動態反應來實現的。[7]

調和不應被視為「只不過」是在提倡要跟他人建立起肉麻兮兮的情感連結而已，而應該將其看成一股獨特的力量。這種力量使我們能夠感知來自他人的溝通交流，跟他人聯繫，並且使我們的訊息能獲得理解，以及管理衝突。調和不是抽象、無形的概念，而是奠基於一套具體和特定的技能，研究則顯示，這些技能可以經由當事人投入時間與練習來加以培養和發展。在以下這些時刻最容易斷定已出現了真正的社會情感調和——當你的注意力完全專注於跟某人進行社交互動，無論這個人是不是你最親密的紅顏知己、姊妹淘還是最近才剛認識的人。當然，你可以跟某人進行優質互動，其中包括正念（mindfulness）⑨、鎮定自若，處變不驚、積極傾聽、同理心、同情心和移情作用、和認知理解等要素，但是這些技能中的任何一項只要是單獨存在著，都不是調和；真正的調和是由所有這些要素共同作用而產生的，這種狀態使你能夠跟某人所表達的他們其個人體驗十分契合、完美匹配而且一唱一和。

想一想你曾經在某個時候安慰過自己身邊親近、鬱鬱寡歡的人——這是一個需要加強同理心、同情心、移情作用，以及意識到你自己和對方情緒和情感的時刻。遭逢一場劇變（比方說家人與世長辭）彷彿晴天霹靂，讓我們停下腳步、無法前進，使得一切通常會令我們心煩意亂、注意力分散的事都戛然而止，並且提醒我們人與人之間連結的重要性。安慰別人時，你會更加關注在黯然神傷者說話的內容，以及他們所使用的肢體語言上，這種關注可以幫助你試著預測他們的需求，無論是遞上紙巾、給予擁抱，抑或是你一直都在那裡守護並且傾聽對方都可以。因此，你們會變得彼此步調一致，形成了一個正回饋圈（positive feedback loop）⑩，在這回饋圈中，悲慟不已的人，會感覺到自己跟你有聯繫，而你也感受到與他們的經歷有聯繫。雖然你也認為人死不能復生，不過有

---

⑨ 或稱：覺察。該心理過程，是一種有意、不加評判，對當下的注意。

⑩ 或譯：正回饋迴圈。以生理學為例，指身體受到來自內外部刺激，經由內部機轉釋放某種激素（例如泌乳素），而該激素的釋放讓身體分泌更多的激素（例如催產素，進而收縮流出奶水，再回頭刺激泌乳素分泌），因而產生回饋往復的循環。

你相伴左右，以及你們之間的聯繫會讓人深感安心。你與另一個人之間的調和連結具有強大影響力，能促進情感和情緒療癒。

調和有項重要特徵，那就是同時具有內在和外在兩個層面，換句話說，調和包括了向內留心我們自己的情緒和情感狀態、想法和感受，以及向外關注來自我們互動的對象所提供的線索與暗示。假如你去安慰某位愁眉苦臉的人，你關心對方的感受時，在一定程度上稍微意識到（但不至於感覺強烈到令你手足無措到自己也受不了的地步）你自己的感覺，這麼做是有幫助的。說不定你正在安慰剛剛失怙失恃的人時，會一併勾起你內心的情緒和情感，因為你目前也正在照顧自己年邁的父母。像這樣跟別人的互動可能會讓你感到憂心忡忡、壓力過大或者萎靡不振，因為你會想起自己的家庭狀況，雖然這個現象是完全正常和可以理解的，但是需要有一定程度的自覺意識，來找出你自己內在的那些情緒和情感，這種意識讓你可以調節自己的情緒和情感，同時與他人的經歷保持正念連結。在沒有意識到別人遭受損失打擊這件事，正挑起你對自己家庭狀況的感受時，你可能會在對談中不知不覺被自己的情緒和情感與經歷所干擾以及分心，結果，你搞不好就不再會全神貫注在這位愁眉苦臉的人其情緒上了！因此，說來好笑，某種程度的自我意識，竟然可以幫助你保持在**你意識到對方**的這個狀態上啊！意識到我們自己的狀態和對方的狀態，就可以有較大空間去加深雙方之間的連結。

調和也可以在歡樂的情況下實現，可以發生在兩個深愛著對方的人之間、出現在兩個彼此從裡到外瞭若指掌的老朋友之間；存在於父母和他們襁褓中寶貝之間的歡笑與擁抱上；或者在身體生理、精神心理和情感以及情緒上彼此密切配合與協調的音樂家、舞蹈家或代表隊的運動選手之間表現出來。這些類型的互動帶有一種美感，而以這種方式與對方高度聯繫的人，在他們調和的互動時刻，往往會有一種飄飄然的亢奮感，互動結束時，他們可能會想念這種感覺。對於彼此深深相愛的人、對於家有初生寶寶的爸媽，或者對於音樂家、舞蹈家和運動員來說，這些聯繫的時刻常常是他們為了這種感覺而活，並且迫不及待想要回到當時那種聯繫的時節！

有意識與無意識運用調和的技能，是從幼兒時期開始的，而且不管在任何年齡階段都會繼續培養下去，這些技能尤其常見於母親與嬰兒的互動中：諾拉・強生（Nora Johnson）和她三個月大的女兒泰勒（Taylor），是我們參與某個兒童發展研討會的客戶，她們這一對完美呈現出強烈調和所需要的流暢思想交流，而且她們是在不知不覺中做到這一點的。在玩耍嬉戲時，她們透過彼此眼神交流，以及經由交換彼此互相模仿對方的臉部表情來進行連結，她們一同微笑、歡笑，並且發出咿咿呀呀的聲音，母親還對著愛女柔聲低語。諾拉與泰勒的互動說明了，甚至早在嬰兒開始使用文字說話之前，在我們的生活中，調和就已經是一種多麼原始的本能，而且是非常基本又十分重要的！雖然她們顯然有著共同的聯繫與特殊的親密關係，不過諾拉很快就注意到泰勒需要休息和空間，因為泰勒可能會暫時移開她的視線、或者掙脫一下，由這些**微瞬間**來證明這個狀態。父母與孩子之間的調和，不僅可以發生在行為上（正如諾拉和她的寶貝女兒之間所展現的那樣）甚至還可以出現在荷爾蒙變化與心率變異度（heart rate variability, HRV）⑪的生理層面上。你們在行為上相互調和時，你的身體也會跟著調整，你的生理機能會與別人的生理機能保持一致。[8]

假如你曾經盡情跟嬰兒一起開心玩耍嬉戲過，你就會知道你巴不得能盡你一切所能來吸引他們的注意力，並且對他們關懷備至、呵護有加、無微不至；但是，各位當中自己有小朋友的人，或者是曾經跟這些小傢伙相處過很長一段時間的人，都會懂好說歹說拜託小寶寶要不間斷地注意你，對這些小小孩而言，通常是門兒都沒有呀！諾拉並不堅持時時刻刻都要引起泰勒的關注度，諾拉對泰勒的回應，反倒凸顯出調和**並非**指的是要持續地挨近對方，並且分分秒秒不斷進行溝通交流；而是跟感覺到對方何時**需要**離開一些時間，以及給予他們那樣的空間有關。

對調和的瞭解愈多，你就愈會開始注意到，這些技能在你和別人的生活中是多樣、多元而且靈活的。根據不同的情況與關係的類型，調和可以用不同的方式發揮作用，有些例子甚至會讓你跌破眼鏡：舉例來說，協調在許多創意領域——比方說音樂、喜劇和體育上發揮著重要作用。就像**爵士樂控**會向你所分析的那樣，音樂即興創作必須跟調和有牽連，而且這是一件相當容易察覺到的事，音樂家之間的連結愈是優質，會讓他們共同製作的音樂更臻完善：小號手肯尼．惠勒（Kenny Wheeler）[12]與鋼琴家約翰．泰勒（John Taylor）[13]在音樂上攜手合作數十年，使他們有能力創造出一種高水準的調和，而且是透過即興創作所表現出來的。在一起即興創作時，每個人都需要瞭解自己和自己正在做的事情，同時也要瞭解對方和即時的互動。在定義上來看，音樂即興創作是不可

---

⑪指的是每次心跳間距，約有幾十個毫秒的微小差異，由自律神經（由交感與副交感神經組成）控制；經由測量HRV值的大小，可知自律神經功能是否正常。HRV值大等於自律神經能充分調控；HRV值小等於自律神經無法被敏銳調控。

⑫（一九三〇—二〇一四）加拿大籍爵士小號手，一九五〇年代起旅居英國，曲風溫和理性，樂評稱：滿溢深邃的靈魂深度。

⑬（一九四二—二〇一五）英國爵士鋼琴家，出生於曼徹斯特，偶爾使用風琴和電子音響合成器進行表演。

預測的，意思就是每個人都必須對音樂領域上發生之事保持開放的態度，即興創作音樂是一種不斷變化的、流動的過程，而不是去達到某個最後、靜態的目的地或狀態。就像惠勒和泰勒的即興創作技能一樣，調和並不是指兩個人彼此融合或單純地反映仿效對方，而是需要有一種輪流、推拉式的互動，一會兒負責帶頭、一會兒則是去跟隨。在全國公共廣播電台（NPR）⑭對他們的遺作專輯《在通往兩個人的路上》（*On the Way to Two*）的評論中，評論員凱文·懷海德（Kevin Whitehead）指出這兩位音樂家共同擁有一種非常「微妙的……但並不是模棱兩可」的和諧感：「他們倆都能聽出對方要去哪裡，而且他們總是一直在互相配合著，彈鋼琴的人知道該怎麼做就能讓小號手動起來，什麼時候讓他把時間拉長，在什麼時間又要把他拉回來。……這兩位演奏家互相瞭解，而且都聚精會神地聆聽，這也使得……有連貫性的自由即興創作充滿了生命力！」[9]知道在什麼時候該推、或者在什麼時間要拉，以及在哪個時刻應該跟隨，在這些點之間找到平衡，有時候可能就是調和裡最會把人難倒的元素。

諧星是另一個例子，他們會祭出高水準的調和，來創作詼笑科諢的精彩藝術作品；由於脫口秀的性質是現場演出，因此對表演者而言是一大考驗，而且看上去就是有股擋不住的魅力！脫口秀表演者必須注意自己眼前的事，不斷調適他們自己，並且感應他們的特定觀眾、與這些觀眾接通，如此一來他們的思緒就能因為一點點風吹草動而一觸即發、立刻進行調整。在眾人面前的演出扣人心弦、搏得滿堂彩，再加上聚光燈亮得讓人睜不開眼、斗大的汗珠滾下額頭，這本身就是一項了不起的絕活！不少脫口秀笑匠都表示他們需要保持冷靜和清醒（我們形容這是「放鬆的意識」），才可以為任何狀況做好準備；無論是碰到不適應他們的節奏和段子玩哏的群眾，還是被無理取鬧、準備來對他們叫囂踢館的跳樑小丑搗亂都有可能。在與其他單口相聲家合作時，所進行的即興創作中，他們的調和能力還可以因此進一步發揮與提升呢！

喜劇泰斗傑利．路易士（Jerry Lewis）⑮曾經讚嘆過他的諧星搭檔迪恩．馬丁（Dean Martin）⑯是「世上有史以來最優秀的人！」而讓他如此出色的原因是他有能力瞭解、融入、接受路易士，並且明白如何在恰當的時刻予以回應。路易士口中的馬丁「一清二楚我正在做一些我並沒有真的感興趣的事情，他一直看著我，直到他跳進來，

⑭ 全名為National Public Radio，是獲公眾贊助及部分政府資助，且獨立運作的非商業媒體機構；以廣播方式為全美約九百間公共廣播電台提供節目。

⑮（一九二六—二〇一七）美國喜劇天王、演員、歌手、電影製片人、編劇、和導演、發明家和人道主義者。

⑯（一九一七—一九九五）美國歌手、演員、諧星和電影製片。

把我從一個我不想去的地方救了出來！他是怎麼知道的？我的意思是，我講的是我們一起表演的第二個或第三個晚上，他曉得我什麼時候要喘口氣，我們這段關係真的太不可思議了呀！這是建立在——天哪！一個喜劇演員見到了別人瞭解其節拍和節奏上啊！」10

這跟馬丁與路易士是否同意或不贊同彼此的觀點無關，反倒是跟他們是怎麼明瞭對方，並且從對方那裡獲取資訊，以保持對話順暢進行有關。

在這種脈絡、背景、情境下，調和是奠基在一個共同的目標上，這需要許多要素，其中一些包括仔細傾聽、全神貫注、拋開自我、平等參與，以及有可能會失敗；而這些調和的組成部分統統都可以在音樂、喜劇或日常對話裡找到。事實上，在我們作者倆一起工作的這段時間裡，我們自己也經歷了調和的時刻，比方說在賓夕法尼亞大學開發自閉症治療計畫的早期階段，我們針對這項專案的不同部分集思廣益，並且將必要的後勤工作拼湊在一起時都很有默契，在某些時候，我們感覺雙方相互之間惺惺相惜，完成了彼此的想法，而且在某種程度上，我們從對方的想法中得到啟發，感覺像是我們不費吹灰之力就能觀點相投，那些時刻的感受真是奇妙無比！只有感人肺腑而且心滿意足可以形容啊！因為你知道自己正在體驗純粹的連結與清楚透明的溝通交流！但是也有些時候，我們兩個人的調和彷彿暫時中斷了，因為時間緊迫，或者管理在一個團隊裡各種九流三教的人物，這種壓力會導致焦慮、緊張和沮喪，無論我們的挫敗感來源是自己還是他人，合不來的導火線都會顯得更加白熱化！在那個時候，我們更容易誤解對方的想法或意圖，變得沉不住氣、沒辦法保持冷靜而且不知道「傾聽」是何物！自然而然就能進入調和的狀態很棒；不過，學會注意並找出干擾的因素，是保持冷靜和集中注意力的第一步，如此一來，你就可以延長停留在那個調和世界裡的時間了！

關係親密是一種典型情況，有了它，遂能使調和得以實現；不過調和也一樣可以發揮重要作用，提升我們在不太親密的互動中行動之能力，例如在我們與舊交、或甚至我們第一次遇到的人之互動上。要與別人產生某種程度的調和，並不需要先摸清楚對方的底細，也不需要進行冗長、深入、有意義的對話。達成調和的互動，源自於你的人在心也在、活在當下以及與某人聯繫起來的體驗，無論這種聯繫可能持續多久都是如此。在互動不太親密的情況下，調和技能可以提升你保持冷靜的能力，而且你會一直多方觀察、側耳傾聽，以清楚準確地理解對方。對自己的反應保持一定的意識（例如發現自己變得不知所措、分心、情緒化），會使你往往能夠更加妥善解決你和對方之間出現的任何問題，而且處理時的手法會更為巧妙熟練。

雖然調和可以讓你們的親近感有增無減，不過其用意並非指你變得跟另一個人親近到你要放棄自己的獨立思考與自主行動；只有在兩個人都能清楚意識到自己是獨立的個體時，如此一來，彼此才能真正地相互合拍、協調（嬰兒除外，因為他們還沒有發展出太多的自我意識）。你為別人放棄你自己的個性和自主感（或者另一個人為你放棄他們的個性和自主感）這就是融合；但這也可能代表有一個人在主宰和控制著另一個人，那跟調和有著天壤之別！調和涉及的是兩個或更多人，在個人空間和自由之間連結的這個狀態上找到平衡，而這則取決於特定的關係與背景、情境和脈絡。

調和甚至有助於我們在人與人之間看來總是難免會發生的衝突中，為我們指引方向、提出建議——假設你正跟你的老闆出席一場壓力很大的會議，與會人士正在向你提供重要的績效回饋；你們倆內心的緊張和煩躁指數也在直線飆升中！你的老闆試著想在當個有建設性的上司以及對你興師問罪這兩者之間取得平衡，你則對自己的工作表現如何感覺壓力很大，你們之中的任何一方、或雙方都可能會感受到被自己的感覺、反應和防禦所吞噬消磨、心力交瘁，因此使你們無法準確理會對方、自己和整個情況；結果你們當中的任何一個人，都可能會做出或說出讓自己悔不當初的事！雖然調和肯定沒辦法壓抑情緒，不過，經過強化的調和技能，則可以讓人能夠冷靜參與、進行、做自己分內的事，而不是被情緒反應所淹沒。這種觀點可以讓人彼此更仔細傾聽與清楚理解對方，讓每個人都能對另一方實際上做過或說過的事情予以回應，而不是對那些做了或說了的事情產生誤解。雖然這看起來很矛盾，不過我們跟某個人發生衝突時，假如我們與對方保持連結，我們實際上對這個衝突情況的應對與處理則會有效得多——一旦我們真的能夠清楚聽見與透徹領悟對方，並對真正說過的話和意思加以回應時，就能辦得到。要是你失去跟別人的連結，你在衝突或狀況中要讓別人瞧瞧你是誰、給別人好看的能力就會減弱！倘若你對老闆的回應，並不是真正回應在老闆實際上的說法或意思上，這時你的回應就會顯得無關緊要，很容易就被忽視、駁回或扭曲！要向對方提出令人信服的論證或主張，關鍵在於保持冷靜、傾聽並理解對方所說的內容、知道對方的想法，接下來則是以對方能夠聽到的方式，去構建你的論證。

要跟一個與你的觀點天差地遠的人建立連結並非易事——從根本上就不同意某人的意見時，又怎麼能指望要跟他們建立連結呢？大多數人都曾經有過這樣的經歷：他們體會到，或者料想不到的是：並非每個人解釋世界的方式都會跟他們如出一轍。我們在與對同一個情況跟我們的看法大相徑庭之人互動時，那種滋味還真是不好受——尤其是這些互動與種族主義、宗教、政治或育兒等有爭議而且敏感的問題相關時更是如此，而且可能就會有一股差不多是自動冒出來的衝動，讓我們想要因而有所反應或者乾脆原地解散，這兩種情況八成都會導致最後溝通無效！但是跟別人調和，並不需要贊同他們、也並不代表你要擁有跟他們一模一樣的人生觀，要跟別人調和、和睦相處，真正需要的是你讓自己不慌不忙、泰然自若，這樣你才能有所察覺，你側耳認真細聽而且能誠心誠意領會，並與自己和對方的反應保持聯繫，這樣整個互動才能更順利、進行起來更加卓有成效！調和提供了一個機會，讓你走一條少有人走的道路，一條違反直覺的道路（運用連結來駕馭衝突）即使是在那些讓人只能無可奈何認輸，並且轉身離去的時刻，感覺上在那時候做這些事還是比較容易選擇的呢！這些雖然並不是什麼靈丹聖藥，但是我們所提供——用於培養與發展每個調和組成部分的練習與實作，會使你能夠不再窩在家裡的沙發上面去進行正念練習，並且能夠將其轉化為你可以帶入日常生活互動中的實用策略。

在需要連結的時代，卻失去與別人的連結

你可能會很納悶，在這個科技與社群網路發達的時代，在網路上跟別人交流往來已經是件稀鬆平常的事，我們又為什麼要去關注社會連結呢？在這個高科技時代裡，我們似乎**並沒有**處於瀕臨失去社會連結的危險與威脅中，雖然只消動動食指和拇指，用指尖

點一點、揮一揮，彷彿就能讓我們相交滿天下、化身為交際高手，但是這些連結的深度與品質，以及我們完全與其全心全意體察、適應，並且融入另一個人的能力，極有可能會被波及、影響，而且局勢相當不樂觀！我們可能天生就跟別人有社會連結，但是這並不會一直都能使我們「擅長」維持與他人的協調和關係；研究結果也明白指出：低品質的社會連結，會對我們的社交、情感與情緒乃至於身體健康，產生令人心驚肉跳的負面影響！

在前面的段落中，我們運用了——與情緒正處於悲不自勝狀態中的人建立連結，以及在這些有著深深地情感密切親近的時刻，建立調和的方式來當作範例。雖然很美好，但是這種強烈的連結需要投入時間、努力與精力，而**這些東西**在我們繁忙的日常生活中，感覺上就像是奢侈品一樣，根本沒有任我們逍遙的餘地！在我們每天進行的無數次互動中，我們要讓自己人在心也在，或者專注留神，這就是一道難題！日復一日步伐匆忙、馬不停蹄，我們很容易就迷失在「衝衝衝」的現代社會風氣裡，甚至很難分得清你的注意力和精力，在什麼時候脫離了社交互動。調和可以在轉眼之間就被打斷——首先，像科技與社群媒體這樣的干擾因素，會把我們的注意力和精力轉移開來，使我們無法專心一意與他人好好共處，導致我們失去傾聽、聆聽和內化別人對我們說的話之能力；其次是我們自己的想法、情緒和焦慮，會對我們跟別人連結的能力產生意義重大之影響。要去聆聽孩子或伴侶講起他們一天下來發生事情的當下，你有時會覺得自己如牛負重，尤其是你內心還縈繞著、腦袋裡還閃過一份無止盡的待辦事項清單，不曉得你自己什麼時候有時間可以去採買食物和日用品、支付帳單、回覆工作上的電子郵件，以及為你外甥與侄子星期六生日開趴挑選你需要的禮物……平衡你腦子裡與周圍發生的一切所需要之能量，可以在短時間內讓你迷失自己，使你無法與面前的人融為一體、步調一致。

失調的時刻總是在發生，它們可能會以一些無足輕重的模樣出現：在別人一自我介紹的時候，你就馬上忘記了這些新認識的人貴姓大名；或者在你轉過頭、移開視線去回覆電子郵件時，沒有聽到別人對問題的答覆；但是這些發生在一瞬間的時刻，並沒有產生太大的持久影響。一旦我們跟別人格格不入已經變成一件再習以為常不過，或者非一朝一夕發生的事，這時候問題就出現了：這些跟別人不一致和脫節的不太重要之瞬息片刻累積起來時，會悄悄成為一個問題，而這些時刻則會讓你跟別人的關係開始磨損殆盡，起初是無聲無息的，直到有一天，你才開始意識到一段關係的品質已經驟然下降時，那時會使得你想知道該怎麼做，使其重回正軌這件事變得比登天還難！

社會連結已經演變呈現出迥然不同的樣貌，尤其是在網際網路與社群媒體超光速崛起的推波助瀾之下，與過去幾個世代相比，我們的社交網絡已經發展為無限倍數成長，大家幾乎可以跟自己所接觸到的任何人士保持聯繫——從高中同學到在去年夏天去度假時遇到的情侶都行！隨著聊天現在成了大多數應用程式的一項功能，使用者可以同時在多個不同的平台上，跟某人展開平衡而且對等的輪流對話，我們可以透過簡訊向你推薦某本書、在Instagram[17]上直接發送關於某個嶄新冥想團體的通知公告，並經由WhatsApp[18]轉發某則有趣的影片，這些統統都能在幾秒鐘之內完成。這些「對話」泰半以分享照片、影片與／或迷因[19]的形式出現，而不是實質性的交流，跟你也可以改成發送的簡短、飛速之消息相比，接聽電話互通敘舊，看起來就是替你自己找麻煩、添累

[17] 指Meta Platforms公司免費提供的線上圖片及視訊分享社群應用軟體，使用者用智慧型手機拍照後，加上不同的濾鏡效果，再分享到社群網路或Instagram伺服器。

[18] 指Meta Platforms公司旗下用於智慧型手機的跨平台加密即時通訊應用程式，透過網際網路進行語音及影像通話，發送簡訊、檔案、圖片、影片、音樂等。

[19] 英語為meme，指一夕之間透過網路散播而爆紅的人、事、物。符合「有趣」、「網路上廣泛擴散」、「模仿與再製造」的定義，就可說是迷因的一種。

贅！從好的方面來說，這些科技產物的速度與效率，使我們能夠跟更多人聯繫，而且次數更頻繁——在二〇二〇年COVID-19大流行期間，大家變成十之八九都要靠視訊聊天這項工具來與別人聯繫時，世界各地的社群就意識到這件事了。不過這些類型的互動，所產生的社會連結品質又是如何呢？假如上網連結與面對面的互動這兩種溝通方式千差萬別，這樣一來，我們有沒有在這兩種交流形式中，學習或運用到一模一樣的調和技巧呢？

在過去一、二十年裡，我們愈來愈多的溝通交流，都是透過螢幕與設備而完成的，我們理解、接受自己及和他人相融合的能力似乎正在發生變化、變得趨於平淡，甚至可能消亡，[11]使得我們跟自己的內心生活和他人都變得疏遠。我們在網路對話上投入的時間愈多，在優先考慮與其他人**面對面**對話方面所下的功夫與努力就愈少，我們發展與培養進行這些類型互動所需的信心和技巧的機會也愈少。因此，我們裡面有不少人開始在虛擬人群中感受到孤獨、被孤立和疏離，[12]為了排解我們的孤獨感，我們就會一碰再碰更多、再多的科技產品，跌入無底深淵，導致惡性循環。[13]

不少作家都注意到普遍使用社群媒體、面對面交流互動時注意力分散，以及孤立與疏遠感之間是相關的[14]：德高望重的神經學家暨作家奧利佛・薩克斯（Oliver Sacks）將智慧型手機無處不在與一九〇九年愛德華・摩根・福斯特（E. M. Forster）⑳撰寫的小說《機器停轉》（The Machine Stops）進行比較；在這個小說故事裡，大家都生活在地下的隔離牢房中，只能透過設備進行溝通交流。薩克斯指出，在這本書裡，人類被「機器」所湮沒、同化的程度嚴重到「機器」可以滿足大家「除了對人與人之間聯繫的需求」之外的每一種需求或渴望！[15]在很多方面，薩克斯博士是對的：有時候「機器」或線上的社交連結可能會令人很迷惑、被蒙蔽，在不與任何人進行身體接觸的情況下度過一整天，這種事已經是司空見慣。

但是就日常生活來說，假如我們並未身處在發生傳染病大流行的時刻，這種科技可能會無意中減少與人實際上身體接觸，所帶來的社會和情感上的好處與利益。若干調查科技對吾人社會幸福感㉑產生影響的研究人員則建議，我們的文化迫切需要重新投資於面對面的對話，因為正是這些對話可以帶來真正的同理心、同情、移情作用、更深的友

---

⑳（一八七九—一九七〇）英國小說家，作品刻畫英國社會階級與差異。他的《印度之旅》（*A Passage to India*，一九二四年出版）曾搬上大銀幕，為表彰其對英美文學的貢獻，美國藝術文學院設立E. M. Forster獎紀念他。

㉑指理解和管理社會關係，亦是個人對社會環境與社會機能所做的一種評價；包括社會整合、社會貢獻、社會凝聚、社會實現及社會接納。

誼、愛與生產力。16

但是你卻可以藉著打電話跟任何人多次對話。在某些方面，這代表了科技一日千里、威力驚人，這是值得可喜可賀的事！分散在不同國家的家庭成員，可以讓彼此知道他們過得很好，**科技**讓生活空間被限制在醫院病床上的人，有機會能與自己的親人摯友交談，在COVID-19大流行期間，視訊聊天科技對病人和家人而言是不可或缺的幫手，讓他們找到了希望，這項科技也是COVID-19住院病人能夠看到他們心愛的人的唯一途徑；約會應用程式則是另一個膚淺連結火速成長的途徑，大家可別誤會我們的意思了——愈來愈多的婚禮邀請來自於在網路上認識的人，這個現象就證明了約會應用程式在把眾人聚集在一起這方面的表現可圈可點！但是約會應用程式已經變成大家的新寵兒，約會應用程式非常普及，而且鋪天蓋地行銷，以至於有些人可能會產生錯誤的印象，誤以為我們單憑這項科技就能十拿九穩、甚至在不用和對方配合的情況下，一下子就能讓彼此建立好關係，而且無往不利！要跨出第一步（在某個應用程式上進行對話）是相當容易的；不過平均來說，這些對話往往還是會泡湯、失敗，或者某位追求者甚至早在當事人彼此倆有機會可以見面之前，就直接先人間蒸發了！雖然這套應用程式可以把你們聯繫在一起，但要孕育出長久、真正的聯繫關係，你們必須具備的是能讓彼此相互協調、接受的跟進能力與伴隨能力，與僅僅只是在約會應用程式上，用手指往右或往左滑相比，這些調和的技巧要複雜得多、細緻微妙甚至撲朔迷離，而且涉及一連串需要經過練習的能力。有時候，我們會**感覺到**好像我們自己練習這些技巧的機會，以及新生代的人將其付諸行動實踐的動機與動力，都在以穩定的速度減少當中。

儘管透過智慧型手機和社群媒體進行的科技「連結」如雨後春筍般興起成長，可能會導致失聯感，不過單單科技這一項並不能充分解釋這個問題，倒不如說，科技只是導致孤獨的一系列複雜之文化、社會、經濟和政治因素裡其中一個原因而已。哈佛大學（Harvard University）公共哲學實踐教授康乃爾．韋斯特（Cornel West）博士認為，我們這個把「利」字擺中間的社會其黑暗面正是：在這個社會中，一切和每個人都可以感覺像是商品，包括了缺乏社群／一致與共通性、親密關係失敗、孤獨或劇作家亞瑟．米勒（Arthur Miller）㉒所說「互不相關的美國病」。[17] ㉓個人主義社會的黑暗面在於「人不為望。

㉒（一九一五年—二〇〇五）美國猶太裔劇作家，成名作為一九四九年首演並獲頒普利茲戲劇獎的劇作《推銷員之死》（*Death of a Salesman*）。

㉓《推銷員之死》該劇探討在美國經濟起飛的年代，一個普通人夢想出人頭地，最終卻破滅 的美國式疏離與絕望。

己，天誅地滅」的心態，這種心態其目的在以犧牲重視社群連結所帶來之優勢為代價，來促使與換取個人成功。許多社會趨勢說明了，在美國，即使在人煙稠密的城市裡，美國的原子化㉔和孤立現象也不降反升。在過去幾十年裡，儘管線上社群數量節節攀升，但是對他人的信任程度、與鄰居相處的時間以及整體「社會資本（social capital）」㉕（人的關係網絡與分享經驗）都在一路下滑。[18] 一九八五年，三十六%的美國成年人表示自己沒有親密的朋友，到二〇〇四年時，這個比例變成五十三・四%。[19]

孤獨不是用孤立或孑然一身來定義的，而是由你對自己與人的聯繫其滿意程度，或者你認為自己在社會上之孤立程度來定義的。[20] 關於孤獨的研究則明確指出，關係的數量（你認識的人其數量）遠不如這些關係的品質重要；[21] 很多人都知道有時在一個人山人海的空間裡，感受到孤獨是什麼感覺。真正的社會滿意度並非來自於我們所認識的人其數量多寡，而是來自於你知道自己有可以依賴的人，而且他們也同樣可以依賴你。[22] 即使只有一個人可以跟你聯繫，並且瞭解、關注你、配合你——也已經有證據顯示，能夠降低憂鬱症與人際關係不良的發生率；甚至是你的生命歷程正處在逆境中也行得通。[23]

不幸的是，從全球的角度來看，我們正經歷著在個人與社群層面上欠缺同理心、同情、移情作用與信任度下降，以及孤獨、社交孤立和焦慮／憂鬱症的情況愈演愈烈之間題，[24]在二十一世紀的美國則有比例高到令人驚訝的人缺乏知心知音，以及契合度高的人際關係！在國際康健人壽保險股份有限公司（Cigna）二〇一八年所進行的一項研究調查中，超過兩萬名美國成年人受邀填寫加利福尼亞大學洛杉磯分校（UCLA）㉖的寂寞量表問卷，當中有五十四％的受訪成年人表示，他們有時或總是覺得沒有人真正瞭解他們；三成九的人認為他們有時或總是感覺他們不再與任何人親近；二十七％的人則感到很少或從不覺得有人真正理解他們。年輕成年人的孤獨感最高，六十八％的Z世代㉗（正值十八到二十二歲的人）則覺得沒有人真正十分明瞭他們。[25]在COVID-19大流行的頭幾個月寫這本書時，我們看到由於「保持社交距離」（也就是人與人之間的肢體保持距離，以防止冠狀病毒傳播）而導致的孤獨感進一步竄升，「保持社交距離」則已經成

㉔英語為atomization。指每個人都彼此隔絕，生活在個人的泡沫裡，各顧各的，因此社會無法組織化的情況。

㉕指個人或團體所擁有的社會關係總體。獲取社會資本需要建立與維持關係，即從事社交聯誼活動，像互相邀請、維持共同的嗜好等等。

㉖全美錄取競爭最激烈的公立大學之一；二〇二二年在《泰晤士報》世界排行中，在美國大學中排名第十五名。

㉗也被稱作網路世代，泛指一九九七年到二〇一二年出生者。他們成長於社群網路發展的時代，使用電子科技透過網路學習、溝通，習慣平等互動，因而對舊世代用來建立社會的權威、階層、官僚機制本能地感到厭惡。

為一項緊急的公共衛生規定。在COVID-19大流行期間，很多媒體評論都集中在世界各地所感受到的可怕孤獨感上。

我們人是一種社會個體，天生渴望與人深切連結以求能繁衍壯大，而我們面臨著一系列社會因素，這些因素降低了我們社會連結的品質，並給了我們無數個助長人情淡薄、缺乏連結的機會，這使得我們感覺愈來愈孤獨，對自己的人際關係也日益不滿；不過，儘管我們很孤獨，但是卻常常感覺自己忙得不可開交到無法與親近的人相處、共度時光！大家都有過這樣的時刻——我們推掉跟朋友喝咖啡的約會，因為「現在冒出一堆事情已經弄得人焦頭爛額的！」或者有時候會在家裡跟你的伴侶或孩子講講話，去瞭解或討論最近發生了什麼事，但是這些對話卻變短了，抑或不太受到關注，原因則是有些事情「得去搞定啊！」那麼這到底是怎麼一回事呢？為什麼放慢腳步，並且真正投入在我們的現場（面對面）互動和關係上是如此難上加難呢？首先，很多美國人需要兼差好幾份工作來養活自己和家人，這讓他們幾乎擠不出時間去投資人際關係；經濟條件高人一等的美國人則可能會感受到許多社會壓力，要求他們在個人生活與事業生涯上「馬不停蹄、衝鋒陷陣」並且要一直「有所作為」，源源不斷的電子資訊則不停要求他們埋首關注，因而加劇了這種壓力；還有一部分答案可能就在於許多人會陷入的惡性循環中：

我們索性飲鴆止渴、變本加厲，一不做、二不休用斷絕關係來應付與人失聯的問題……。

幫你自己練就一身調和好功夫

說不定你正在經歷一段影響深遠的孤獨、孤立或跟人脫離關係的境遇，而且你想找到方法，讓你在生活中與更多人培養出更緊密的連結；或者，你可能已經跟伴侶、家人或朋友建立了積極正面的關係，但是希望這些聯繫和連結能加強下去。搞不好你正在尋找更理想的方法讓你可以管理衝突，抑或在與客戶或同事互動上，可以收到立竿見影之效。無論你的身分為何，培養與發展更多的調和技巧，在你的人生旅途上任何時候都是適用而且也是有好處的！為了進一步瞭解你在調和範圍上的所在位置、或者在調和方面可能遇到的困難，請進行本書附錄中的調和小測驗。你可能會注意到自己在某些調和領域具有優勢，在其他項目上的分數則較低，這個情報很重要，可以在琢磨和應用這些技巧時，向你反映與通報自身的練習情況。

好消息是，我們的連結能力在一生中任何時刻絕非一成不變，我們與他人建立更深層次連結的能力，是一套可以培養與發展的可鍛鍊技能——這些能力有所長進與轉變都是有可能會發生的！我們在本書中介紹的培養與發展調和其練習與實作，勢必無法解決很多社會與經濟問題，而這些問題看來正成為導致孤獨及疏離的幫凶；要解決孤獨滲入現代社會各個角落的現象，需要進行更廣泛的社會與文化改革。無論如何，只要你有時間和空間繼續閱讀，並試著進行這些練習與實作，你的調和能力就能突飛猛進，進而使你在加深與他人的關係和聯繫上如虎添翼！把調和看成一塊可以透過訓練和持續練習而增長的肌肉吧！孕育滋長、提升發展你的調和技巧，需要你矢志不渝並全心全意，但是你愈努力將這種練習納入日常生活，這塊肌肉就會變得更強壯，你要與你周圍的人聯繫時就會事半功倍！

建立調和不僅可以加深親密關係，還可以幫你斷定是否要與某人建立關係，舉例來說，在第一次約會時，或在其他情況下與某人見面時，互動這種事情可能會讓人感覺「不大舒服」；培養與發展你體察、適應、融入和仔細傾聽的能力，不僅是聆聽對方、還有傾聽你自己的內心反應，這種做法則能讓你為自己下更明智的決定，拿定主意要不要跟某人交往。獲取調和技巧，能使你應該可以變得不那麼容易被操縱，因為你更能辨別與認定「企圖操縱你」以及「竭盡全力建立連結」這兩者之間的差別。

將調和分成幾個部分

我們認為調和由四個主要部分組成：放鬆的意識、傾聽、理解和相互回應。調和的第一個組成部分是**放鬆的意識**，這是一種能夠意識到你自己（包含了身體、感受和思想）以及意識到周圍正在發生的事情的能力，同時保持冷靜。為了得到放鬆的意識，請花點時間想像一下你曾經有過的互動，在當時你與某人交談時，感受到真正的連結。那是怎麼樣的體驗呢？你感覺到存在了嗎？你感受到焦慮與緊張，還是感到更放鬆呢？我們敢打賭你感覺很輕鬆自在！這也讓你對這次互動敞開了心扉！擺脫身體和情緒上的緊張，使你更有能力、可以應付自如，意識到在你面前的人，對你們談話所貢獻的一切力量，而且也會意識到他們在互動過程中對你造成的影響。放鬆的意識是指這種能夠在保持放鬆及卸下心防的情況下，同時意識到自己、你的環境與他人的能力，即使是在壓力下，或者甚至在互動過程中有所感觸與產生情緒時也是如此。透過練習，你可以增強自己覺察與鎮定自若的能力，即使是在強烈情緒將你拉向疏離的情況下還是一樣，沒有例外；請留心你的體驗，以及你和自己面前的人其體驗，為調和的發展打造出必要條件與情況。

身為一名精神科醫生還有一位治療師，在治療室裡診治患者時，我們會一直搬出調和的所有組成元素，其中包括放鬆的意識。在治療關係中，調和對病人與臨床醫生之間的聯繫極度重要，也是治療能奏效的必要條件，病人和臨床醫生之間的「治療同盟」㉘始終是預測治療會產生非常積極正面影響力的數一數二最佳指標；要注意的是，我們在治療室以外的人際關係中，說不定不會把調和實踐到這麼屢次三番如此高的程度，但是這種治療關係，在治療過程中，我們會把日常生活中許多讓人分心的事情以及要求拋在腦後，專注在病患身上以及我們與病患的互動上，則是一個異常「集中」的調和例子，因此這對於說明調和的基本組成部分來說大有裨益。我們坐在病人對面時，一旦他們開始吐露最令他們牽腸掛肚的事情，我們就會竭盡所能把我們自己一整天裡任何憂慮或緊張的情緒擺在一邊，我們採取的方法就是放鬆身心，用一種身體坐正，頭、軀幹以及四肢各部位排列成一直線但放鬆的方式端坐著，把身體面向病人，我們做這些事情是為了把注意力集中在病人說話的內容上，即使我們會一時恍神（這也是免不了的事）我們也會祭出兼顧病人和我們自己的策略：將我們的注意力重新移回到病人身上、和我們自己的身體姿勢與呼吸上。這是一個不斷變化的過程，需要有足夠的注意力，來讓我們能在對自己自身狀態的察覺，以及對病患抒發心聲這件事保持積極開放的態度和好奇心上取得平衡。

讓我們帶你到治療室去看一下吧——凱萊布（Caleb）是愛許莉的病患，他是一位年輕的成年人，開始接受治療是為了談起他遇到的一些人際關係問題。跟很多第一次接受治療的患者差不多一樣，凱萊布非常有禮貌而且善良，而且十分感性又脆弱。但可以理解的是，他需要時間來熱身，變得讓自己心胸更開放。尤其是在像這樣的情況下，患者幾乎沒有什麼治療經驗，而且可能不確定能期望什麼、或者對如何討論感到猶豫不決時，身為他的治療師，為他示範放鬆的意識對愛許莉而言是很重要的一件事。在第一次晤談中，凱萊布一開始先講到他最近跟一位交情很好的朋友鬧彆扭，他一描述他們的友誼的發展史時，愛許莉注意到她自己的身體要放正，頭、軀幹以及四肢各部位排列成一直線，而且要放鬆呼吸，這些事情對愛許莉來說很重要，同時也要在凱萊布所提供的不同語言和非語言線索之間不斷變換轉移她自己的注意力。治療師把自己當作範例，為患者示範放鬆的意識是有好處的，尤其是對於那些甚至可能沒有意識到自己身體有多緊張

㉘ 指案主與諮商員之間，發展出情緒連結和相互投入的情形。其涵義類似於我們一般所強調的「建立關係」、「分工合作」。

的病患而言。儘管第一次治療通常會側重在為患者提供說話的空間，不過治療師也可以向患者介紹肌肉放鬆或正念練習（我們將在第二章結尾處加以說明這些內容），對建立融洽的關係並為放鬆的意識打好基礎會很有幫助。

放鬆的意識是調和的第二個組成部分，也即是**傾聽**的基礎，能夠在有意識的情況下保持放鬆，此時就更有可能、更適合去「傾聽」，這種「傾聽」則是從它這個字詞最廣泛的意義上來說，密切注意你從另一個人那裡看到和聽到的東西，並留心你自己的反應。（傾聽可能涉及到加強著重於強調聽覺或視覺，取決於情境或者這兩種感官中任何一種**出現障礙**。）

從廣義上講，傾聽包括在互動過程中，集中精神在對方的言語和非言語交流上——包括臉部表情、肢體語言及語氣；還跟注意到由對方所引起你自己的反應與情緒有關。除了只是留意對方之外，傾聽還包括一個主動但是無意識的過程，在這個過程中，我們的大腦與對方的聲音、見解與情緒會產生「共鳴」和「鏡像（反映仿效）[29]」，我們在第三章中會更加充分解釋這個現象。

跟凱萊布一起進行治療時，運用良好的傾聽技巧，是指留意他所使用的語言其情感與情緒特質，重要的是也要去「傾聽」他用臉部表情與肢體語言所傳達出來的資訊。在與凱萊布的第一次晤談中，他駝背、肩膀蜷縮、雙手交錯、暴露緊張感以及缺乏眼神交流，這些姿勢發送出來的「聲量」，跟他的言語一樣響亮而鮮明。我們是臨床醫生，會有目的地收集資訊，這種方式能讓我們竭盡所能理解與幫助我們的患者，但是，即使這種情況只是我們倆任何一位在傾聽有需要幫助的朋友，而非對象是病人的時候，我們也會做同樣的事情。藉著**傾聽**他所傳達的一切內容，愛許莉全面廣泛**聽取**其傾聽力會竄升，因此會對凱萊布感受到的「他如何被人看到和被聽到」產生強大而深遠的影響。

除了你在傾聽時注意到關於對方和你自己的原始感覺訊息外，調和還需要具有能夠**理解**或解釋這些資訊、解讀對方的提示，並且設法理出頭緒來的能力。理解你和對方的互動，包括能夠意識到你和對方擁有的觀點和意圖，以察覺出你們兩個人之間正在發生的事情。**傾聽**包括在基本的「本能直覺」層面上，感知和感受對方與自己，而**理解**則涉

㉙ 或稱：鏡射（mirror）。指無意識模仿自己心儀者行動的心理。透過鏡像，不僅能瞭解對方對自己有無好感，還可以模仿對方來引發對方對自己的好感。許多人猜測兩位好萊塢影星安柏．赫德（Amber Heard）與強尼．戴普（Johnny Depp）互告誹謗官司時，安柏．赫德模仿對方的穿搭、髮型、動作，即是為了藉此產生正面積極的連結。

及對這些原始感知和感受進行更多的認知㉚處理、更多的思考和反思，以便理解對方和自己。

愛許莉在與凱萊布的晤談中使用了**理解**技巧，這樣會有助於她在她和凱萊布進行討論的情境中，處理他的語言和非語言提示，比方說在凱萊布詳細說明自己跟朋友決裂鬧翻的事時，愛許莉注意到他的雙手緊緊地纏繞在一起，有那麼一瞬間，他的下巴僵硬定住、甚至咬牙切齒，他的膝蓋開始激動地頂起來，顛來顛去。

經由「傾聽」這一切線索，愛許莉對凱萊布在他友誼的情感方面，有了更深入的瞭解，這些細節對說明：「凱萊布因為失去這種關係，而受到非常明顯的影響」這件事來說很管用。愛許莉在廣泛傾聽與理解凱萊布所傳達出來的資訊之間，取得了平衡，這使得「要提出有針對性的問題，讓凱萊布感覺到有人聽到自己的話」變得易如反掌，因而又使得凱萊布能慢慢地開誠布公，講述這個人從小時候起就是他的死黨，失去這份友誼促使凱萊布相當質疑自己能不能再去信任他人。我們把這些放鬆意識、傾聽和理解的技能付諸實施時，會產生一種螺旋式效應：我們愈能妥善運用這些技能，對方就愈能一吐為快，而且會感覺到舒服自在，同時他們對你也會更有心心相印的感覺——歸根究柢就是毫無疑問地加強了這個連結的循環。

最後，除了**放鬆的意識**、**傾聽**和**理解**之外，調和還跟積極的交流、一種一來一往的**相互回應**有關，這包括在談話時曲折變化的過程中，保持連結的能力，以及在互動的時候能迎合、跟得上對方，你可以把這個相互回應看成是對話的品質，讓對話感覺起來夠「自然」。在談話中能跟對方維持相互聯繫的感覺，對某些人而言，這種能力似乎是手到擒來，但是對另一些人來說則是會備嘗辛苦，而且實際上還是一種難度頗高的特技呢！想像一下，你正在試著傳授別人**交談**這件事情有哪些要領，其中包括幫助他們準備如何回應任何類型的話題——無論是祝賀某人成就非凡、為別人悲傷的經歷寄予同情並且表示慰問，還是在其他人遭逢挫折時，給予支持聲援都有可能。這些遇到什麼事該怎麼搭腔的**聯接**範例舉不勝舉，試著讓一個人為每一種可能的情況做好準備，並且教人如何用優雅及適時的方式去回應對方，這或許會讓人冒出一種感覺：這還真是個非同小可的艱巨考驗呀！有些自閉症類群患者懂得在某些情況下該說或不該說的社交「適當」語言，但是由於要應付相互回應的複雜技巧對他們而言千難萬難，因此其互動方式有時仍會跟

㉚ 指透過形成概念、知覺、判斷或想像等心理活動來獲取知識的過程，通過使用現有知識產生新知識。認知過程可以是自然或人造、有意識或無意識的。

對方格格不入。

模擬相互回應，已經成為科技公司攻城略地的兵家必爭之地，科學家正在辛勤努力打造人工智慧（artificial intelligence, AI）[31]程式，這些程式在進行對話這件事情上，比目前可用的程式（如亞馬遜公司[32]的Amazon Alexa[33]、蘋果公司[34]的Apple Siri[35]或谷歌公司[36]的Google Assistant[37]）更上一層樓。這些程式可能對回答你的問題都十分拿手；但是，假如你要與這些人工智慧中任何一個實時版本進行一來一往的對話，這種對話的人際交往過程，就會充斥一種生硬呆板、尷尬彆扭的味道，跟彼此心有靈犀一點通的真人對話品質相形見絀。

讓我們最後一次回到凱萊布的治療室吧！在第二或第三次晤談中，就在凱萊布正在把自身物是人非的變節友誼過程中，某個重要的時刻描述完畢時，愛許莉要避免只在意自己的思路而變得對外界漫不經心，對愛許莉而言就變成了令她頭痛的考驗，而這個思路則是由凱萊布的描述所引發。隨著她對凱萊布講的話其關注程度降低，並轉向某個相關的話題，這時愛許莉對實行放鬆意識的注意力也變得不集中，總歸導致她交叉雙腿、繃緊肩膀，並且短暫中斷了與他的眼神交流。這種調和在一瞬間中斷的情況，各位說不定都經歷過，而且接下來就造成了一段令人尷尬的沉默和停頓。愛許莉微微扭動身體、局促不安、結結巴巴，就為了爭取時間，試著記住凱萊布剛才說的話，直到她最後意識到實在還是有必要讓凱萊布重複他最後的想法。這些類型的調和小中斷不僅屢見不鮮，而且無法避免，假如處理得當，幾乎可以肯定不會把連結中斷到覆水難收的地步。雖然像這樣的小中斷感覺不怎麼好，不過我們通常還是能夠重複說過的內容、傾聽得更仔

㉛ 指能模仿人類智慧執行任務的系統或機器，可根據所收集的資訊不斷自我調整、進化，重點在於全方位、無盲點的「超級思維」與數據分析之過程和能力。

㉜ 總部位於美國西雅圖的跨國電子商務企業，是全球最大網際網路線上零售商，二〇二一及二〇二二年均獲美國《財富》雜誌全美五百強第二名；二〇二一、二〇二二年世界五百強也分列第三、第二名。

㉝ 亞馬遜智慧型語音助理，具有語音互動、音樂和有聲讀物播放、待辦事項列表、鬧鐘、流播及提供天氣、交通、體育和其他即時資訊（如新聞）功能。

㉞ 總部位於美國加州庫比蒂諾的跨國科技公司，與亞馬遜、谷歌、微軟和臉書並列為全美五大科技公司。

㉟ 指蘋果iOS系統中的人工智慧助理軟體。使用者可以使用自然的對話與手機進行互動，完成搜尋資料、查詢天氣、設定手機日曆、設定鬧鈴等許多服務。

㊱ 總部位於美國加州門洛帕克的跨國科技公司，業務範圍涵蓋網際網路廣告、網際網路搜尋、雲端運算等領域，開發並提供大量網際網路產品與服務。

㊲ 谷歌智慧型個人助理，提供日常事務、控制智慧住宅裝置、聽音樂玩遊戲、與親朋好友聯絡、快速取得解答或當地資訊，或者需要其他方面的協助。

細，並且重新開始相互回應。世界上根本沒有任何一種關係是會持續存在完美調和的——不管這種調和有多麼美好；在真實的關係裡，會發生一些調和中斷的小插曲，接下來則再針對調和進行修復；然而，時間一長，很多像這樣接二連三、魚貫出現的調和中斷的片斷時刻一旦積少成多（而且去修復與恢復調和的努力不足）此時這個連結就會悄悄開始走下坡、每況愈下，並且動搖這份關係。

調和的所有四個組成部分都是密切相關的，前面的組成部分（放鬆的意識、傾聽）為後面的組成部分（理解、相互回應）奠定了基礎。把它們彼此分開有點太刻意、不夠自然，但是我們在本書裡會這樣做，是為了幫助你更加理解調和的內部運作原理，並且設計和開發一系列練習，來協助你從基礎開始向上建立調和技能，這有點像學習打籃球，方法就是分別進行運球、傳球、投籃和籃板球練習訓練，這些技能到最後，統統都需要平穩順暢同時一起運作！不過，為了培養技能和理解遊戲規則，一開始先把它們分開，可能也是有益處的！但是，即使從這些最初的範例中，你也可以看得出來，假如這四個調和環節之間的界限開始變得模糊不清，或者要是你發現要分辨一個環節在哪裡結束、另一個環節又從哪裡開始，會變得有點棘手時，別擔心！此時你對這些環節之間的密切互動關係，已經到了官止神行的地步了！

在你的日常生活中加強調和

讓我們再舉一個例子來說明這些技能、或這些技能的失誤，是怎麼像滾雪球一樣飆速增長、愈滾愈大的：想像一下你在某一場工作會議上，有人剛剛發言，提出了一個你強烈反對的觀點，以至於你認為這個想法會破壞在同一個團隊裡，你自身的動力、勢力和進步，並且分散你對自己最終目標的注意力。聽到這位同事發表他的看法時，你開始感到擔心，而且整個人發飆，這時候你思索所有你想回擊他的方式，肩膀也處於緊繃狀態，所有這些反應都以迅雷不及掩耳的速度接踵而來，你已經不再能真的傾聽到這位同事在說什麼。能想像這個故事是怎麼發生的嗎？你的一字一句和反應回應都顯露出你火氣很大，以及你為了鞏固自己的地盤，不容侵犯的架勢㊳，你一心一意只想著你自己的觀點，但不是以一種與對方連結的方式，而這位同事也用跟你差不多的態度答覆，然後中間可能還有人跑過來湊熱鬧偏袒附和選邊站。很快，你們就陷入了這樣的對話中——

㊳ 英語為territoriality，可視為由個人或團體所展現的一組行為及認知，是以所知覺到的物理空間所有權（指實際的所有權或某個可控制的空間）為基礎。

每個人都在說話，但沒有人說的東西，能被團隊其他成員聽到。這個連結已經被打破，情緒反應已經凌駕一切。

我們並不是要說調和技能可以完全避免發生這些情況，也不認為調和技能可以讓你的辦公室團隊無時無刻都能達到「二人同心，其利斷金；同心之言，其臭如蘭」的境界；但是，調和技巧可以充當成一種工具，幫助減少在那些不是在跟對方交談，而是一直都是一**方自己在講**，**根本容不得對方講**的無止盡循環裡所耗費之時間，尤其在大家都暴跳如雷的時候，暫停和實施調和技巧似乎絕非易事，這是因為本來就是這樣，而且會這樣你也沒轍；把持住你自己，並且利用這些策略，這些事情需要你竭盡心力去執行，這就是為什麼我們要把這些調和技能安排設計成一系列漸進的練習，讓你可以投入一段時間慢慢逐漸練習，這樣就可以培養出會成為你**第二天性**的新習慣，如此一來，就能在令人難以應付的窘困局勢裡，自然而然發揮效用！跟剛剛那個辦公室會議的例子差不多一樣，你要試著記住生活中對自己很重要的時刻（這些時刻則是你可以開始辨認出連結中斷的時刻），這樣就可以在閱讀本書的過程中，把你的練習朝向集中在這些時刻上面去加以鍛鍊執行！我們大多數人都過著忙東忙西的日子，幾乎抽不出時間去練習和加強可以孕育滋生社會連結的那些調和「肌肉」。我們可以一整天坐在那裡閱讀有關正念的書，但是除非把這些技能以切實可行的方式付諸實踐，並且把它們培養成我們自己的新習慣，否則我們會發現，要將這些概念真正融入到日常生活裡還真是難倒人了！

練習時間到

培養調和力全攻略！

在接下來的章節中，我們將分別介紹調和的四個組成部分，我們要來看看一些練習，透過它們即可以培養出與每個組成部分相關的技能。在這些練習裡，有很多都是來自於正念與冥想兩種練習，以及太極拳——近年來，源自各種東方宗教（尤其是佛教）的正念和冥想修煉方法人氣指數破表！這些方法登上雜誌封面、盤踞報章書籍頭條標題，成為吸引人閱讀的爆點，描寫的內容則無一例外，都是關於這些練習可以為我們的身體、情感與情緒和精神生活帶來數不清的好處。然而，隨著這些練習被修改成西方人可以接受的方式時，其用意就已經喪失了。一提到「冥想」或「正念」，西方許多人士就會想到「逃避」，或認為指的是暫停他們的日常生活，對他們周圍的一切諸事不管，以把握當下。這種暫停可能需要在一個光線昏暗、安靜的房間裡，人坐在墊子上，置身於這種環境裡，花五到十分鐘去進入一種出神恍惚的狀態，清除你的思緒、使頭腦清醒。你可能會大感詫異，發現到原來真正的正念跟逃避差了十萬八千里，反倒是跟覺知有關。正念意識是一種能力，可以在你不進行判斷的狀態下，注意到你的頭腦和身體中正在發生的任何事情，並且任由思想與感覺來來去去，而不去執著於它們。積極、消極、抑或不特別偏向正面或負面的中間思想和情緒與情感不斷在你的頭腦裡翻騰，這些中間思想、情緒與情感往往可以在沒有意識到的情況下，在你腦海中騁馳；正念則加強了你的能力，使你在任何時候，都能跟你的感覺益發協調。我們的目標不是清除你頭腦裡的所有想法和感覺，而是讓你自己去**注意到**想法和感覺，同時最主要是**要接受**想法和感覺。

雖然安靜、反省、冥想可以很有力量，但是我們的目標是：幫助你在擺脫掉坐墊的情況下，去執行這些練習，同時將這些練習帶入你的日常生活中。我們希望這些技能實用到可以在一家人趕忙準備展開嶄新的一天時，帶進廚房練習；在進行下一個重要的大型工作簡報時加以運用；在你跟夥伴兩個人雞同鴨講時搬出它們；或在讓你心頭小鹿撞的第一次約會登場時祭出它們，都能顯得綽綽有餘！無論你面對的是什麼時刻，我們都要告訴你該怎麼做，就能讓你自己在任何情況下應用這些漸進式練習，都能手到擒來，進而使這些練習成為你靈魂的一部分！

你可能頗納悶太極拳是什麼，還有為什麼在培養調和力時，我們要選擇納入一些屬於這門學問的練習。太極拳（英文為Tai Chi，全名是太極拳）是一種至少有數百年歷史的中國武術，太極拳包括一套有系統、循序漸進的課程，透過一種使用肢體語言和運動的非語言式交流，來培養調和的基本要素。當然，太極拳不是唯一有助於學習與練習調和元素的學問，冥想、瑜伽、音樂、舞蹈、亞歷山大技巧（Alexander technique）[39]，甚至是即興表演的戲劇或脫口秀，都可以對專注於一或兩個調和的要素有幫助；不過，在我們看來，太極拳裡面包含了可以培養與發展調和基本要素的數一數二最完整課程！太極拳訓練以循序漸進、一步接著一步的方式養成與發展這些要素，使你最終能夠融合這些要素，並將調和付諸實施。

太極拳發源於十六世紀，位於中國河南省農村的一個小鎮「陳家溝」這個地方，該

㊴ 由澳洲演員斐德烈克．馬薩爾斯．亞歷山大（Frederick Matthias Alexander，一八六九—一九五五）發展出的一套身心運用技巧。以頭頸部關係為基礎，延伸至脊椎、四肢，以符合人體工學的方式來運用肢體。

村的村民將現有中國武術的元素，與中國的健康、呼吸和冥想練習原則，以及關於對立的平衡與相互作用之陰陽理論綜合起來，發展出太極拳，太極拳的這些元素甚至更古老，據說可以追溯到一千多年前，從發展之初，太極拳就包括個人練習和互動練習，太極拳到二十世紀才真正傳到西方，[26]包括美國。在這本書中，我們介紹了太極拳的一些非常基本、基礎的個人和搭檔練習，這些練習只占太極拳系統的一小部分，不過這些卻是我們認為非常有用的調和元素基本訓練之基礎練習。這些基本練習相當簡單，但是非常有效，大多數人都應該可以掌握得了，並不需要你擁有任何特殊的才能、背景、事先訓練或者設備才能辦到，許多練習可以靠你自己完成，而且幾乎在任何地方都可以進行，有些則需要找另一個人扮演訓練合作夥伴的角色。我們在此的目標不是要教你一門武術，而是從這門武術中，吸取一些對培養與發展調和能力有用的基本要素。

在我們進入本書的其餘部分之前，請花幾分鐘時間來完成附錄中的「調和小測驗」，思考一下這些自我評估裡的某些問題，看看調和技能說不定已經在你的生活中發揮了強大的重要作用喔！這些問題可能也讓你開始思考，與你自己或與你交往者之間的不協調，是怎麼影響到你的生活。有些問題是關於一般的調和，有些則是跟調和的四個組成部分裡的每一項有關。這個小測驗可能有助於弄清楚你與調和跟失調的整體關係，也可能幫助你確定哪些成分對你遇到的任何問題影響最大。你也可以用這些問題來思考你生活中其他人在調和方面的優勢或挑戰——只管把問題套用在對方身上，而不是對著你自己去問即可。

我們希望這樣會讓你大致上瞭解調和在你的生活中是什麼樣子，以及如何以盡可能最有效的方式繼續向前，並且使用這本書。

第二章

放鬆的意識

「吸氣，我意識到我生命中的波浪；呼氣，我在當下此刻的挑戰中，找到我的和平中心。」

——一行禪師（THICH NHAT HANH）[1] ①

①（一九二六—二〇二二）知名禪師、詩人、人道主義者。出生於越南中部，十六歲在慈孝寺披剃出家，三十五歲赴美普林斯頓大學研究「宗教比較學」，並在哥倫比亞大學教授佛學課程，期間對於呼籲停止越戰不遺餘力；隨後因簽署巴黎和平協約，被越南政府取消護照，流亡海外至二〇〇七年，期間主要活動地在法國。他也是東方佛禪文化對於美國「垮掉的一代」運動中，最具影響力的宗師之一。

什麼是放鬆的意識？

「放鬆的意識」是指在保持平靜和放鬆，並且放下緊張情緒的同時，意識到你自己與環境，包括其他人。這種身心狀態是調和的基礎，調和的所有其他組成部分都建立在這個基礎上。為了培養一種放鬆的意識狀態，你可以從身體生理狀態開始，然後逐漸進入到你的精神心理狀態，正如我們要向你展示的那樣，如此一來到最後會提供一種整體感覺，使你覺得自己處於**平靜的警覺狀態**，這種平靜的警覺狀態進而又為能夠傾聽、理解，並且與你的環境以及你周圍的人，建立起更密切的連結奠定了基礎。

假如你去思考特別極端的例子，意識和放鬆對調和的重要性就會變得相當明顯。要跟你自己和他人保持協調一致並且聯繫在一起，你必須要**有意識**——你不能讓自己的感官變得遲鈍或失靈，也不能陷入恐慌之中。倘若你在漫長的一天結束後昏昏欲睡，顯然你就不可能真正去傾聽你伴侶在工作上遭遇的困境，或者你家寶貝孩子的美術課發生了一些什麼事情。要是你跟放鬆的狀態相反——你完全驚慌失措、抑或因為某些事情而抓狂或被嚇壞了。這樣很容易就會跟周圍的人失去聯繫，甚至可能無法跟你當時的感受或想法接通。

在我們典型的日常互動中，要真正放鬆**以及同時**能保有意識會是多麼不容易，加上我們放鬆的意識看來是那麼敏感又脆弱；這些都是不太明顯的事情——比方說假若和朋友敘舊的時候，你心癢癢地想來第三杯咖啡，同時腦袋裡還閃過一長串待辦事項清單（我們都做過這種事），這樣一來，你和朋友**相遇**的細節就不可能留在腦海中，而且朋友很可能會感覺到你的腦袋根本心不在焉！即使我們試圖與某人進行親密的交談，並且真正專注在他們所說的內容時，也會發生分心這種狀況：我們的思緒飄向別處、我們的注意力渙散、我們聽到智慧型手機裡傳來的簡訊通知叮咚聲，我們的手指想去滑螢幕瞧瞧臉書（Facebook）或Instagram的那種誘惑大到令人無法抗拒。此外，在談話過程中，我們可能會突然對某些事情感到焦慮，進而導致我們的思緒轉移到其他地方。身處在壓力和緊張中，對我們許多人來說已經是家常便飯般的常態，以至於我們幾乎沒有注意到壓力和緊張，以及壓力和緊張是如何影響我們的。我們當中有不少人都有充足的意識，而且也相當放鬆，肯定能讓我們可以在短時間內，大致聽懂跟我們對話的夥伴在說些什麼，但是我們的放鬆和意識並沒有多少深度、也並不十分穩定——一旦任何相對上比較小的壓力，或會造成我們分心的事物突然蹦出來，都會擾亂我們去關注他人或自己的能力。

更重要的是，在有意識和放鬆之間百分之百徹底取得平衡，並在持續的時間內同時保持這兩種狀態齊頭並進，這個想法似乎是童牛角馬、有悖常理。你該怎麼做，才能在保持平靜和放鬆的同時，又可以對自己的感受、周圍的環境和其他人時時刻刻提高警覺並且積極加以關注（這些東西往往會為我們帶來壓力）呢？有意識與放鬆看起來幾乎是完全相反的兩件事——好像試著在某一方面努力，就會搞砸了另一個，顧此失彼。我們大多會把保持高度意識跟緊張聯想到一起，跟心情感到急切或焦慮的集中注意力方式，想成是同一件事，也就是當時的感覺是自己正神經緊繃、兢兢業業、小心提防或高度戒備，那是一種被即將降臨到我們頭上的、令人感覺有壓力的事物和事件打敗，不知所措的狀態。到後來，真的試著要把心思放在跟我們交談的人身上時，做起來就會變得一點都不簡單，對我們來說這是一種壓力，而對方的行為或言論可能使我們焦慮或緊張。但是從另一方面來說，我們則經常把放鬆與變得不專心聯想在一塊兒——放鬆**會變成**是指把我們的注意力從有壓力的事情（比如對方在說什麼）上轉移開來；或者代表去放空發呆、看電視、上網、傳簡訊、拿黃湯下肚，抑或去夢周公。

但是培養與發展出讓「有意識與放鬆」能取得平衡的狀態，確實是有可能的！雖然天賦這種事因人而異，不過，透過練習與實作，可以學會在逐漸變得更加放鬆之餘，甚至還可以同時保持意識，覺察到你自己，以及周圍所發生的事情。為了讓你能更加瞭解我們所談論的內容，讓我們來看看一些異類吧——那些人他們已經培養與發展出不同凡響的放鬆意識能力了！

麥可．喬丹②和達賴喇嘛有什麼共同點？

不少卓絕群倫的運動員都擁有非凡的力量、速度和身體協調能力，但是大家一想到傳奇性的、百年一遇的冠軍時，除了他們的運動能力之外，讓他們與眾不同的特質之一，是他們能保持深度放鬆、同時又具備意識的獨特能力。跟我們在第一章裡所提到的喜劇大師不一樣，這些優秀的勇士即使是既緊張又累垮了，而且還處在巨大的壓力之下，也都能保持著一種獨特的放鬆意識狀態。人名鼎鼎的籃球教練菲爾．傑克遜（Phil Jackson）③描述了麥可．喬丹強大無比的放鬆意識能力，這是喬丹成功的一項秘訣：

② Michael Jordan（一九六三—）綽號籃球大帝、籃球之神、空中飛人，公認是美國職籃史上最偉大球員，十五年NBA生涯效力於芝加哥公牛隊與華盛頓巫師隊，二〇〇九年入選籃球名人堂。

③（一九四五—）創下NBA史上球員與教練合計十三次冠軍無敵記錄，二〇〇七年入選籃球名人堂，傑克森在賽前會帶領球員靜坐、冥想，因此擁有「禪師」的綽號。

「我見過最沉著冷靜、心平氣和的人就是麥可，他的意識感相當強烈，他喜歡在活動如火如荼展開的時候，依然保持著冷靜的感覺，他希望在清醒著的每個小時裡，都保有這種感覺！」[2]在這種放鬆的意識狀態下，在籃球戰場上的疾風驟雨中，喬丹「保持著最佳狀態」——或者是心理學家米哈里·奇克森特米海伊（Mihaly Csikszentmihalyi）④所說的心流⑤狀態。[3]喬丹敏銳而冷靜地意識到自己和他周圍隊友的動作，他屢次三番能將自己的動作與他們的動作完美協調。由於他的身體並不緊張，因此其動作可以暢通無阻變化流動，此外，他能夠在壓得人透不過氣來的喧嚷騷動中、在震耳欲聾的噪音下，以及在對他和他的隊友來說，是拿他們個人和職業生涯去下最大賭注輸贏的那種會造成強烈影響之壓力下，達到一種非常平靜的心態。

這種在保持意識的同時，又能深度放鬆的能力（即使是在激烈的高壓情況下同樣如此）也是奧運金牌得主、同時創下世界紀錄的奧運游泳名將麥可·菲爾普斯（Michael Phelps）⑥和姬蒂·雷德基（Katie Ledecky）⑦的特質。運動生理學權威麥可·尤納爾（Michael Joyner）⑧博士在觀看他們游泳時，令他印象深刻的是，他們在激烈的比賽中，完全能兼顧保持放鬆並且擁有意識，而且他們做到了非常驚人的程度，尤其是在觀看菲爾普斯出賽二〇〇八年夏季奧運會游泳項目時，尤納爾博士被深深吸引。與緊盯著菲爾普斯的世界紀錄、和不斷飆升獎牌數目的全球觀眾不一樣，尤納爾博士本人也是一位游泳賽事選手，他發現菲爾普斯在泳池中的表現最引人注目：「我從來沒看過有人在水裡能這麼放鬆，」他指出：「……放鬆是可以被教出來的，……像麥可·菲爾普斯這樣的人……是放鬆達人！即使是在奧運比賽的天大壓力之下，菲爾普斯也能對節奏領悟

④匈牙利裔美藉心理學家、克萊蒙特研究大學（Claremont Graduate University）生活品質研究中心創辦人暨主任，主要研究領域為正向心理學。

⑤指全神貫注投入、沉浸在充滿創造力或樂趣的活動中時，體驗到渾然忘我的一種感受。

⑥（一九八五—）綽號「飛魚」，擁有二十八面奧運獎牌，同時也擁有史上最多奧運金牌、最多奧運個人項目金牌（二十三面）的紀錄。

⑦（一九九七—）綽號「女飛魚」，奧運女子四百、八百、一千五百公尺個人自由式世界紀錄保持人，是直至二〇二一年為止，摘下最多金牌的美國隊選手。

⑧（Michael Joseph Joyner，一九五九—）現任全球第一名醫院梅約診所的法蘭克·R和沙理·凱伍德麻醉學教授。他的實驗室自一九九三年以來一直受到美國國家衛生研究院的資助。二〇〇五年至二〇一〇年，他是梅奧診所的副主任和研究副院長。二〇一〇年，他被梅奧診所的同事提名為傑出研究者，並在二〇一三年獲得美國生理學會的沃爾特·布拉德福·坎農紀念講，並在二〇〇九年獲得ACSM引用獎，還在二〇一八年運動綜合生理學會議上發表了開幕主題演講。他直言不諱地批評科學和醫學中的還原論，也被稱為「世界上最廣泛引用關於人類表現極限的專家之一」。

得愈透徹，並保持在這種狀態中！」[4]

在二〇一六年奧運會之前，尤納爾博士對當時十八歲的世界紀錄保持人冠軍姬蒂．雷德基的印象也跟對菲爾普斯的印象十分相似。他認為她天生就具有一種能力，可以把她自己推向極限，這在身體上可能非常痛苦，但是同時會保持最大程度的放鬆。[5]

將身體推向極限、同時保持冷靜感，這種雙管齊下的狀態在耐力運動員中是一件司空見慣的事。有個特殊的例子是埃利烏德．基普喬蓋（Eliud Kipchoge）⑨，他二〇一九年成為第一位在兩小時內跑完馬拉松的人。儘管以每英里⑩不到四分三十五秒的速度跑步，跑了超過二十六英里會帶來極大痛楚，但是他能夠保持精神平靜和身體放鬆，步伐平穩流暢。他被形容成一位心智上非常堅強的人，擁有極富有禪意的性格，並且可以在跑步時，達到類似冥想的狀態。[6]

麥可．喬丹在輸贏賭注很大的高風險比賽裡、麥可．菲爾普斯和姬蒂．雷德基在奧運賽事中，以及埃利烏德．基普喬蓋在馬拉松賽場上，他們所展現出來的卓越的放鬆能力，當然不會是那種遲鈍的、心不在焉的放鬆，而且還恰恰相反呢！那是一種生氣勃勃、精力充沛、強勁矯健、有充分意識、參與正在發生的事情的身心狀態，而且這種放鬆，是在沒有緊張感、同時在感覺靈活、動作流暢和準備好採取行動之感受下所形成的。演員暨武術家李小龍是這樣形容的：「不要緊張，預備好隨時投入，不去思考但也不去做夢，不要固定不變，而是要靈活有彈性，『完全』並且是在沉著平靜的狀態下精神抖擻、有意識以及有警覺心，為可能發生的一切準備就緒！」[7]因為這不是一種茫茫然和虛應故事的放鬆，也不是一種沒有情緒的狀態——喬丹、雷德基和基普喬蓋可以體驗他們自己的情緒，但是他們的情緒不會導致他們抽搐或緊張到在大多數人身上會出現的那種程度。這些運動員和他們的教練發覺到，無論是有意識的還是直覺的，在**平衡**以及**結合**有意識和放鬆這兩個看似對立的事物之上，會產生強大的力量！假如你能用一種放鬆和開放的方式意識到你自己、你的環境和其他人，你就能夠更充分參與時時刻刻正在發生的事情，並在任何情況一出現時，靈活發揮你的全部能力來應對。

放鬆不是那種孤注一擲，不是有、就是沒有的現象——其發生是有**程度性**的。我們大多數人所承受的精神心理和身體生理緊張程度，遠遠超過我們自己所意識到的。尤納

⑨（一九八四—）肯亞選手，男子馬拉松多項賽事世界紀錄保持人，二〇二〇年東京奧運馬拉松二連霸，「紐約時報」形容他是長跑界的哲學家皇帝。

⑩一英里大約等於一・六〇九三四四公里。

爾博士發現到，不少超群出眾的游泳健將在水裡，可以在一定程度上放鬆，甚至是巨大程度的放鬆，但是菲爾普斯和雷德基則超越了這一點，他們做到了真正顯而易見的深度放鬆，甚至在應對激烈的精神心理壓力或身體生理疼痛時也能達到放鬆。同樣地，菲爾·傑克遜從他的教練視角看出去，當然也會發現不乏能夠在比賽中保持冷靜與平靜的籃球運動員，但是喬丹是他直擊過最從容自若、心氣平和的球員，而正是這種超凡入聖的放鬆意識，使喬丹可以在球賽打得激烈到兩隊難解難分的時候，還能夠跟他的隊友和對手如此協調一致。

麥可·喬丹的這種特質，跟我們在開頭關於達賴喇嘛的故事中，所描述的特質明顯相似。哥倫比亞大學教授羅伯特·舒曼和他的妻子是達賴喇嘛的摯友，他們注意到達賴喇嘛這種深刻顯著的能力——也就是即使是在嘈雜與分散注意力的環境中度過漫長的一天這種壓力後，達賴喇嘛還是可以一律絕對留意跟他交談的每一個人和任何人，完全體察、適應、融入他們，同時還能保持放鬆和開放開明的態度。

是什麼讓像麥可·喬丹和達賴喇嘛這種**異類**，在擁有能放鬆意識的能力方面表現得如此無出其右？這當中很可能涉及許多因素，比方天賦、教養和生活經歷，不過刻意的放鬆意識訓練和練習，也可以在發展與培養這種特質上發揮重要作用。實踐藏傳佛教⑪

的方式之一（達賴喇嘛是該宗教主要的弘法高僧）就是發展與培養一種類似於放鬆意識的心態，達賴喇嘛已經投入，而且持續長年累月進行冥想練習，其中包括某種用梵文「奢摩他」（*Shamatha*）⑫一詞來形容的冥想，其字面意思是「寧靜」、「安詳」，或者「平靜的存在」。在實際意義上，奢摩他的意思是指一種「沉浸在穩定和清晰的注意力狀態中」，保持一種一方面既不煩躁不安、精神錯亂，另一方面也不茫然麻木和困倦懶散的心態，而是在我們稱之為放鬆的意識狀態[8]下保持平衡。這種心態使達賴喇嘛能更加敞開心房，並且準備好應對，以及參與外界所發生的任何事情，或者他自己內心世界的思想與情感和情緒。

從一九八九年到一九九八年擔任芝加哥公牛隊籃球隊總教頭時，菲爾．傑克遜就在他的訓練計畫中使用了冥想練習。傑克遜表示，有些球員對此並不領情，有的球員則興致盎然，不過麥可．喬丹在冥想這方面天生就有天賦，而傑克遜本人就是致力投身於其

⑪或譯：藏語系佛教，俗稱喇嘛教。指的是傳入藏區的佛教分支，屬北傳佛教。與漢傳佛教、南傳佛教並稱佛教三大地理體系。以「密宗傳承」為主要特色。

⑫意思是「止息」。「奢摩他」禪修的首要任務是安定思緒，使人能變得更客觀、能多方面觀看人、事、物，讓自己想得通、看得透。

中的冥想家。[9]所以，雖然可以肯定地說，達賴喇嘛的冥想經驗與技術更加老練，而喬丹則是籃球高手，不過他們倆確實有一些非比尋常的共同點——他們都是在**進入放鬆意識狀態**這項能力方面的異類。

他們是怎麼做到這件事的呢？他們如何獲得這種能力並且將其付諸實踐？對於我們這些生活節奏飛快、壓力極大、無法獲得名人堂或者世界著名宗教領袖的專業訓練與資源的「普通人」來說，有沒有那種一丁點可能，讓我們可以獲得這項技能呢？

安靜警覺狀態

事實證明，你不必成為麥可．喬丹、麥可．菲爾普斯、姬蒂．雷德基或者達賴喇嘛才能夠發展並培養這種技能（**呼！鬆一口氣囉！**）事實上，處於放鬆的意識狀態，對我們每個人來說都會是非常自然，而且是與生俱來的，這件事情是有可能的，甚至在我們生命最初幾週的嬰兒時期，我們就已經能夠進行一種非常基本的放鬆意識形式，這被稱為安靜警覺狀態⑬。瞭解這種特殊現象可以教會我們很多關於我們自己、關於調和，甚至關於那些明星運動員如何達到這種看似奇蹟般本領的知識。

嬰兒的安靜警覺狀態最早是由活躍於一九五〇、六〇和七〇年代的研究人員——彼得・沃爾夫博士（Dr. Peter Wolff）與海因茲・普雷希特爾（Dr. Heinz Prechtl）博士所提出的。[10]沃爾夫和普雷希特爾率先採用方法，對嬰兒的行為進行有組織的詳細觀察與羅列歸類，而且就跟生物學家在動物的自然環境中，對動物進行實地觀察的方式大致相同，[11]在這樣執行的過程中，他們注意到，嬰兒往往會循環幾種明顯不同的「行為狀態」，其中一些狀態發生在他們睡著（即沒有知覺）或煩躁（即沒有放鬆）的時候，這兩種情況都不會出現太多與他人的互動；不過，在兩位博士所謂的安靜警覺狀態下（這是一種放鬆意識的原始狀態），嬰兒則經歷了最佳的身心狀態，可以與環境和周圍的人互動。在這種安靜警覺狀態下，嬰兒的眼睛是睜開的，顯得明亮而專注，他們的身體相對靜止和平靜，他們的呼吸模式是有規律的，他們對周圍的環境有意識並且適應之。正是在這種狀態下，嬰兒跟父母或看護他們的褓姆有最多的互動，他們經常專心地凝視著看護他們褓姆的臉、傾聽褓姆講的話和聲音，並且進行一些簡單的臉部表情模仿、和一

---

⑬ 指嬰兒睡眠週期裡「睡醒期」階段的第一個時期，嬰兒在安靜警覺期已醒來，但少有四肢活動，呼吸規則對外界注意力較集中，此時是親子互動最佳時間。

些非常基本的來回反覆溝通交流。[12]

所以，即使是在我們呱呱墜地後，最剛開始綻放生命力的那段日子裡就已經出現，並且在我們的一生中，都會一直持續下去的一種放鬆之意識狀態，這種狀態會構成調和的基礎。

調節：在互動中培養與發展並且保持放鬆的意識

在安靜警覺狀態下，嬰兒的喚醒水準⑭（即能量和情緒與情感水準）是處於互動的最佳區域——不是太低（不是在昏昏欲睡、打瞌睡或睡覺的狀態）也不是太高（不是在因為在飢餓、濕漉漉、或者寒冷的情況下而煩躁、發脾氣、哭泣），但是會在中等範圍內，一個甜蜜點⑮上，在這種情形下，嬰兒可以警覺、專心但是又能冷靜。為了進入安靜警覺狀態這種最佳狀況裡，就需要去調節嬰兒的喚醒水準，最基本的調節類型包括父母或看護嬰兒的褓姆，滿足嬰兒對食物、溫暖、休息和接觸舒適度（被抱著）的基本需求；滿足這些需求可以調節嬰兒的身體、精神心靈和注意力的狀態，使得讓寶寶進入安靜警覺狀態變成一件有可能的事。而我們知道，即使是成年人，假如我們真的饑腸轆轆、筋疲力盡或壓力很大，在這些情況下，要進入放鬆的意識狀態，分明是一件鑽火得冰的事……對成年人來說，同樣也是如此——為了與他人建立聯繫，我們需要處於那種有甜蜜點的狀態，也就是我們雖然很警覺，但並不是非常緊張、易怒或分心。要滿足我們的身體需求，就要在**非常基本**的程度上進行調整。

除了光是滿足我們的身體需求外，還有其他更微妙的調節類型，這些調節對於我們在與人互動時，能夠保持放鬆和有意識來說有必要而且關係重大。對嬰孩而言，父母對他／她的注意力不足，或過多的興奮、注意力和刺激，都會破壞安靜警覺狀態。能夠細心警覺、跟孩子**共情關注**的父母，一旦注意到自己的小寶貝開始大吵大鬧時，可以對父母自己的行為進行調整（例如多一點或少一點眼神交流），這會因此有助於調整寶寶的狀態。嬰兒本身也有一些能力來調整自己的喚醒水準，比方說他／她試圖藉由眼神交流、微笑、發出聲音和做出動作來讓分心的父母跟他／她進行互動；嬰兒會吮吸拳頭或

---

⑭ 或稱：警醒程度或激發水準。指人（有機體）的生理及心理活動，程度上可由熟睡一直延伸至強烈興奮，即神經系統警覺度受到感覺輸入影響波動的程度。

⑮ 在這裡指讓嬰兒感覺最開心、最舒服，最能「安身立命」的那一刻。

手指來使自己平靜下來；或者需要解脫一下，不要再接收任何一種刺激時，寶寶會看向遠方幾秒鐘。[13]要是在大多數時候，父母和其他照顧嬰兒的褓姆，都可以用熟練的方式來調整嬰兒，讓嬰兒感覺穩妥恰當，並且支持嬰兒自我調節⑯的努力，如此一來，隨著嬰兒長大，他／她的自我調節技能也會日就月將，因此，寶寶可以維持互動的期間會變得更久。在長期的、嚴重的社會剝奪⑰、忽視或虐待的環境中長大的嬰兒，抑或在沒有人以相當可靠的方式滿足他／她們基本需求、幫助他／她們自我調節之處長大的嬰兒，不太可能進入放鬆的意識狀態，也不可能與他人和諧相處，而且他／她們在成長過程中，可能會在情緒調節⑱和人際關係方面，長時間都會感覺十分吃重。[14]

放鬆的意識和調節，對我們成年人的關係來說，也一樣是關鍵。從成人互動的角度來看，情緒調節涉及一些能力，以監控我們自己的情緒和對方的情緒，還有執行一些事情，來改變我們情緒與對方情緒的強度或時間。[15]在我們的互動中，隨時一直都會冒出一些事情，破壞我們與對方的聯繫——這些事情包括使我們非常緊張或焦慮的話題，令我們怪不自在的過多眼神交流，讓我們對談話興趣缺缺的無聊感；以及各種叫人分心的事情。為了在對話中保持聯繫感，我們會在一個微妙的層面上，自動調節自己和對方，而且我們在很多時候，甚至是在無自覺的情況下考慮到這一點。為了在緊張的時刻當中，讓自己平靜下來，我們可能會來個深呼吸。其他的時候，假如是在令人彆扭或雙方處於僵局的時刻，一個眼神或一個微笑，就會讓彼此心裡感到踏實了不少。要是眼神交流太過激烈，我們就在那一瞬間把目光移開；倘若交談的話題使對方開始顯得情緒化，而讓他們或我們自己感到侷促不安，我們就會巧妙地把話題引到另一個方向上；假若我們感覺到我們讓對方感到厭煩或無聊，我們就試著想一個能使他們更感興趣，或更興奮的話題；若是我們分心了一會兒，我們會發覺自己講錯話而突然住嘴，然後把注意力放回到對方身上，以求希望我們沒有錯過太多重要的細節。

這些全部都是調節我們自己、與對方彼此調節，以及互動的方法，這樣一來，我們每個人都能保持在放鬆意識的區域裡，並讓我們的連結繼續不停維持下去。之後在第五章裡，我們會深入研究在兩個人之間，這種相互調節的互動、思想交流的問題，我們會

---

⑯ 或譯：自我調整、自我調控。

⑰ 在動物出生後或此後一定時期，跟母體或其群體隔離，單獨飼育。指強制不讓兒童接受正常社會刺激，剝奪其社會交往及認知、評價人和客體等的機會。

⑱ 負責監督、評估和修正情緒反應，以達成個體目的之歷程，由內在和外在調節歷程所組成。特別是對於情緒反應的內涵、強度和時間的介入。

發覺到這個過程是怎麼樣運作，而向來幾乎沒有完美進行過的，並且一旦某一方或雙方變得注意力分散、心煩意亂、失調（即情緒反應或行為調節不當）或與對方不合拍、脫節時，這種連結往往會如何出現更明顯的中斷、極度不順暢。我們還將研究兩位當事人該怎麼做，即可學會修補被斷絕的連結，並且重新開始。就目前而言，特別關注於放鬆的意識，是個很好的辦法，可以用來瞭解每個人如何能夠自我調節，並保持一種放鬆的意識狀態——即使是在他們自己也有所感觸，而且產生了情緒的情況下。這會讓我們能夠更透徹瞭解「調節」是如何在兩個人的互動中發揮作用的，正如我們將在第五章中所討論的那樣。

「你怎麼能指望我在有壓力的時候去調節?!」

讓我們暫時回到嬰兒時期吧！我們放鬆的意識和調節能力，首先會在我們新生的生命初始階段開始加以發展，放鬆的意識和調節能力，在我們與父母、家庭成員或看護我們的褓姆的關係裡增長與發展，接下來則在我們的生命過程中繼續演變成形。隨著我們長大、越過嬰兒期，我們的父母或看護人褓姆，一般會變得愈來愈無法調節我們的每一個需求；但是，假如我們有幸能夠擁有這樣的父母或看護人褓姆，他們在照顧我們時令人倍感可靠，我們就會逐漸培養與發展出更複雜、更高超的技能來調節我們自己。[16]普通的、輕微的壓力，不會破壞或影響我們自我調節能力抑或放鬆意識的能力的增長，事實上，我們在處理面對我們卻感到無所適從的父母，他們所製造出來的相對較小、可以忍受和不可避免的壓力時，或者因為外在事項或內心需求，而打亂了我們歡樂開心狀態的林林總總情況時，我們就會得到愈來愈多練習自我調節這方面的機會。手裡掌握住這些技能，在我們變成了兒童、青少年、接下來則是成年人時，我們即有可能獲取更持久的放鬆意識方式，這可以成為我們與他人進行更成熟、更複雜、更得心應手的互動之基礎。隨著我們長大成人，我們大腦裡幫助我們調節自己情緒和維持注意力的部分（例如位於我們大腦最前端的前額葉皮質〔prefrontal cortex〕⑲）的發展會臻於顛峰，[17]而這種大腦的成長和發展，則能促進助長我們培養與發展更持久、更穩定的放鬆意識。

雖然我們的自我調節和放鬆意識，能夠在良好的環境下增長，但是事情並非一直都

⑲幫助我們整合訊息、制定理性決策、掌管思考、情緒、慾望等，長期目標規劃與自我管理都靠它，也是人類大腦比其他動物發達的部位。

那麼順利。除了日常生活中的普通、不可避免的壓力之外，我們不少人會經歷多重壓力和精神心理創傷，而這些可能都會壓垮我們的自我調節能力。時間一久，這種嚴重和反覆出現的壓力，會阻礙我們放鬆意識的能力。儘管我們通常會從**有壓力情況**的直接影響中恢復過來，但是嚴重的壓力和精神心理創傷——例如持續虐待、忽視、結構性種族主義（systemic racism）[20]，在我們小小年紀時即失去父母等，往往會在我們身心留下傷痕，它們在我們身上累積的影響如影隨形，可能會在我們與人互動時，影響我們調節和保持放鬆意識狀態的能力。

事實上，壓力和社會脫節之間存在著一種回饋圈，會相互呼應、彼此加強。嚴重的壓力有時會讓我們離群索居，或者使我們感覺自己與他人的連結減少。為了**還擊**這種壓力，我們會封閉自己，以保護自己不被感知到的威脅衝擊，社交孤立則會進一步加劇壓力。正如我們在第一章裡所提到的，在二十一世紀的西方社會中，孤獨、社會脫節和壓力問題日趨惡劣。

壓力，以及我們對壓力的習慣性反應（這種反應多年來在我們心裡根深柢固）往往成事不足、敗事有餘，是我們放鬆意識與調和的罩門死穴！壓力源（stressor）[21]其影響會反映在我們的精神狀態、情緒和反應上，而且也會對我們的身體和生理造成嚴重不良影響，連帶使我們放鬆意識與調和的能力受到波及！讓我們自己瞭解到壓力如何對情緒和行為產生影響，是訓練我們自己在壓力下採取不同反應的第一步。我們一旦提升了自己在面臨壓力時的自我調節能力，就能改善持續放鬆意識與調和的能力。

我們應對壓力的身體反應很重要

我們對壓力的反應方式，跟我們神經系統的一部分——稱為自律神經系統（autonomic nervous system, ANS）[22]是如何發揮其功能有很大關係。自律神經系統監測並調節我們許多內臟器官，比方說心臟、血管、肺臟、消化系統、汗腺、眼睛瞳孔的功能等等，自

⑳或譯：國家種族主義或系統種族主義。指政府、企業、宗教團體、教育機構或其他有重大影響力組織的種族歧視行為；例如一些企業偏向聘用某些種族和少數族裔。這種現象目前於一般國家仍屬常見。

㉑指能引起壓力反應的任何刺激，來源可以是內在或外在的。分為心理社會性（指經由人的認知判讀）和生理性（指直接經由生理作用）兩種壓力源。

㉒或譯：自主神經。是一套負責維持生命基本必要機能的神經系統，不受大腦意志控制；很容易受到情緒、外部刺激等影響，進而出現運作不正常的情況。

律神經系統還會調節被認為是身體壓力對應放鬆反應的一部分之生理功能，譬如我們的心跳率、血壓、呼吸速率與汗液分泌，這些功能往往會隨著壓力而增加、由於放鬆即減少。正如「自律神經」這個名詞所表明的那樣，自律神經系統是自主工作的，也就是說，它是自動的，並非由我們透過意識加以控制。一旦我們面臨緊張萬分的狀況、壓力很大的局面時，會突然自動「腎上腺素飆升」、伴隨著心跳加速、盜汗與噁心，這一系列的身體反應，是由我們的自律神經系統所進行協調。自律神經系統不僅自動對外部環境有所回應，而且也會對我們自己身體內部的需求，與我們的器官功能自動產生反應。[18]就其解剖結構而言，自律神經系統的神經**並非**位於調控與傳達我們思想的大腦上半區（**higher brain**）㉓中樞，如大腦表層（大腦皮質㉔）；相反地，自律神經位於大腦的最底部（腦幹㉕）與脊髓㉖，然後向下延伸到我們的其他器官。

自律神經系統包括兩個系統（副交感神經和交感神經系統）這兩個系統以相反㉗的方式運作，形成一種陰與陽的平衡、消長協調。我們的副交感神經系統（**parasympathetic nervous system, PNS**）㉘會協調出一種放鬆的狀態，保存並恢復我們的能量與體力，副交感神經系統使我們的心跳率減慢，降低我們的血壓，因此，副交感神經系統有助於啟動放鬆意識裡的放鬆元素；而且，正如我們稍後將進一步解釋的那樣，它對我們在社會連結（social engagement）㉙中的開放態度非常重要。相比之下，交感神經系統（sympathetic nervous system, SNS）㉚則負責協調「戰鬥或逃跑」㉛反應，來應對環境中的緊急情況和突發壓力源。在回應壓力時，交感神經系統會刺激與啟動腎上腺的內部，接下來將腎上

㉓ 或譯：高級腦。

㉔「皮質」是在腦和整個神經系統演化中最晚出現、功能最高階，呈皺摺狀，又稱「灰質」者。是腦神經細胞所在處，腦皮質分為額葉、顳葉、頂葉及枕葉。

㉕ 腦幹位於大腦底部，在小腦之前，連接腦部到脊髓。負責體內非自主性功能，如呼吸、消化、血壓和心跳。

㉖ 位於脊柱的椎管內，且被脊椎保護；是源自腦的中樞神經系統延伸部分。主要負責軀幹和四肢的反射動作，以及傳送腦與外周之間的神經信息。

㉗ 交感神經與副交感神經兩者維持相互拮抗作用關係，達到和諧平衡狀態，幫助人體依照環境變化彈性調整，以適應身體當下的需求。

㉘ 主要由延腦與薦椎發出。

㉙ 此處指我們連結社交網絡的能力。包括親密關係的品質、社交頻度、從互動中感受愉悅的程度。

㉚ 主要由胸椎與腰椎發出。

㉛ 由美國生理學家沃爾特・布拉德福・坎農（Walter Cannon，一八七一—一九四五）提出：動物面對威脅時，常激起神經和腺體的反應產生壓力，使身體準備防禦、掙扎或逃跑。

腺素（adrenaline）㉜和正腎上腺素（noradrenaline）㉝釋放到我們的血液中，使我們的心跳率和血壓升高，讓我們準備好應對緊急情況。[19]

自律神經系統還與我們體內另一個主要的壓力反應系統相互作用，即下視丘㉞—腦垂體㉟—腎上腺（hypothalamic-pituitary-adrenal, HPA）系統，該系統包括位於我們大腦底部的下視丘（hypothalamus）和腦垂體（pituitary gland），以及位於我們每個腎臟頂部的兩個腎上腺。除了交感神經系統之外，在我們對抗壓力時，下視丘—腦垂體—腎上腺系統也會一起被啟動，下視丘—腦垂體—腎上腺系統㊱會釋放一系列參與身體壓力反應的荷爾蒙，包括皮質醇（cortisol）㊲（通常被認為是身體的主要壓力荷爾蒙）。另一方面，一旦副交感神經系統產生作用時，下視丘—腦垂體—腎上腺系統的活動力就會減低。[20]

「放鬆的意識」會在副交感神經系統和交感神經系統這兩者活動維持平衡和諧、相輔相成（介於平靜與警覺之間）的時間點上高漲、進入全盛時期：要投入恰到好處的注意力和警覺性，使得交感神經系統可以維持在一定程度上，不過也要同時喚起充分的副交感神經系統活動，讓我們能夠放鬆，並且對發生在我們身上和我們周圍的事情抱持開放的態度。在我們這個高壓社會裡，看起來好像大多數的人根本就是平衡絕緣體——意思是指我們大部分的時間都朝向過度壓力（這時交感神經系統活動與下視丘—腦垂體—

腎上腺活動會兩面夾攻）偏斜、但是卻有偏離放鬆（放鬆就是促進副交感神經系統展開活動）的傾向，我們需要一種方法來重新平衡。[21]為了與別人相互連結，「放鬆意識」的放鬆面與副交感神經系統的活動，都極為重要！

副交感神經系統在放鬆的意識和社會連結上所扮演的角色，一直是史蒂芬・W・伯格斯（Dr. Stephen W. Porges）博士的主要研究重點。他目前是北卡羅來納大學教堂山分

㉜在此指腎上腺髓質分泌的激素及神經傳導物質，在戰鬥或逃跑反應中扮演非常重要的角色，能增加肌肉的血流量、心輸出量、促使瞳孔放大和血糖上升。

㉝或稱：去甲基腎上腺素。是腎上腺素去掉N-甲基後形成的物質，屬於兒茶酚胺類激素。主要由交感神經末梢釋放，小部分經由腎上腺髓質釋放。

㉞或稱：視丘下部。位於腦的底部，腦幹的上方，體積很小，是中樞神經的一部分，包括器官運作調節，以及睡眠與甦醒的週期都由其掌控。

㉟或稱：腦下垂體、腦垂腺、腦下腺，簡稱垂體、垂腺。是控制全身內分泌系統的重要器官，位於大腦中央下方蝶鞍的部位，呈橢圓形。

㊱下視丘收到壓力訊息，會分泌不同荷爾蒙以調控腦垂體分泌，腦垂體則分泌促腎上腺皮質荷爾蒙，其中包括皮質醇，直接促成一連串壓力生理反應。

㊲皮質醇會提高血壓、血糖水平和產生免疫抑制作用。在腎上腺分泌皮質醇後，皮質醇會從腎上腺進入血液。壓力升高時，皮質醇值達到峰值。

校（University of North Carolina Chapel Hill）㊳的精神病學教授暨印第安納大學㊴的傑出大學科學家。伯格斯博士的「多層迷走神經理論」（polyvagal theory）（或稱「多元／多重迷走神經理論」）㊵的重點在於迷走神經（vagus nerve㊶，副交感神經系統中的主要神經）在我們與他人進行社交互動的能力上所達到之作用。迷走神經從我們大腦底部的腦幹一直延伸，向下穿過頸部，進入胸部，再向下進入腹部，一路上會往我們的許多器官分布較小的分支，使我們的大腦和其他器官之間，能夠進行雙向的資訊交流，協調我們身體的放鬆反應，並有助於減少在十萬火急的情況下，自然產生的「戰鬥或逃跑」壓力反應。根據伯格斯博士的理論，迷走神經的某個特定部分在我們能夠與別人彼此有效溝通之能力上，發揮著重要作用，它跟我們使用臉部表情與語氣的方式、我們表達及識別情緒的方法，以及我們彼此認真傾聽以及與對方相互回應的能力有關。

這個部分的迷走神經也會向心臟發出訊號以減慢心跳率、會使得皮質醇減少釋放，而且也是促進平靜感的大功臣！因此，整個系統的進行方式是這樣的：一方面是放鬆和迷走神經張力（vagal tone）㊷增加，另一方面則是社會連結，兩者之間有一個正回饋圈，彼此都在互相提升，相得益彰。我們感到安全與放鬆時，就會更具有社會意識；反過來說，社會意識（social awareness）㊸以及跟冷靜與和氣親切人士的互動，則可以幫助我們平靜下來。[22]

放鬆和社交互動之間的這種正回饋圈，可能還涉及到催產素（oxytocin）㊹的作用，催產素是我們體內的一種荷爾蒙，在我們自然而然、與生俱來的生理學㊺其社會連

㊳位於美國北卡羅來納州教堂山。是「公立常春藤」最初幾所大學的成員之一，也是北卡羅來納州大學系統的旗艦機構。

㊴成立於一八二〇年，是美國老牌名校。是六十間美國大學協會成員裡，率先成為「綜合研究型大學」的早期成員。

㊵多層是指迷失神經的分支具有階層，人體在正常情況下會根據外在環境決定使用哪一個階層——社會參與／連結、戰鬥或逃跑，以及凍結／關閉。

㊶是人體第十對腦神經，其組成蜿蜒分布在胸腔與腹腔，因名稱在拉丁字中有蜿蜒、流浪等義，因而又被稱為「流浪者神經」。主要任務在於接收來自軀體的訊息，然後傳送至大腦。七成五的副交感神經都是迷走神經。

㊷或稱：迷走神經衝動。可反映副交感神經系統的活動狀況，迷走神經張力／衝動愈高，愈能克制悲觀情緒並因應壓力。

㊸或譯：社會覺察。群體成員對某些共同的主觀經驗，具有察覺、意識的狀態或過程，從當下感知他人的內心世界、理解對方的感受與思想到「掌握」複雜的社會情境都是。

㊹常被簡稱為OT。可催乳、催產、調節能量平衡、母嬰連結、促進社交行為、夫妻關係、傷口癒合與治療自閉症。

㊺生理或生理學（physiology）為生物學的一門子領域；研究生物體及其各組成部分，在活體系統中化學或物理的功能活動。

結和聯繫上舉足輕重。催產素是由大腦底部的下視丘中其特定細胞產生之神經肽（**neuropeptide**），有時被稱為愛情荷爾蒙㊻，因為該神經肽會在像擁抱、母乳餵養和性生活等親密互動中釋放，催產素也與社會聯繫的其他方面，諸如信任、慷慨、同情、同理心與移情作用和理解等感覺有關。[23]催產素似乎可以促進放鬆的狀態，因而增進社會聯繫。催產素還能平衡自主神經系統的活動，使自主神經系統遠離壓力反應（即遠離交感神經系統活動），並朝放鬆方向發展（即擴大副交感神經系統活動）。[24]除了在社會聯繫和放鬆方面的作用外，催產素似乎有更廣泛的作用，是讓我們意識到來自其他人的各種線索之好幫手，並使我們能夠將這些線索視為有趣、重要，而且是引人注目的。[25]

相反的回饋圈（也就是壓力和社會脫節互相加強、此唱彼和）則似乎跟皮質醇脫不了關係，比如麥吉爾大學（**McGill University**）㊼進行的實驗即說明了，牽涉到釋放皮質醇的壓力反應，會阻礙一個人對另一個人的情感同理心（emotional empathy）㊽；另一方面，防止身體產生皮質醇、或阻止皮質醇的作用，則可以增加同情、同理心和移情作用。[26]史丹福大學（Stanford University）㊾神經科學家羅伯特・薩波斯基（**Robert Sapolsky**）在他的著作《為什麼斑馬不會得胃潰瘍？》（*Why Zebras Don't Get Ulcers*）㊿中指出，身體的壓力反應系統（諸如下視丘—腦垂體—腎上腺系統）在應對突如其來的壓力時最管用，這些身體的壓力反應系統會在一瞬間展開，沒多久即結束——比方說在遇到獅子時，斑馬的反應是立刻腳底抹油、超光速逃跑！而斑馬一安全逃離獅子的勢力範圍後，其下視丘—腦垂體—腎上腺活動也會降低；不過，現代人類文化為我們帶來了各式各樣長期的憂慮與壓力，而正如薩波斯基所認為的，這樣長期啟動壓力系統，則會讓我們的身體健康拉警報，也會使我們與別人調和，以及連結彼此的能力走下坡。[27]這樣持續啟動我們身體的壓力系統會陷入惡性循環：因為壓力會增加疏離感，而且反過來，被孤立與跟他人斷絕聯繫又會加重壓力。

在我們的日常生活中，免不了會有壓力與造成沉重精神負擔的事件，但我們應對壓力的方式，並不一定是一成不變的，壓力未必免不了一定會破壞我們與他人的連結。為

㊻ 或稱：快樂荷爾蒙、幸福荷爾蒙、羈絆荷爾蒙、擁抱荷爾蒙。

㊼ 成立於一八二一年，是位在加拿大魁北克的公立研究型大學。在全球各大教育出版物評比中，均名列世界頂尖大學之列。也獲評為加拿大當地全國醫博類（Medical Doctoral）大學第一名。

㊽ 能知覺到當事人的情緒經驗，進而產生和當事人相同的情緒。

㊾ 位在美國加州舊金山灣區南部，帕羅奧圖 市境內的私立研究型大學，是全球頂尖學府之一。

㊿ 原文書：*Why Zebras Don't Get Ulcers: The Acclaimed Guide to Stress, Stress-Related Diseases, and Coping*，臺灣版為《為什麼斑馬不會得胃潰瘍？：壓力、壓力相關疾病及因應之最新守則》（遠流出版）

了改變「壓力」勢必會對我們與他人的聯繫方式造成影響，我們需要一種可以重新訓練自身習慣性反應的方法。麥可．喬丹、麥可．菲爾普斯和姬蒂．雷德基這些名家透過天賦加上訓練，兩者齊頭並進，培養與發展出令人驚豔不已的自我調節能力，使他們至少在爆發運動細胞、發揮所長時，還能夠同時保持深度放鬆和敏銳的意識，[28]同樣生而為人的我們，也有能力在日常互動中培養與發展出更多這種能力！

培養放鬆的意識

我們在這裡提供你一套練習與實作，這將會是你培養與發展自己的放鬆意識、緩衝壓力，同時也是為完美交流之調和奠定基礎的推手——即使是在日常生活中忙碌、有壓力和分心的情況下也不例外！若是經常**練功**，這些練習還可以形成一套新的身體與心理習慣，可以幫助你游刃有餘應對五花八門的狀況！假如即將參加一項讓你忐忑不安的重要會議、正待展開一次高難度的談話、或者就要進行一場利害關係非同小可的演說；牢牢掌握住這些習慣，就是讓你使自己冷靜下來的特效藥！並且也是你的左右手，令你能獲得頂尖運動好手在高壓比賽之前和期間當中，所能達到的那種放鬆的意識狀態！另外，在會議、談話或演講過程中，你還可以利用這些習慣來調節自己，保持警覺、參與和冷靜。在後面的章節中，我們要向你展示要怎麼以這些初步練習為基礎，以及放鬆的意識會如何構成所有其他調和組成部分其基本條件。

從現代的角度來看，我們所提供的許多練習與實作，可以算是正念冥想（即一種練習與實作，是以不評判的開放態度，有目標、刻意關注自己當下的體驗有關），[29]我們介紹的站立冥想練習和纏絲功都是源自太極拳，兩者皆是一種特殊的正念練習。一般而言，正念練習已被證實在緩衝壓力方面具有不少好處，包括增加副交感神經系統活動與減少交感神經系統活動；[30]正念練習提升了注意力的穩定性、自我覺察（self awareness）(51)與調節自己情緒的能力；[31]正念也會導致與注意力、自我覺察以及情緒調節有關大腦迴路(52)的結構、連接和功能（包括額葉〔frontal lobes〕(53)區域）出現可測量判斷的變

---

(51) 指清楚知道或意識到自己現在的想法、情緒、行為，以及所處的環境；也可以說是專注於當下的能力。

(52) 大腦裡有上百億個神經元和神經膠質細胞，它們相互連接，形成許多神經迴路，傳遞訊息；這些迴路構成完整的神經系統，讓人類能思考、有情緒。

(53) 位於腦的前半部，相比起其餘大腦被稱為「葉」的區域，額葉是最大的一部分。主要影響人的判斷、思考、人格、動機、及意志，所以與人格、情操、創造、內省有關。

化。[32]

總體而言，正念冥想練習大致分為兩大類：一類是集中注意力的練習（通常會在呼吸或身體上，向內集中精神），另一類則是開放意識的練習。[33]太極拳冥想的獨特之處就在於把這兩種方法結合起來：一方面是集中注意力在自己的身體和呼吸上，同時另一方面則是對自己的思想、感覺、和周圍環境（包括其他人）進行監控，在這兩個方面互相平衡。[34]太極拳、其他運動練習和正念冥想，可以增進對自己和他人的覺察、[35]降低皮質醇濃度，[36]並促進副交感神經系統活動。[37]這些全部都會有助於培養與發展放鬆的意識。

經由這些練習與實作，目的是訓練身體生理與精神心理兩方面放鬆的意識。在一開始，可能看起來就像是會考倒你一樣——你甚至可以說，這算哪門子的放鬆啊！密切注意你的身體結構和姿勢之某些方面，並以某種方式保持你的身體，最初可能會感到不自然，並且可能引起疲勞、不適，甚至肌肉酸痛，這些搞不好全部都跟放鬆的感覺背道而馳！但是隨著練習，你的腿腳會變得更強壯，練習也會顯得更容易。我們首先要培養與發展和練習對身體結構的意識與關注，然後，在保持這種意識的同時（甚至是意識到一些身體生理或精神心理不適）我們試著放鬆。能保持意識、甚至能夠覺察到不適的問題，並且同時放鬆的這種能力是違反常理的，但也是一種舉世無雙、管用無比的技能，會隨著練習而逐漸養成！倘若你能夠在感覺不適的時候找到平靜，就會真正表現出達到放鬆意識狀態的能力。

在放鬆的意識狀態下，你會體驗到自己所有的情緒與感受——意識到它們，而且不會壓抑它們，不會因為它們而心亂如麻、或者不會過度誇大它們。但是你也能夠調節自己的情緒，使它們不至於讓你不知所措，並分散你對自己和另一個人之間，到底發生了什麼事情的注意力。允許你的情緒和感受存在，而不會因為有情緒與感受，就讓你招架不住；藉著這種方式，就可以把你自身的能量與情感，轉化為有效的行動！

我們知道，這種既要停留在緊張、壓力大的現實中，**而同時又要**放鬆的想法，可能會給人一種違反直覺之感——意識到令自己緊張不已的事情時，我們怎麼可能放鬆得了呢？教導、訓練和培養與發展這種技能的策略，就是去調整困難度，因此會感受到很刺激、具有挑戰性，但又不至於讓人感覺太緊張、太不舒服到無法繼續練習下去。隨著逐步深入訓練，你將漸漸可以處理更多的挑戰！

練習時間到

培養放鬆的意識全攻略！

這些練習之目的是為了實現身體的自我覺察（在身體要放正，頭、軀幹以及四肢各部位排列成一直線、肌肉放鬆和呼吸覺察㊹之間取得平衡）和對周圍環境的平靜意識。意識到你的身體，並培養與發展出一種筆直的姿勢——將頭部、頸部和軀幹保持在一條直線上，而且接地、扎根，與大地連結，但也要很放鬆。無論我們是否意識到這一點，這對發展調和會發揮令人意想不到的效用！不過還有個與身體有關的重要部分——即使我們跟另個人沒有身體上的接觸，調和也包括使用身體語言、臉部表情，以及我們自己的動作跟對方動作的協調。

請參閱本書開頭的「作者貼心話」中，關於開展練習計畫的內容。

伸展：釋放緊張、得到放鬆

實際上，我們所有人都在我們自己的身體裡，隨身帶著一層層的緊張感，甚至常常不自知：這種緊張會導致錯位失調，因而干擾我們瞭解、接受、融入自己或他人的能力。這種緊張可能源自於坐在電腦前，或使用智慧型手機的時間太長，也可能來自於多年的慢性壓力和精神創傷，這些壓力和創傷在不同程度上滲透到我們的生活中。為了培養與發展你把頭部、頸部和軀幹保持在一條直線上，以及放鬆的身體技能，我們先從一系列的伸展練習開始，以放鬆和釋放身體各個部位的身體緊張。為了讓任何冥想練習（坐著、站著或走著）充分發揮最佳效果，首先要熱身你的肌肉、釋放緊張，以及放鬆身體，這都是有幫助的。要是你已有一套用於其他練習的伸展與熱身標準公式，請繼續啟動這些程序吧！這裡所建議的伸展和放鬆練習，在太極拳中也經常使用，這些練習強調的是放鬆身體上那些在日常生活中容易緊張的部位，特別是頸部、肩部、背部和大腿後側肌群（hamstrings）㊺。我們在這裡只是簡單介紹一下，你也可以在MissingEachOther.com查到更多詳細資訊和影片示範。

首先輕輕伸展以下身體部位，儘量將肌肉伸展到所能伸展的百分之七十左右，而不

㊹ 或譯：呼吸觀察。是利用雙手擺放在不同位置去感受／意識或觀察呼吸隨著鼻端進出或胸口／腹部起伏，以及側面／後側肋骨擴張、下腹部起伏。

㊺ 位於大腿後側，連結髖關節及膝蓋肌肉組織的泛稱。主要由三個不同肌肉「半腱肌（Semitendinosus）」、「半膜肌（Semimembranosus）」及「股二頭肌（Biceps Femoris）」所組成。

要把你自己推到百分之百或百分之一百一十，這是讓你受傷的前兆！

步驟

- 頸部：站立，雙腳分開與肩同寬，膝蓋微微彎曲、臀部微翹，雙手放在臀部，輕輕、慢慢把你的頭轉圈。轉頭時，每個方向各轉五圈，不要讓你的頭仰得太後面。要對自己溫柔一點。
- 肩部：輕輕聳肩，每個方向轉五次（從後到前和從前到後）。接下來，從你的手臂向下伸直、你的手指伸展開始，把你的手臂在你的身體前面打圈，在你的頭頂上打圈，然後在你的身體後面打圈，再回到原處的往下位置。每個方向各轉動五次。
- 腰部：站立，雙腳分開略寬於肩寬，**膝蓋微微彎曲、臀部微翹**。輕輕左右來回扭動你的腰部十到二十次。你的臀部和下半身應保持固定和穩定，因而可以從腰部出力動作。輕輕往左往右扭腰，讓手臂自然隨著你的身體一起從某一側到另一側擺動。
- 臀部：雙腳分開略寬於肩寬，膝蓋微微彎曲，雙手放在臀部，輕輕把臀部往每個方向轉圈五次。

- 背部和大腿後側肌群：站直，雙腳分開與肩同寬（如果可以保持平衡，雙腳距離可以再近一點），然後從腰部輕輕向前彎腰，保持膝蓋伸直，然後雙手向下伸向腳趾。讓你的體重落在肩膀和頭部，同時保持你的平衡。感受下背部和大腿後側肌群在伸展，並試著保持這種伸展狀態，持續數十到三十秒。然後，慢慢、輕輕地往上抬回身體到站立姿勢。

坐禪[56]

在這個練習中，首先要睜開眼睛，保持眼神柔和（不盯著任何東西），冷靜注意你的環境。你的目標是一方面上緊發條、升起警覺、意識到你周圍的環境；另一方面則又保持冷靜與放鬆——並在這兩者之間取得平衡。此外，不要利用這個練習來阻絕思想和「讓你的腦袋放空」，而是要在你的想法與感受出現時，把這個練習當作一個讓你去注意它們的契機，而且接下來就讓它們過去。若是某個想法或感覺使你分心或痛苦，與其陷入其中、被它困擾；倒不如暫時將你的注意力放回你的姿勢、呼吸和肌肉的放鬆上，接

---

56 或稱：打坐、靜坐、禪坐、燕坐、宴坐、靜坐冥想、打坐冥想、靜坐禪修。

著再把注意力重新回到「對你周圍的環境採取開放意識」[57]這個方式上。

步驟

1. 首先，坐在一個讓你感覺舒適的地方，最理想的是：拿出一張標準高度[58]且底部堅固的椅子[59]（也就是要謝絕柔軟沙發）就坐，在這張椅子上，身體坐得稍微靠椅面前方一點，不要把你的背靠在椅背上，而應該保持自己的姿勢[60]。
2. 雙腿分開、與肩同寬，膝蓋與地面九十度角，雙腳平放在你前面的地板上。
3. 保持背部和頸部挺直，但是不要緊張、不要向任何方向傾斜，就像你的頭頂上方有一條線將其懸掛著，不要拱起你的下背部。
4. 輕輕把下巴向內收，並且稍微向後和向上抬起你最上面的頭頂部位，就像頭部是從上方**被**掛起來一樣。
5. 把你的肩膀和手臂下垂並放鬆，同時放鬆頸部肌肉，把臉部肌肉放鬆——我們的臉上通常帶著大量的緊張情緒，所以現在這張臉很不賴，可以目不轉睛欣賞自己幾秒鐘！
6. 睜開眼睛，但是眼神要柔和、迷濛。冷靜察覺到你所處的環境，並傾聽周圍自然原始的聲音。

7. 用你的鼻子吸氣和呼氣，呼吸要長61、慢62、細63、勻64。

8. 將一隻手放在你的肚子上，意識並感覺到你的腹部隨著吸氣輕輕膨脹，再跟著你的呼氣而放鬆。花點時間慢慢來，在呼氣的期間放鬆。

9. 要是你的注意力離開移動到其他想法，那也沒關係——這種狀況幾乎每個人都會發生。讓思緒來了又去，接著試著把你的注意力拉回到你的呼吸上，以及每次呼吸時腹部的律動。

---

57 不執著於讓自己痛苦不安的事物上，要放大視野去覺察、瞭解和接納潛藏在其背後，或周圍其相關但不顯眼的事件，以轉化自認不如意或無法接受的事。

58 指坐下時能讓屁股位置比膝蓋位置高一點點，或差不多的椅子，以避免腰部彎曲。

59 指硬椅面。

60 在此提到的坐姿不靠背，尤其是指不靠在往後斜的椅背上，而且要頭、胸、臀三點維持在一直線。

61 自然吸氣，拉長呼吸，要吸入肺部和小腹內。

62 慢條斯理。

63 細緻。

64 呼吸勻稱，吸氣和吐氣保持規律、穩定。

10. 試著數一數你的呼吸。從一開始，數到十。然後再從一開始。假若你發現自己某一次數的數字大於十，不必苛責自己，再數一次就好。

練習有門路　這裡說分曉

想像一下在你身體中心有一個點，這樣可能會有幫助，這個穴位其位置在你的下腹部，在肚臍下面大約一到兩英寸⑥⑤，在身體的前部和後部的中間。這是你的腹部在吸氣時擴大，並在呼氣時放鬆的一個點，你可以想像身體和環境中的所有活動，都是圍繞著這個點進行的。

經常這樣練習時，你會更加習慣坐禪的身體部分，一轉眼就能進入冥想狀態。一旦從身體的角度來看，坐禪對你來說駕輕就熟時，試著在冥想過程中，培養與發展一種開放和有意識的感覺，對你自己正在感受的，以及周圍的事物培養冷靜覺察。

站樁

站樁對培養與發展身體正列（身體要放正，頭、軀幹以及四肢各部位排列成一直線）和力量，以及培養與發展出身體中心的感覺是一帖良藥。你要下盤（下半身）感覺接地、扎根與大地連結和穩固，而你的上盤（上半身）則是感到輕盈與放鬆。這個站立練習長期練習下來時，會在訓練過程中逐漸獲得一種開放的感覺——你的身體會感到放鬆、接地、扎根與大地連結和敞開心胸；你會為可能出現的任何想法或感覺做好心理準備；你會充滿信心，你可以讓它來、與它同在、你渾身上下任它遊走、再讓其離開。一旦培養與發展出**進入**這種心境的能力時，你就會開放、敞開心扉，理解、關注並融入他人，與他人保持一致，而不會因為你所遇到的事情而使你六神無主、手足無措。站樁（有時稱為站立樁或站立竿）是太極拳和其他各種武術的核心練習，培養與發展了在武術情境中，與他人進行巧妙互動，所必需要具備的姿勢、力量、放鬆和意識。

雖然站立是培養與發展放鬆意識時，不可或缺的重要練習，不過站樁練習一開始根本談不上有放鬆感，找到並保持正確的身體正列（身體要放正，頭、軀幹以及四肢各部位排列成一直線）方式，可能會讓人覺得很棘手而且有不自然的感覺。腿部肌肉出現一些肌肉疲勞和燒灼感是正常的，通常不需要擔心；但是，膝關節本身劇烈疼痛的感覺是不正常的，可能是由於站立時姿勢不正確，比如膝蓋超過腳尖。這種情況應火速修正，

㊅ 約二・五四—五・〇八公分。

以避免對膝關節造成負擔、造成拉傷。有平衡問題的人，可能會覺得這個練習很不容易辦到，有相關困擾時應該非常小心練習，以免摔倒。假如你有明顯的平衡問題，最好跳過這個練習。我們建議從不要過低的站立姿勢開始（只需稍微彎曲臀部和膝蓋，不要彎得太多）。一旦你習慣了之後，再逐漸一點一滴增加——也就是說，花更多的時間去練習，並採取更低一點的姿勢。

步驟

1. 站立，雙腳與肩同寬，雙腳直指向前，兩腿平均負擔體重。
2. 臀部下沉，膝蓋稍微彎曲。確保膝蓋不超過腳趾。
3. 你的臀部下沉時，慢慢抬起你的手臂，並像輕輕擁抱一個在你面前的大沙灘球那樣，維持住你的手臂，你雙手的手指互相對指。保持你的肩膀下垂並放鬆，放鬆你的手腕和手，你的手肘應該低於手腕。你的手臂在你的身體前面形成圓圈時，要放鬆你的肩部。
4. 放鬆你的下背部，讓你的尾骨輕輕地收起來，就像你坐在高高的酒吧椅其邊緣。你會覺得一開始你的體重主要集中在腳後跟，但是隨著練習，你會開始感覺到體重平均分布在你的腳上。

5. 輕輕地將你的下巴向內收，你的頭頂向後上方微微抬起，就像從上面被懸掛起來一樣。讓你的肩膀下垂並放鬆。隨著你的頭頂輕輕向上抬起，你的肩膀向下放鬆，你應該感覺到你的脖子被輕輕拉長了。

6. 放鬆你的臉部肌肉。用鼻子吸氣和呼氣，同時保持嘴唇輕輕閉合。

7. 察覺到你的腹部在吸氣時輕輕膨脹著，然後在呼氣時放鬆的感覺。假如你的注意力分散，那也沒關係，但是接下來試著把注意力帶回你的呼吸和每一次呼吸時腹部的律動上，或者試著數一數你的呼吸。

8. 睜開眼睛，但是眼神要柔和、迷濛。冷靜察覺到你所處的環境，並傾聽你周圍自然原始的聲音。

9. 想像你的手臂就像木偶、玩偶或提線木偶上的手臂那樣，是被繫在你手腕上的繩子支撐起來的。你的手臂柔軟而放鬆，並想像手臂僅僅是被繫在手腕上的繩子拉住支撐起來。放鬆你的背部，讓背部略微呈圓形，並放鬆你的胸部（不要挺起你的胸膛）。

10. 首先保持這個姿勢一到兩分鐘。你可以在練習過程中逐漸增加時間（例如五分鐘或更長時間），在站樁練習結束時，慢慢起身到站立姿勢。

練習有門路　這裡說分曉

讓你的思緒安定下來，自己變得安靜。你一體驗到其他想法時，你可以注意到並放開它們。將你的注意力重新回到你的下腹部和下背部隨著吸氣和呼氣而輕微膨脹與收縮上。慢慢地在腦海中掃描你的身體，從頭到腳，嘗試注意任何緊張的地方，讓緊張感得以消散與釋放。

一旦經常練習站樁，你就會愈來愈習慣自己的**身體部分**在此之運作，而且能夠更迅速進入這個狀況。從身體的角度來看，一開始要這樣做想變得熟能生巧時，請嘗試在站樁期間，發展並培養出開放的心胸和有意識的感覺，對自己的感受與周圍的事物發展並培養出平靜的意識。

行禪⑯

這個冥想的目的是學習在運動中一邊移動、一邊以放鬆的意識，覺察自己的身體與自己身處的環境。為了將放鬆的意識帶入社交互動中（這個社交互動是動態的、不斷變化的情況）我們需要學會在我們移動時，以及我們周圍的事物在變化與移動時，我們則是保持放鬆的意識。這種練習可以促進我們在運動的同時，去感受到我們中心的靜止點。

在練習行禪運動時，特別重要的是：要對周圍的環境保持察覺，以避免絆倒、撞到東西或人等等。第一次學習行禪練習時，你要在某個屬於你個人的小天地裡，以非常緩慢的速度行走，用一隻腳向前邁出一步，在後腳的腳趾著地、腳跟抬起時停頓一下。接下來再走下一步，在後腳的腳趾著地，腳跟抬起時再停頓一下。這種非常緩慢的行走，是一開始學習行禪的好方法，之後在公共場合，則用更正常的速度踏出步伐，來加以練習行禪。行禪時，請把這些放鬆的意識原則銘記在心。

步驟

1. 開始行走。
2. 保持背部和頸部挺直但放鬆，不向任何方向傾斜。
3. 輕輕把你的下巴向內收，並且稍微向後和向上抬起你的頭部，就像頭部是從上方

---

⑯ 或稱：經行、正念步行、行走冥想、走路冥想、步行禪修。

被掛起來一樣。

4. 讓你的肩膀下垂並放鬆。
5. 放鬆你的頸部肌肉，並根據需要，隨意擺動你的頭或頸部，目的是看清楚你正在踩踏的地方。
6. 放鬆你的臉部肌肉。
7. 用鼻子吸氣和呼氣。
8. 感覺吸到的氣息，進入你的腹部。
9. 睜開眼睛、傾聽，並在行走時保持冷靜意識，察覺到注意周圍的情況，包括視線所及的景象、聲音，以及你正在踩踏的地方。
10. 在你行走並保持察覺周圍的環境時，試著注意你的臉部或身體上，任何有緊張感的地方（例如脖子、肩膀、或背部），就讓這裡面任何一個部位的緊張感消失得無影無踪，並且釋放它們吧！

纏絲 ⑰

在太極拳中，纏絲的目的之一，是在身體上受到鍛鍊考驗時（譬如像在進行站樁運動中）**以及**在運動中，保持放鬆的意識，纏絲練習可以提升我們在各種情況下保持放鬆意識的能力。跟站樁一樣，纏絲是太極拳的基本功。站樁訓練在靜止狀態下的姿勢和身體正列（身體要放正，頭、軀幹以及四肢各部位排列成一直線），以及放鬆的意識這些基本要素，纏絲訓練的則是太極拳的基本運動原則，同時也要保持在站樁練習中所建立的：放鬆意識與身體正列（身體要放正，頭、軀幹以及四肢各部位排列成一直線）原則。就像行禪練習一樣，纏絲有助於在運動過程中，發展與培養對自己和周圍環境的察覺，不過，纏絲使用的是一種更複雜的、令人不太熟悉的運動模式，因此透過這種方式，使得保持你的集中力與意識更具挑戰性。

纏絲是指站立，雙腳分開，比肩寬再寬一點，臀部微翹、膝蓋彎曲，然後進行一系列特定的重心轉移與腰部轉動：一隻手保持在你的臀部高度，而另一隻手和手臂則隨著重心轉移和腰部轉動，而採取螺旋式移動。關於如何練習與實行纏絲的詳細步驟與影片，以及解決本章所述所有練習與實作方面問題的影片和竅門，請瀏覽MissingEachOther.com。

---

(67) 或稱：纏絲功、纏絲勁。

第三章
傾聽

取自丹・拉瑟（Dan Rather）（拉瑟）①對德蕾莎修女（修女）②的訪談：

拉瑟：「妳祈禱的時候，對上帝說了什麼？」

修女：「我什麼也沒說，我在傾聽。」

拉瑟：「這樣啊，好……上帝對妳說話的時候，他又是怎麼說的呢？」

修女：「他一個字也沒說，他會傾聽。……如果你不懂，我也沒辦法跟你解釋這些。」[1]

---

①（一九三一—）美國記者、新聞主播。曾任美國哥倫比亞廣播公司（Columbia Broadcasting System）的CBS晚間新聞當家主播暨新聞雜誌節目《60分鐘》（60 Minutes）主持人。

②（Mater Teresia，一九一〇—一九九七）天主教會中稱加爾各答聖德蕾莎修女，世界著名的羅馬天主教修女暨傳教士，畢生主要事工是替印度加爾各答的窮人服務。

當個好的傾聽者，比你所想的還要困難

傾聽的能力看起來可能十分平凡無奇、做起來也跟探囊取物一樣容易——就像一種我們幾乎連想都不必想的基本技能一樣；但是真正的傾聽有那麼簡單到易如拾芥嗎？要**聽到**東西並不難，況且是在無意識之下進行的：這是一種生物功能，在這個過程中，你的耳朵、和你的大腦的基本功能都在處理聲音；真正的**傾聽**則是一種更錯綜複雜、更艱巨繁重的考驗，而且事實上是被低估的能力。我們大部分的日常生活，都有某些時候並沒有專心地仔細傾聽，搞不好我們在回覆簡訊的同時，一方面耳朵好像有聽又像沒在聽朋友所講述的某個故事，或者我們在聽著伴侶度過他／她一天的行程時，說不定我們自己的腦袋瓜裡，同時也開始考慮要在購物清單裡添加一些東西。雖然我們收集到的重點，可能已經夠用到即使拼湊出一個回應也不成問題，但是我們這樣匆忙、心不在焉，而且心思都被占滿了，其實很難把注意力集中在其他人正在傳遞的資訊上——包括文字、情感、情緒，以及一切的一切。

我們感覺到有人在傾聽我們的那個時刻是令人難忘的，我們很少會遇到有人**專心**傾聽我們超過幾秒鐘、或者可能長達一分鐘，在打斷你之前，或者在他們被別人抑或電話

分散了注意力以前，他們可能就會對你試著想說的話左耳進、右耳出！

享受別人把注意力放在你身上五分鐘或者更久的時間似乎是個奇蹟——如果他們一邊把發言權交到你手上，讓你暢所欲言，一邊則是用一種開放的、非判斷式的、樂於接受的方式去傾聽，同時他們又是以真誠的態度，試圖去理解你的經歷與你的觀點！認真聆聽既不可多得、又得來不易，正如厄尼斯特・海明威（Ernest Hemingway）③曾寫過的那句話：「大多數的人都不願傾聽。」[2]我們沒有傾聽多半是因為我們把自己整顆心都放在自己的思維裡、我們被周圍的噪音所干擾、分散注意力，或者我們沒有機會練習熱切、深度傾聽的基本要素。

在本章中，我們會說明傾聽的三個重要因素，我們把它們分成三項，以幫助你建立自己的傾聽技巧。傾聽的第一個要素，包括將你的注意力集中在對方身上，我們使用「傾聽」這個字詞的意思，不僅僅是指用你的耳朵去聽別人的聲音，而是更廣泛指用你的注意力和集中力，去吸收對方正在傳遞的所有觀點。傾聽是指注意對方正在說的話，

③（一八九九—一九六一）小說家，美國二十世紀「失落的一代」作家中的代表人物，曾擔任記者，一九五二年出版《老人與海》並獲得普立茲獎，且是一九五四年諾貝爾文學獎得主。

並且同時還要注意到他們語氣中的細微差別，以及他們說話的節奏和停頓，意思就是要看著他們，並且注意他們的臉部表情、他們目光注視的方向、他們的身體是怎麼保持著的、他們的移動方式，以及你和他們之間的距離。這些微妙的元素裡的每一個，都能為傾聽方提供有關說話方在情緒、情感和意圖上的資訊。深度傾聽包括能夠敞開心扉到可以讓另一個人影響你，並且願意跟他們是同一個頻率，用這種方式去傾聽，需要你不那麼專心一意在許多會引起你注意力的干擾上，這樣你就可以把更多的精力用於理解某人上。你在一段持續的時間內，把注意力集中在別人所傳遞的觀點上時，你就創造了一個空間——在此歡迎對方分享，而且傾聽對方，進而提供了一份每個人都希望得到的禮物！

傾聽的第二個重要因素是「同步」，意思是指我們仔細傾聽某人時，我們的臉部表情、肢體語言和語氣開始在某種程度上鏡像（反映仿效）出對方的情況。在傾聽時，我們不少人會自動發生這種鏡像（反映仿效）④——我們甚至可能沒有意識到這一點，但這也是一種可以透過練習來培養與發展的技能。同步是傾聽的重要環節，因為這向我們正在傾聽的人，表示我們受到了他們的影響，我們不僅僅是在情緒距離（emotional distance）⑤上觀察他們。我們仔細傾聽某人時，會跟他們產生共鳴——甚至我們自己的腦電活動⑥的節奏也變得與對方相似。[3]

傾聽的第三個要素是情感同理心（emotional empathy），即在情感上與另一個人產生共鳴的能力。具有情感同理心是指你能感受到與對方情感相似的情感，而且你察覺到這些情感來自對方。雖然傾聽和情感同理心都跟密切關注對方有關，但是這兩者並不表示你要完全耽溺在對方的經歷中，而且要迷失自我。要當一個好的傾聽者，你依然需要在關注對方的**同時**，保持你的自我意識，事實上，充分利用你的傾聽能力，包括了察覺到對方對你的影響，而我們並不會一直很清楚注意到這一點。這並不代表你被你自己隨意的想法，或被你想向對方所說的話所干擾而分心——其意思反而是「傾聽」對方在**你身上喚起的**你自己之想法和感受，即使你主要關注的是對方。[4]回應你自己對所聽到的東西，而出現的自身想法與感受，可能是一種在情感上，反映仿效對方的情感鏡像——即使我們有時並沒有意識到這種鏡像正在發生。

④ 一九三六年由法國精神分析巨擘拉岡（Jacques-Marie-Émile Lacan，一九〇一—一九八一）提出，鏡像是塑造自我的第一階段，可看作是一種認同作用，拉岡認為透過鏡像來認識的自我並不是真實的。
⑤ 指雙方互動時，可能呈現親密或疏離的情緒距離。
⑥ 人類的大腦進行運作時，構成大腦的神經細胞會不斷放電，科學家運用腦波儀在人類頭皮上測得微弱的電波或磁波變化，此即是「腦波測量」的原理。

愛德華（Edward）（暱稱「泰德（Ted）」）在跟一位死黨敘舊時，曾經有過一次活生生的情感鏡像體驗：

一開始的時候，就像我以前跟布萊恩碰頭，我們會一邊享用午餐、一邊談天說地那樣，兩個人坐下來閒話家常，不過，這次的談話讓我留下了令人難忘的深刻印象，在布萊恩把他這一星期以來的大小事告訴我時，在那幾分鐘之內，我開始注意到自己感覺有點悲傷和緊張。我一時摸不著頭腦，因為，我們的談話只觸及到日常生活上的話題，絲毫沒有半點任何情感方面的內容，我對這種感覺從何而來覺得莫名其妙，尤其是因為那天稍早時，我的心情還一直很不錯啊！但是，幾分鐘之後，布萊恩開始不安地扭了一下身體，他透露了他和他妻子正在分居這件令人遺憾的消息。回過頭來想想，甚至在我們在開始進入分居這個話題之前，我就已經留意到他一些微妙的肢體語言或臉部表情，並與他的悲傷產生了共鳴……。

這裡有一點要注意：雖然注意到你的感受是件好事，但是**假設**你的感受一定是別人的感受是很危險的！你自己的感覺可能會給你暗示、會告訴你：對方或者你們兩個人之間發生了什麼事情，不過重要的是，要對你從上面這兩種情況裡所看到的和聽到的，保持開放的態度。因此，從我們所定義的「傾聽」的廣義上來說，「傾聽」包括互動中的彼此高度交融、息息相關的兩個方面——傾聽對方**以及**傾聽你自己，這兩者對於深入瞭解、洞若觀火你以及對方之間正在發生的事情來說，都是必要的。

你可能會認為這種內在和外在傾聽的想法，似乎是萬般艱難，甚至不切實際的，你怎麼能同時傾聽自己以及傾聽他人的聲音？這根本是在考驗我們，而且對很多人而言，要他們辦到這種事簡直是水中撈月！我們的很多想法和感受都不容易被意識感知到，或者幾乎不可能用語言表達出來。如果你不確定你在傾聽別人說話時，會有什麼感受，只要注意一下你**身體的感覺**，從這個著眼點出發準沒錯！例如你可以注意到自己的心跳有多快，或者肩膀是否有任何緊繃感。注意你身體上出現的任何動靜，是化為你可能會有什麼感受的第一步。為了觀察這一切，你可以動用許多感知能力、洞察力，來察覺內部與外部正在發生什麼事情。

傾聽是建立在放鬆意識的基礎上的，你開始培養與發展放鬆的意識時，你的傾聽能力自然就會開始提升。進行放鬆意識這項活動，可以讓我們透過有意識地釋放我們身體的緊張、專注在我們的姿勢上、注意我們的呼吸、並發覺我們自己如潮水般來了又去的思緒，以及霎時湧上我們心頭、又瞬間消逝的情感，來培養與發展我們「傾聽」自己的技能。實施放鬆意識這個做法，也使我們準備好去傾聽別人。釋放我們身體上的一些緊張感，並養成直立但放鬆的姿勢，這樣一來，我們就能更加妥善利用我們的身體導向⑦和肢體語言，去表達我們關心並且專注在對方所說的話，而且此刻我們的態度是開誠相見的。在放鬆意識的狀態下，察覺到我們自己的想法和感受，而不是去追求它們、也不執著於它們，一旦能這樣實行下去，我們的頭腦就會更清晰、更自在，也比較不容易出現分心的狀況、更不會無法集中精神，你現在更能夠好好地傾聽對方的意見，而不會被他們剛才所說的話所困擾，而且你更有可能敞開大門，來聆聽他們現在正在說什麼，以及他們接下來可能會說什麼。像這樣心如明鏡，會使你能夠更專注地傾聽對方真正在說的是什麼，並且可以幫你比較不會被你**想要**或**不想要**他們說的話所干擾。這種眼明心亮的狀態，會使你能夠以理解對方為目的，而不是以回答為目的去傾聽。[5]在傾聽他們的同時，你還會更能夠好好關照自己、問問自己過得怎麼樣，整理你的情緒，評估你的身體和情感需求，並針對如何解決這些需求制定縝密的計畫。假如他們說的話真的令人惱火不安，你可以將注意力轉移到你的身體和呼吸上幾分鐘來自我調節，讓自己平靜下來，這樣一旦你再把注意力轉回到他們身上時，就不會崩潰抓狂了！佛教導師阿姜⑧布拉姆（Ajahn Brahm）⑨曾寫過：「完全傾聽」（或者我們稱之為傾聽時具備放鬆意識）「是指拋開所有的歷史、所有的過去以及所有的未來，不要在內心有所評論、不要試圖一再揣測（他或者）她在說什麼，而是有這樣的靜止與開放，所有的溝通管道都是暢通無阻的」。[6]這是個高難度的任務，但是透過練習還是可以辦得到的。

傾聽——一種集中注意力的方式

在任何情況下，我們可以注意到的刺激幾乎是無窮無盡的，我們周圍的花花世界為我們呈現出一個不斷變化的感官刺激萬花筒，因此，我們必須找出有效的方法，在我們身處的特定互動中，有選擇地關注其中最重要的資訊。以成年人之間的標準對話來說，最重要的訊息可能是他們正在談論的內容，以及他們似乎在暗示些什麼、他們臉上的表

⑦即一個人所面對的方向。

⑧（อาจารย์，Achan）或譯「阿贊」。是出自泰文的一個佛教用語，意指老師。

⑨阿姜・查・波提央（Ajahn Chah Subhaddo，一九一八—一九九二），常簡稱為阿姜查，南傳上座部佛教長老，泰國及南傳佛教界當代最具影響力的僧侶。

情、他們說話的語氣，還有他們肢體語言的許多特點——假若目的是瞭解你的隊友在籃球場上之表現，這時肢體語言就是最重要的資訊；要是你正在和某人一起演奏音樂，聲音的微妙之處就會成為重要關鍵，同時也要強調肢體語言。

在真人實境互動中望著某個人的臉時，我們會得到關鍵資訊；一旦某個人嘴巴開開闔闔的景象映入我們眼簾，這會對我們解讀他們的話語有所助益，同樣地，我們還會從他們的臉上獲取各式各樣的線索——他們的情緒表達、他們目光凝視的方向、他們皮膚的紅潤程度——這些都會影響我們如何解釋別人的經歷。一個人的眼睛往往最會洩底——這個部位十之八九會提供首屈一指最豐富的社會／社交訊息（social information）來源，而且也是摸透別人的關鍵。顧盼某個人的臉龐，也是在向說話的人發出信號：表示我們正在關注、我們正在傾聽他們在說什麼。即使是在最隨性的對話中，和對方數度眼神交流，並表達我們是真心有意地關心，也會讓對方覺得可以充分自由地表達他們自己的想法。當然，因為過猶不及，拿捏分寸也是一定要的——在理想情況下，我們所進行的眼神交流要充裕到可以讓我們獲取線索，並且表達我們的關心之情，但是又不能交流過頭、弄巧成拙，結果害得我們以一種讓對方感到不安的方式猛瞧著對方不放！但遺憾的是，對我們來說，完全沒有太多眼神交流已經成為一種不合理的「正常」現象——

在我們的伴侶或小孩跟我們聊起他們這一天發生什麼事時，我們會在對話過程中移開視線去瞥一眼我們的手機、查看訊息，或者目不轉睛盯著電視看。我們與某人同處在某個地方，並在互動過程中把全部注意力統統集中在他們身上的這種投入愈少，我們就會愈少練習與實行這種類型的交流，結果使得我們對進行「持續性注意力」這項做法變得並不十分熟悉，而且可能還會覺得有點難為情！不妨想像一下吧：對於打從他們出生以來，就已經滿街都是智慧型設備和觸碰螢幕的新生代來說，這種現象只會變本加厲！他們可能並不像前幾個世代的人那樣，有很多機會可以練習與實行持續性注意力；而練習與實施這種做法，對**有意義**的實境真人互動而言，是非常重要的。

即使在最理想的條件下，把注意力真正、集中專注在另一個人身上是很不容易維持下去的，但是，假如我們把負面情緒（無論是你自己還是其他人的負面情緒）再倒在所有人身上時，等於又火上加油！壓力、分心和不安全感有時會在無形中籠罩上身，因而阻礙了你們相互理解的能力——假如我被自己的壓力束縛，或者我陷入對某件事情的失望感中，我在精神上就不太可能有餘裕來試著傾聽你的意見；或者一旦有人感覺受傷、情緒低落或悲慟哀痛時，直視他們會令人感到不舒服。一遇到有人在他們面前淚眼婆娑、情緒激動時，大家就會想閃得遠遠的，而這也是人之常情。說不定我們會認為，要是我們引起他們注意到他們自己的痛苦，他們就會覺得自己窘得要命；或是我們可能覺得很不容易，或者無法控制住自己對他們的痛苦的反應，因此我們乾脆低下頭或轉頭去看別的地方，以避開那種尷尬的感覺。堅持不懈地在積極愉快，或者情緒不好不壞的時刻練習放鬆的意識、真正的注意力，以及強烈的眼神交流，都能讓你加強自己的情緒肌肉，並且增加調和，使你更容易在積極愉快，**以及**容易遭受情緒影響，或者過度受到情緒干擾的時刻保持調和。

在與人交談時，瞄一眼你的手機，或者再多回覆一封電子郵件，在當時可能讓人覺得無關緊要，但是這些零碎細小的時刻加總起來，就會對整體人際關係產生不利的影響。長時間以來減少眼神交流以及愈來愈少關注某人的臉蛋，會傳達出這樣的訊息：注意某人、把某人放在你的心上對你來說並不重要！這樣一來，到最後就會讓某人自覺他們不是你優先注重的對象——即使這並非你的本意。你可能沒有訓練自己把注意力集中在他們身上，是因為你很緊張，怕耽誤到你回覆老闆的電子郵件，或者是因為非得**現在**準備這些午餐，是為了確保早上的例行工作不會像昨天的那樣混亂（因為確認家人有食物可吃，所以讓你更能定下心來工作）。每一個都是出於善意所做的行為，但是每一個行為都會導致你錯過所愛的人臉上稍縱即逝之情緒反應；或者不容易解釋他們對某件事的反應。所有這一切並不是要給你們這些像八爪章魚一樣、做起事來一心多用的國王和皇后帶來無可避免之內疚感——而是要提醒你們，這些零碎細小的時刻和微不足道的行為，對發展與培養和保持調和的力量有多大！

這種留神關注的力量會產生更深層次的聯繫，並因而引起了開放式溝通的互惠模式，很少有人像歐普拉（Oprah）⑩那樣以這方面見長——歐普拉是一位專門訪問別人的主持人，她在訪談時始終「人在心也在」，並且會避免她在與受訪者交談的那一刻恍神、分心。從讓她聲望如日中天的《歐普拉．溫芙蕾秀》（*The Oprah Winfrey Show*），到她目前的《超級靈魂星期日》（*SuperSoul Sunday*）系列，進行了無數次採訪，說明她有一種不可思議的能力，能夠建立聯繫並引出真誠的對話。訪談環境在某種程度上比較能受到控制，因為主要目的是交流、連繫和獲取資訊，雖然可能不會出現那些在家或工作中日常互動時，比比皆是意外飛來的干擾；不過，即使在訪談環境中，好比時間有限、需要觸及特定問題、跟拍攝影機角度或意外的情緒反應等變動因素，都有可能會影響歐

⑩（一九五四—）美國電視脫口秀主持人、製作人、投資家、慈善家及演員，美國數一數二具影響力的非洲裔名人，時代百大人物。

普拉持續關注當下主題的能力。然而，她的首要任務是告訴受訪者，他們的觀點很重要——為了發展與培養跟他們的連結，她珍惜每一刻。她所引出的最感人肺腑的故事，來自於她意識到每個人都有渴望被驗證、被看到和聽到的願望。理解這個原則，並且訓練她自己將她的核心重點和注意力統統集中在他們身上，能使得故事流暢、緊湊、連貫，而且讓她在與人交談時，與人保持連結其能力這方面的聲譽，可與達賴喇嘛相媲美。

有和諧，能傾聽

我們往往都以為「傾聽」是一個人靜靜聆聽正在說話的另一個人時，所發生的事情；但是，最基本的傾聽型態，可以在不說話的情況下進行。有時候，你和另一個人都不說話時，你倆之間會發生傾聽——比如你和你所愛的人手牽著手一起散步時；或者你把他（們）完全抱在懷裡，並且真正以一種不受任何干擾影響的方式關注他（們）時。你們倆都很安靜，但是彼此非常調和、彼此感應、情投意合。你們兩人之間有一種情感，甚至身體上的「共鳴」。

傾聽通常需要積極地讓你的身體律動，跟著另一個人的節奏或活動同時進行，你可以從一位舞者跟隨另一位舞者的動作，或者音樂家跟他們的樂團成員按節奏演出的方式中領會這個道理。這種社交互動過程中的時間協調行為，稱為同步性（synchrony），該行為已成為心理學家和神經科學家愈來愈常研究的主題，因為這與我們彼此之間日常互動中的社會投契關係（rapport）⑪或者調和有很大關係。[7]

你可能已經注意到，你跟某位相處融洽的人展開對話時，你和對方往往會互相模仿，至少在某種程度上是這樣。說不定你**傾向於**開始使用跟你交談的人類似的手勢——那不是故意的，而是超出你的意識自動發生的。另一個例子則經常發生在我們與某人交談和行走時，一旦我們一起前進，我們會不自覺地腳步一致，我們不僅僅以模仿對方的動作為樂，此外，若是我們相處時合得來，我們一般都會發現並瞭解對方對語言的應用，而且，時間一長，我們開始使用共同的詞彙和字眼，有時這樣就會帶動兩名至交好友發展出他們自己的共同語言，就像「小團體裡的人」其溝通交流方式，而且只有他們兩個人才能心融神會。[8]

---

⑪指在進行心理療法或心理諮詢時，治療師透過傾聽病患、接受病患，並對病患表達同感，雙方關係和諧、互信，讓病患從問題中解脫出來。

生而為人的我們，不免會對那些跟我們自己動作一致的人，在感覺上懷著更正面積極的態度、互相更有關連，而且感情更融洽親密，這種現象則稱為體感的投契（embodied rapport）[9]⑫。雙方交談甚歡時，兩個人之間會出現一些模仿和鏡像（反映仿效），但是並不覺得一個人在完全模仿另一個人。過度一致則會干擾融洽的關係，你說不定能回想起，你有一些經驗是你跟一個幾乎完全模仿你的人交談，你每次一點頭，他們也如法炮製；凡是你擺出的每個手勢，他們都會有樣學樣，他們的臉部表情似乎並非出自於他們內心的自然表達，而只是在反映仿效你的樣子。這是極端的模仿和鏡像，這會讓你著慌、很不自在！但是，如果某人用一種剛剛好的適中方式跟你調和，這時他們所展現的鏡像（反映仿效）則傳達了雖然他們正在密切關注你，不過他們所製造出來的「非鏡像」也說明了他們是獨立的個體，他們現在則是跟你在一起，而且他們是從自己的角度去傾聽，並且瞭解你所說的話。[10]

同步性已成為自閉症研究的熱門話題，因為這對社會連結非常重要。多年來，我們一直與賓夕法尼亞大學（University of Pennsylvania）和費城兒童醫院（Children’s Hospital of Philadelphia）⑬的羅伯特．舒爾茨（Robert Schultz）教授領導的自閉症研究小組合作，研究在對談中的兩個人，是如何姿勢和動作傾向自動同步一致的。為了測量運動同步性，舒爾茨博士的團隊開發了一個由複雜攝影機和電腦軟體組成的系統，可以非常精確地分析兩個人在談話中的臉部表情和肢體語言的微妙動作。該團隊正在開始繪製在不同人群（包括自閉症類群的人和其他人群）之間運動同步性和體感投契的差異方式。[11]

音樂家或舞蹈家，也讓我們深入瞭解了同步性和體感的投契之心理學和神經科學。[12]幾年前有一個故事，說的是茱莉亞學院⑭預科樂團（Juilliard Pre-College Orchestra）的一位指揮家，他很沮喪，因為在某次排練中，樂團並沒有同步演奏，管弦樂團成員並沒有真正按照指揮家想要的方式互相傾聽，為了證明他所說的真正的「傾聽」，以及真正的合奏是什麼意思，他讓一位小提琴手站起來，在樂團其他成員眾目睽睽下與他一起走。一開始指揮家先示範了他的東西：小提琴手走動時，指揮家也跟著他走，不過一直都是稍稍落後他。這樣一來，旁觀的人就會明顯發現是誰在帶頭（小提琴手）、誰又在

⑫ 指明顯模仿動作，表示當事人希望親近，反之則希望保持距離。這種模仿的肢體動作與韻律，以及姿勢與聲音的同步現象即為「體感的投契」。

⑬ 美國首屈一指最古老、最大型的兒童醫院，二〇一二年獲評全美第一，是賓夕法尼亞大學佩雷爾曼醫學院（Perelman School of Medicine）之下的教學醫院之一。

⑭ 成立於一九〇五年，是世界數一數二的表演藝術學校。坐落在紐約市曼哈頓上西城的林肯表演藝術中心。

跟隨（指揮家）。接下來指揮家則告訴大家他想要的：小提琴手開始走，而指揮家與小提琴手保持完全一致同步，這樣就無從分辨起領頭的是誰、跟隨的又是誰——他們在移動時，是一個整體。即使是在那個時候，很顯然指揮家的同步能力也需要他對他自己以及對方有高度的察覺和認識，而且接下來則要即時持續「傾聽」。

藉著相互傾聽和觀察，音樂家可以配合音樂的節奏，以及他們透過音樂所表達的情感。[13]某位研究人員發現，以團體形式一起演奏的音樂家，需要培養三項核心技能才能實現同步：（一）預測彼此會做什麼，（二）將注意力分散在他們自己的動作和聲音以及隊友的動作和聲音之間，以及（三）夠靈活到足以即時應對他們的隊友在演奏方式上突如其來的改變。[14]因此，想要保持同步的音樂家不能只是在音樂開始時設定節拍，接著就把彼此忘掉了；他們必須不斷地與對方保持聯繫，並準備好隨時調整以回應對方。

試著仔細傾聽、同時將注意力分散在自己的行為和他人的行為之間——要這麼做似乎令人很為難，而且談何容易，簡直是萬事起頭難！但是，透過練習，你的能力就會增長！我們將在本章結尾，提供你一些簡單的練習來培養與發展這種能力，任何人都可以運用這些練習，而且不需要你是那種受過訓練的音樂家。一步一步來，漸漸地，這個過程會自然地發生，直到再也不會令人沮喪、當然也不再枯燥乏味，而且情況還會截然相反——無論是在樂團中、舞蹈中，甚至只是在對話中，達到這種深層次的傾聽，都可能是非常扣人心弦、最美妙、甚至欣喜若狂的體驗！當代西塔琴演奏家安諾舒卡・香卡（Anoushka Shankar）⑮曾經描述過，在舞臺上與她的樂隊一起互相傾聽和同步，讓她感到「生氣勃勃、受到淬鍊，像鳳凰涅槃浴火重生，沁人心肺、振聾發聵！沉醉在這個轉變過程裡，因為樂曲錚鏦悠揚裊裊的聲音使我向上提升，由於我的重心和其他人是同一個重心的連結而讓我擁有能力！」[15]

這種傾聽最後終於「發揮作用」成功時，你與對方之間協調行動的過程不會感到被束縛，或者不會好像你只是在跟隨著對方的節奏；相反地，感覺會像是共同創造的，就像你們兩個（或者你們和團隊一起）正在即時打造出一種經過協調的動作，而且你可以自由地以同一個團隊的身分一起靈活行動。例如，柏林愛樂管弦樂團（Berlin Philharmonic orchestra）⑯的同步表演曾獲形容為超俗絕世，不僅僅是因為他們「聲部精準清晰、音

---

⑮出生於倫敦，音樂大師拉維・香卡（Ravi Shankar）之女，擅長利用傳統印度樂器製作充滿冥思氣質的作品，大受樂迷好評，更令她成為最年輕的葛萊美獎項入圍者。

⑯一八八二年成立，為德國管弦樂團，是全世界名列前茅的重量級樂團，目前享有「第一天團」的美譽。

色純淨細膩，而且樂團所有成員是以一個整體來行動的自由度也很高，每個人都像飛行中的燕子一樣追蹤對方。」[16]這種連結非常顯而易見，觀眾很容易就能感覺得到。

同步性的基礎

正如「放鬆的意識」起源於我們生命最初期的萌芽階段一樣，傾聽也是如此，從我們剛剛向這個世界報到的時候開始，我們似乎天生就對這些調和的元素很敏感，這正說明了這些元素對良好的社會連結而言非常重要。例如，嬰兒在出生後的最初幾個星期會開始模仿其他人的嘴巴和臉部動作，而且通常是在他們處於安靜警覺狀態時發生。[17]接下來，在嬰孩兩個月大左右，則會出現一個令人興奮的時刻——在這個時候，大多數小小孩會開始對臉上掛著笑容的看護褓姆報以微笑，父母和看護褓姆往往會因為寶寶第一次回報他們的微笑而高興得不得了！為了照顧剛出生的小嬰兒，好一陣子晚上都睡眠不足，在精神不濟、迷迷糊糊地餵奶、抱搖和身心疲憊的過程中，突然，一點兒都沒搞錯，你的寶寶對你微笑了！

你簡直不敢相信！這件事真的就這樣發生了嗎？你突然忘記了一切疲憊和壓力，你感受到了這個有驚人突破的喜悅，以及一個進入全新層次的連結！「寶寶在微笑」這個小小的舉動，對你們之間的相互聯繫，產生了強大的影響。

到了大約二至四個月大時，小嬰兒會開始發展出更複雜的社交互動行為，例如與看護他們的褓姆相互凝視、一起哼哼唱唱，以及配合看護褓姆更多五花八門的情緒臉部表情（有時稱為情感同步〔affect synchrony〕），[18]這種模仿稱為感知—動作耦合，可以幫助小寶寶開始理解他人的行為和意圖，並與他們分享情緒，形成同理心、同情和移情作用的最早根源。[19]

不僅僅是嬰兒會鏡像（反映模仿）自己的父母，細心的父母或看護褓姆也會將他們在嬰兒身上看到的樣子反映回去給嬰兒，因而造成他們相互、互惠、來回模仿。一九六〇年代，英國兒科醫生暨精神分析師唐諾．溫尼考特（Donald W. Winnicott）⑰則認為這種父母對嬰兒的鏡像（反映模仿）現象，對嬰兒的心理發展來說十分重要，父母反映模仿嬰孩的這種鏡像，會向他們的寶寶發出信號，說明了父母眼中有小寶貝——他們會

⑰ 全名為唐諾．伍茲．溫尼考特（Donald Woods Winnicott，一八九六—一九七一），曾擔任英國精神分析協會主席、皇家醫學會小兒科部門主席與英國心理學協會內科部門主席。

豎耳傾聽嬰兒，理解、回應並關心家中的新生兒。[20]最近一期有項研究顯示，在身體節奏的層面上，可以領悟到父母和嬰孩之間是同步的，比方說一旦小小孩與父母的動作、情緒表達以及從嘴巴發出聲音這件事都同步一致時，他們彼此受自主神經系統影響的心律也會相互調和。[21]

看護褓姆和嬰兒也可以經由追隨彼此的目光，並且共同分享相同的視覺注意力焦點（即看著同一樣事物）來保持同步。這種稱為共同注意力（joint attention）⑱的能力，通常會在五到九個月大的嬰兒身上開始發展。假如父母看著其他物體——比如玩具，嬰兒會跟隨父母的視線方向，也看著那個玩具。[22]兒童發展專家認為，共同注意力是「學習從他人的角度與觀點出發看事情」所打下的早期基礎。[23]一般來說，成人和嬰兒之間的同步凝視（無論是直接看著對方、還是共同分享視覺注意力焦點）似乎會促進他們之間的社會連結感。這些類型的同步對於成年人彼此調和來說也很重要。

落在同一個波長頻率上

我們仔細傾聽另一個人的談話時，我們會將自己大腦有節奏的電活動，跟他們說話的節奏同步。在記錄這個狀態時，科學家所採用的方法之一稱為腦電圖（**electroencephalography, EEG**）技術，這是指用頭皮表面的電極去測量有節奏的電波（即振盪），這些電波是腦細胞群在「激發」時所產生的，或是說變成帶電的啟動狀態。一旦我們安靜地坐著，不傾聽任何人時，我們的大腦仍然處於有電的活動狀態，有著自己的電波自然節奏；但是，我們開始聆聽某人講話時，我們的大腦會把帶電的節奏，帶入另一個人講話的節奏中，我們的大腦正在積極地期待將會聽到的下一個字詞；[24]我們聽音樂時，也會發生類似的過程——我們的大腦會隨著音樂的節奏和節拍，而進行有節奏的電活動，這種現象稱為神經共振（**neural resonance**），我們的腦電波會**在期待著**節拍的模式中激發，而不是單純被動地去回應聲音，[25]這種共振現象不僅僅是在某個人的大腦中，對另一個人的發言有所反應時，而且在兩個人互相傾聽和同步時，在他們的大腦之間，也已經獲得證實會加以產生。在我們與對方彼此交談時，一旦我們與對方不自覺地同步或鏡像反映模仿我們與對方的身體姿勢、動作或臉部表情，我們與對方大腦的電活動就會變得更加同步。[26]

⑱ 或譯：聯合注意力、共享式注意力、分享式注意力、相互協調注意力。

大腦也很自然地習慣去與另一個大腦同步，因此，即使我們身體是靜止的，而且眼睛在瞅著別人時，雖然並沒有積極地模仿他們，我們的大腦似乎還是會「模擬」其他人的行為。在一九九〇年代後期，帕爾馬大學（University of Parma）的一組義大利科學家，包括迦列賽（Vittorio Gallese）⑲與賈科莫．里佐拉蒂（Giacomo Rizzolatti）⑳，發現了一組特定的腦細胞（即神經元），稱為鏡像神經元系統（mirror neuron system, MNS）㉑，這是指我們自己執行某個動作時，以及雖然我們靜止不動，不過一方面也在觀察另一個人執行相同的動作時，我們的神經元都會被活化。[27]因此，我們進行某件事時（比如拿起一本書），這些細胞會活化，而要是我們靜靜坐著、動也不動，但是此時卻瞧見別人拿起一本書，這些「細胞們」也會在同一時間活化。在後面這個例子中，我們的神經元系統讓我們以「第一人稱」去理解、或者對我們正在觀察之人的行動和目標產生同理心，這有點像從內心世界去瞭解另一個人。當我們文風不動坐著、目不轉睛看著時，神經元系統會幫助我們得知「拿起一本書」而不是「自己親自動手去拿書」的那種感覺。[28]

來自所有這些大腦同步研究的證據證明了，一旦兩個人使用廣泛而深入的傾聽技巧時，他們之間的連結可以達到一定深度。要是你放鬆，並且能夠將真正的注意力與真心有意之關心，放在另一個人身上時，互動就會變成雙向的——即便你身體力行的多是側耳傾聽而非侃侃而談。我們的大腦有一種自然的方式，可以在社交互動中，在無形的方面與對方相互連結、聯繫、甚至談話。

「噢！我懂！」——情感同理心

我們深入傾聽時，不僅僅我們的身體會同步，連我們的情緒也會與對方的情緒「產生共鳴」，這個過程稱為情感同理心。假如你傾聽那些黯然神傷的人傾談心聲，你通常會開始感受到他們的痛楚，而且自己也會感覺有些哀痛心酸。我們可以把情感同理心想成是一種情感鏡像，在這種鏡像中，你感受到與對方所表達出來有所雷同的情感，同時

---

⑲或譯：維托里奧・加萊塞（一九五九—）。帕爾馬大學心理生物學教授，是神經生理學、認知神經科學、社會神經科學和心靈哲學的專家暨鏡像神經元之發現者之一。

⑳（一九三七—）帕爾馬大學神經生理學家，曾任歐洲大腦與行為學會的會長。其研究小組在獼猴大腦額葉前F5區域處，發現了鏡像神經元，並撰寫了許多相關主題科學文章。

㉑是先天內建的特定神經網絡，分布區域包括下額葉後部、前運動皮質區腹側、下頂葉頂端。其同時具備感覺和運動神經元特性，可立即反映動作，如同照鏡子一般。

認識到對方是你情感狀態的來源。[29]

情緒感染（emotional contagion）㉒不僅僅限於悲傷或者痛苦的情緒而已，你可能有過這樣的經歷：一聽到別人的笑聲，接著你自己也開始忍俊不禁——即使你打從一開始便一無所知「每個人都這樣發噱」究竟所為何來。我們作者倆一起共事了很多年，我們都記得有好幾次，我們裡面只要其中一人開始因為某件事而噴飯時，就會變成兩個人都欲罷不能——即便我們當時身處的場景並不適合嘻嘻哈哈。

例如在上課或者參加嚴肅的會議中。我們一般都可以忍住讓自己嘴角不上揚，以免丟人現眼、當眾出醜！但是假若自己先犯了大忌瞄了一眼，這時瞥到對方拚命憋笑，就會讓我們自己又忍不住噗哧一聲！同樣地，跟某人第一次碰面時，你發現你們倆都覺得同一件事很有趣，這樣就可以幫助緩和氣氛、化解冷場，讓你們倆感覺更放鬆、更容易建立融洽的投契關係！我們會受到朋友或浪漫派的伴侶所吸引並非巧合，因為他們可以讓我們春風滿面！情感共鳴（emotional resonance）㉓也可能會發生在甚至素不相識的一大票人之間，那是藉由大家共同的興趣或者經歷所產生的——例如支持同一個球隊／團體、與電影院其他觀眾一起觀賞震撼人心的電影場景、或者一同經歷某種情感或者情緒上的強烈體驗。

情感同理心涉及邊緣系統（limbic system）㉔之內一組相互關聯的大腦區域之活動。邊緣系統是情感或者情緒與記憶的處理中樞，[30]這些區域的神經元延伸到其他大腦區域，並且透過稱為神經傳導物質（neurotransmitter）㉕和神經肽（neuropeptide）㉖的化學物質相互發送信號。在這些天然的大腦化學物質裡面，有好幾種會在情感同理心方面發揮作用，包括內源性大麻素（endocannabinoid）㉗、血清素（serotonin）㉘和催產

㉒ 或譯：「情緒傳染」或「情緒渲染」。即人在社交互動時，傾向模仿他人的表情、發聲、姿勢與動作而轉變原本的情緒；其傳遞媒介可能是特定符號、圖像或聲音，例如在社群網站傳送貼圖或按讚。

㉓ 或譯：情感共鳴。指感受到他人的感受。

㉔ 或稱：緣腦（limbic brain）、情緒腦或「古哺乳動物腦」。位於腦幹邊緣，包括下視丘、視丘前端、扣帶迴及海馬迴、杏仁核、眼框額葉皮質及部分的基底核。

㉕ 神經訊號由一神經元傳導至另一神經元係經由神經元間交接處，名為突觸（synapse）。突觸前的神經元能分泌一種化學物質，稱為神經傳導物質。

㉖ 泛指存在於神經組織並參與神經系統功能作用的內源性活性物質，在體內調節如痛覺、睡眠、情緒、學習與記憶乃至神經系統本身的分化和發育。

㉗ 我們身體中可以自然生成，主要負責愉悅感和回報感相關的神經傳遞。

㉘ 全稱血清張力素，或稱5-羥色胺和血清胺，簡稱5-HT，主要存在於胃腸道、血小板和中樞神經系統中。調控情緒、社交行為、食慾、睡眠、記憶。

素（oxytocin）。[31]有「愛情荷爾蒙」之稱的催產素，在作用上不僅僅是讓你感到放鬆而已，還能促進「傾聽」的幾個層次，包括協調他們活動的人會產生情感同理心、行為同步，以及大腦同步活動。[32]鏡像神經元系統似乎也與情感同理心息息相通：我們打量另一個人臉上正出現反應情緒的表情時，即使我們自己的臉並沒有向外鏡像反映模仿對方的臉部表情，但我們大腦裡的鏡像神經元也會自動模擬該位人士的大腦活動，[33]就像我們的大腦在微笑或皺眉一樣──儘管我們的臉上沒有出現這些表情。

情感同理心是一股強大的力量，有助於產生同情心和道德行為，那是一種能讓人升起體諒與尊重他人感受的感覺，而且會千百般不願意傷害他人。倘若你能對另一個人正在感受到的事情感同身受，你往往就會避免把他們推向痛苦和困擾的深淵，部分原因是他們痛苦也會引起你的痛苦，你能將心比心。實際上，我們每個人的情感同理心都會間斷，我們都會有對別人麻木不仁或冷酷無情的時刻──尤其是在我們自己精神緊張、壓力太大、心煩意亂或者被其他事情所困擾，無法把他人的感受內化、變成我們自己**品性**的一部分時。但是，對從未傷害過你，而且此時此刻並未威脅恐嚇要馬上對你不利的人下毒手，這種念頭是我們大多數人想都沒想過的事情；不過，對那些有心理病態特質的人來說，情況又另當別論──他們嚴重缺乏，而且不易引起情感同理心，他們沒有那種同理心（empathetic）的善解人意傾向，他們一向會無視或者侵犯他人的權利（會剝削、操縱、支配或傷害別人）又毫無悔意、不思悔改，並且對他人的感受表現出冷漠無情的反應。精神病患者可能在理智上能理解另一個人感受到痛苦，但是他們通常無法設身處地體會到別人的情緒、也不會從內心感受到這種情感。一般人在目睹別人的痛苦時，自己也會感到痛苦，並顯示出杏仁核（amygdala）㉙（與情緒或者情感有關的大腦區域）的活動爆增——他們會對別人的感受心有戚戚焉；但是精神病患者即使眼睜睜看著，也幾乎不會感到痛苦，杏仁核活化的程度也低得多。[34]重度精神病患者缺乏建立真正相互、親密關係的能力——也就是無法在情感上真的跟另一個人親近、真正與他們調和。一旦缺乏情感上的同理心，想要調和就像吹網欲滿，絕無可能……。

㉙ 或稱：扁桃核、扁桃體、杏仁體。是基底核的一部分，位於側腦室下角前端的上方。主導情緒的杏仁核活化高時，負責思考的前額葉活化就低，反之亦然。

傾聽你自己的聲音

藉著仔細而周到地關注、同步與情感上的同理心，我們遂能對另一個人的感受留下深刻印象，並展開深度層次的溝通與交流。不過，雖然以這些方式去挖掘、瞭解他人的感受，是讓我們諳練精通「傾聽」這檔事的不二法門，卻並**不代表**我們應該因為他人的情緒或者情感，而逼得自己完全心力交瘁、或者全盤脫離自己的想法和感受。研究顯示保持自我意識，並且能夠把自己的感受與他人的感受區分開來，對正面的傾聽和同理心、同情、移情作用來說也有舉足輕重的影響力。事實上，要是你完全忽略了自己，而被對方的感受所吞噬，你實際上會降低了自己產生憐惜、同情和情感共鳴以及同理心的能力：這似乎很矛盾！[35]

但不妨這樣去想這件事吧——這裡需要有一個你，你是獨立的個體，你在這裡是因為你有一顆推己及人的心。倘若你完全被對方的感受榨乾，而且控制住了，這樣一來，可以幫助對方的「你」就變少了。因此，你專心致志傾聽對方時，重要的是你要在心理上檢查自己，以瞭解你自己對於對方產生了什麼反應，同時還要評估你自己的感受，可能會與對方的感受略有不同。再次重申：調和的關鍵是平衡——我們需要嘗試在察覺他人和意識到自己之間取得平衡。

你搞不好還以為「意識到你自己」是很簡單的環節，但是其難度出人意料之外！有時候你可能難以得知自己現在的感受，還有些時候你可能會想要避免某些感覺，譬如說不定你一直處於壓力下、心情低落，但是直到有人把「你的狀態」告訴你，自己才意識到這一點。這種情況百分之百會發生在我們兩個作者身上——在某次關於我們調查研究的會議上，我們當中的某個人有幾次注意到另一個人看起來「不太對勁」或者壓力很大，那另一個人則會回答：「真的嗎？我沒事！沒啦！我很好！」直到那天晚上晚一點，有一些安靜的時間可以坐下來，放鬆一下，釋放一天的緊張，所謂「我很好」的那個人，才會更清楚地意識到他們在情緒上受到了某種影響，而且一直被這種情緒左右。即使你在很多時候都合理地意識到自己的情緒狀態，你採用某種抑或其他種類的方式，去壓抑或者轉移、阻擋困難或抓狂的情緒也是很自然之事。在某些情況下，抑制情緒可以讓你若無其事去進行自己的工作，而不會感到激動難當。假如你正處於緊急情況中——比如你的房子著火了，需要讓自己和家人快點逃離現場，你的戰鬥或逃跑反應可以讓自己進入行動模式，而不會被恐慌或其他情緒打敗。但是，長期不瞭解你自己的情緒，尤其是在非緊急時刻下，會對你與自己和他人調和的能力產生負面影響。

即使處於非緊張狀態，但是人對自己的情緒狀態的認識，以及描述情緒狀態的能力還是會因人而異，根據這個現象來看，一方面有些人幾乎無時無刻，一直都能高度自我察覺自己的情緒，另一方面有一些人則有稱為**情感表達不能**（alexithymia）㉚的性格，意思是指：要他們意識到自己的情緒或描述自己的情緒，對這些當事人而言，真是個令他們撓頭的大問題！我們裡面很多人介於這兩者之間，有些時候我們可以自我察覺自己的情緒，有些時候則渾然不知、缺乏自我意識；更有趣的是，在識別我們自己的情緒上有所障礙，似乎與在識別他人的情緒上發生困難有關。[36]

這也說明了「傾聽我們自己的能力」對於能夠仔細傾聽他人來說是必需的。一行禪師曾經指出：「正本清源，反求諸己。」[37]「如果我們想與他人接觸，我們首先要學會如何與自己接觸。」好比假如我們很焦躁不安，但是並沒有意識到這一點，我們可能也不會非常瞭解我們周圍的其他人，在那一刻究竟發生了什麼事。

我們有位病人比爾（Bill）絞盡腦汁也無法理解他妻子的情緒，後來情況則變得很明朗——比爾對於知道自己的感受這方面其實也搞不定！比爾和凱特（Kate）的婚姻遇到了瓶頸，在凱特看來，比爾一貫一頭鑽進自己的工作或愛好，有事情開始讓她心煩意亂時，他都充耳不聞、也不理睬，他似乎愈不理會，她就愈失魂落魄；只有她對他感到非常不高興並且大發雷霆時，他才會發覺到，即使如此，他的反應也只是一聲不響而已，而並不是她所期望的有所作為。從比爾的角度來看，一切都進展得很順利，接下來突然間凱特對他河東獅吼，似乎是始料未及的；他真的很在乎凱特和他們倆的關係，他為她生他的氣而覺得心裡很不是滋味，但是他真的弄不懂她為什麼會忽然這麼大呼小叫。在她發洩怒火的時候，他也拿不定主意要怎麼回應，就愣住了，不太說話。在我們的談話中，比爾承認自己很難在他們倆沒有脣槍舌戰、你來我往、僵持不下的情況下體會到凱特的感受，而且在他們倆吵得不可開交的過程中，要比爾表達情感著實不易，因為他並不十分確定自己有什麼感受！對於感知他自己的情緒，比爾心中無數，而且他也難以察覺凱特的情緒，而這兩件事情似乎是密切相關的。

有些研究人員認為，像比爾這樣有「情感表達不能」㉚性格的人，在「內感受」㉛方面有困難，也就是對感知或者「傾聽」我們自己的精神感受抑或身體狀態苦無對策。[38]內感

㉚ 或譯：述情障礙、情感失語症、失情感語言症、情緒失讀症。由格雷姆．泰勒（Graeme J. Taylor）等人在一九九〇年建立的多倫多述情量表（Toronto Alexithymia Scale-20）作為該症的研究工具。

㉛ 指對身體內部的感覺，足以察覺身體細微改變的能力，內感受所傳遞的不僅僅是觸覺，也牽涉了情緒、行為層面。

受意識是指我們的感覺和感受（例如對我們自己心跳的感覺）會達到我們意識的程度。[39]大腦邊緣系統中與內感受有關的許多相同區域，與涉及情感同理心的區域重疊，這說明了我們的大腦，在感知我們自己情緒與感知他人情緒的方式之間，存在著密切關係。[40]

假如你在意識自己的情緒時遇到麻煩，可以從試著關注自己的身體感受開始，這些感受是情緒體驗的一部分，這些身體表現包括心跳加快、呼吸急促、感覺冷或熱、冒汗，或者眼眶泛淚。堅持不懈地努力，以及練習培養與發展對你自己身體感覺的正念，可以讓你的內部感知愈來愈準確，還可以加強與改善你對自己情緒的認識。[41]作家哈拉瑞（Yuval Noah Harari）㉜對實踐正念不遺餘力，他的評語是——讓我們感到彼此疏遠的原因之一，在於我們要感知自己的內在感受無異於海底撈針！他指出，不少人感受到的疏遠可能不僅僅是來自社會動力學（social dynamics）㉝，也可能跟我們所感受到的——與我們自己身體其感覺有多麼脫節有關。[42]

內感受意識也可以透過持續的運動訓練——如舞蹈、太極或瑜伽[43]來加以提升。隨著你對自己的身體感受和情緒愈來愈瞭解，在與他人互動時，你可以開始多加注意到自己的反應。藉由**內感受**以及察覺到我們自己的情緒，學會更準確地「傾聽」自己，實際上可以幫助我們對他人有更多的情感同理心。[44]因此，傾聽他人與自己的聲音並不一定是一場零和遊戲㉞；相反地，練習與實行讓這兩者均衡發展，彼此可以相輔相成。雖然有些人苦於在「內感受」和「自我察覺自己的情緒」這兩方面一籌莫展，不過另外一些人的境遇跟他們的狀況簡直判若天淵——這些人對一點點細微的身體感覺非常敏感，他們為了焦慮的關注自我和擔憂傷透了腦筋。我們的目標是一種折衷方案、中庸之道——在對自己和他人的意識之間達到平衡，全部這一切都是建立在放鬆意識的基礎上。一發現你有力不從心的地方，就可以著手重新取得你自己的平衡。

真正的傾聽：心臟脆弱、膽小者勿近！

有時，仔細傾聽本身就是一種收穫，可以是美妙的、甚至是欣喜若狂的：宛如兩個

㉜ 或譯：尤瓦爾・諾瓦・赫拉利（一九七六－）。以色列歷史學家，任教於耶路撒冷希伯來大學歷史系，同時深研考古人類學、生態學、基因學等。

㉝ 指研究社會之生長發展、社會制度之破壞改造、社會均衡之廢興以及社會進化之速度或方向之變動，探討社會發展變遷的動力之學問。

㉞ 或稱：零和賽局、零和博弈，同屬於「博弈論」指涉的廣泛概念。指利益相關各方的利益總和不變，如果一方得到利益，則一定有另一方的利益受到損失，而且各方不合作。

同步展開行動的音樂家或舞蹈家，就像父母和他們的小寶寶一起微笑；恰似戀人四目相對，並感受到他們含情脈脈無聲的連結時，兩顆心小鹿亂撞。但是傾聽並非一律都是容易或愉快的，即使和你心愛的人在一起，在緊張的時刻（你們為了帳單爭吵時、有人對你（們）發飆或批評你（們）時，或者有人告訴你（們），經歷了一件令人坐立不安或膽戰心驚的事件時）要傾聽**他們**，這恐怕簡直就是一件挾山超海的難事！我們都曾有過這樣的經歷：跟我們親近的人告訴我們一些不堪入耳的事情，我們索性幾乎把自己封閉起來，而且變得麻木不仁、無動於衷，以保護自己不受到這些說話的內容所影響。即使只是簡單地分享其他人的經驗或觀點，也可能會引起焦慮、冒犯唐突或有時候處理起來頗磨人，這就是「傾聽」需要建立在強大放鬆意識基礎上的原因之一。游泳界的不敗天后姬蒂．雷德基以下的例子能夠鼓舞人心——她知道保持放鬆的重要性。尤其是在經歷二百公尺自由式衝刺的最後一段所伴隨之身體疼痛時，焦慮、緊張或壓力只會消耗她在這場所有選手勢均力敵，最後必須借助攝影和照片，來判定勝負的競賽中所需之能量。即使我們聽到的，或者與之產生共鳴的東西令人反感，但是採用相似的方法，我們這些不是奧運選手的人，也可以加強我們保持放鬆以及態度開放的能力，就算是在「挨罵受氣」時，也能繼續心神專注地傾聽，這點對於達到更有效的溝通交流非常管用。如果我們正在與某人爭論，放鬆的傾聽技巧（而不是激烈的、無法控制的情緒）會為我們打開大門，使我們能夠富有成效宣導我們想要的東西，因為我們會更清楚地瞭解對方試圖傳達的內容。人迷失在自己的憤怒、沮喪中，或者不相信別人所說的話，以至於破壞了談判抑或妥協的可能性，以上這種事屢見不鮮。

作為女性、有色人種或任何其他弱勢少數族群的一員，在傾聽時保持放鬆的意識甚至可以救自己一命！要是你在與某人交談時，遇到某種情況，而且這種情況開始讓你嗅到「不對勁」或令人不安的感覺，通常第一個反應是盡可能將其輕描淡寫、不當一回事，或者不予理會，並懷疑你的這份直覺，尤其是女性與少數族群，每每會儘量避免表現得過於敏感——對屬於性騷擾範疇的令人反感之性關注（不受歡迎的性注意），或者種族微歧視感所造成的潛在不安……有一種社會壓力是不要「引起騷動」或者不要搞得「驚天動地、聳人聽聞」，有些最具爭議的 #MeToo 運動㉟故事就充滿了爭辯，原因在於聽眾無法想像為什麼當事人在那種情況下「自己不乾脆直接掉頭走掉就好了」！我們從

㉟ 指二〇一七年十月好萊塢製片人溫斯坦（Harvey Weinstein）性騷擾事件後，於社群媒體廣泛傳播的主題標籤，用意在譴責性侵害與性騷擾行為。

公眾人物的遭遇中、或推特（Twitter）上逃過一劫的匿名受害者那裡，所聽到的不太明確之經歷，包括了一些微妙的陰影。這清楚說明了文化脈絡所塑造的焦慮、不安全感或羞恥感，會在那一刻造成多大的影響，超越了被邊緣化個人的清晰度和力量！

對少數族群來說，長時間所經歷的內隱偏見（implicit bias）[36]和歧視，大多會導引他們想起因為直言不諱所造成更加嚴重的危險——其中包含了最輕微的口頭譴責、或者身體攻擊、甚至最壞的情況是**喪命**。練習與執行在傾聽時保持放鬆的意識，會讓你有能力可以多一點點感受到自己的不安，釋放想要保持社會禮儀（societal decorum）而同時出現的焦慮，並且相信你自己的直覺。因此，這樣做可以讓你沉著冷靜、鎮定自若決定**是時候該離開**了！情況允許時，這會給你力量去替自己辯解、為自己辯護或者尋求幫助。

這並不是說冒犯別人的人可以故態復萌、重蹈覆轍！假如性犯罪者或那些抱持內隱和顯性偏見的人，自己培養與發展出更多可以進行調和的能力，他們就能對自己的行為，以及該行為對他人造成的影響，有更深入的認識。對於那些天真單純的肇事方來說——特別是那些聲稱他們並非心懷不軌、只是無心之過，但是似乎「誤讀」情況的人，放鬆的意識與傾聽對方的語言和非語言資訊，可以用同理心、移情作用和摒除自我的方式去眼見為實，他們就能對一切洞悉明白，而不是盲人摸象。

雖然我們用了這一整章來強調了運用**仔細傾聽**的重要性，但並不是要建議我們應該時時刻刻都與他人保持一致！事情正好相反！達到調和的傾聽，包括察覺到「你自己的需要」和你周圍人的需要一樣多，這種察覺的意義在於你和別人交談時，知道什麼時候會讓你感到不舒服或者心慌煩躁，什麼時候「行了！夠了！適可而止吧！」什麼時候該走開，讓自己喘口氣，重新調整，並且確定你的下一步行動。我們是人，這就表示總有一些時候，情緒會消磨我們，影響我們傾聽周圍人、事、物的能力。傾聽是一個非常主動的過程，而不僅僅是一種被動的反應；傾聽是一種可以透過練習和實行來培養、發展與加強的技能。隨著我們認真傾聽自己的能力得到提升與改善，我們即可下定奪原來某些人會動不動就干涉騷擾別人、老是惹事生非、控制慾強、詭計多端或者充滿負能量、會欺壓別人，以至於我們不想繼續聆聽他們，至少在目前是這樣。有足夠放鬆的意識去傾聽他們，至少在一時半霎內，使我們能夠獲得自己所需要的資訊，內容則是關於這個人和這種關係，以對我們的下一步制定資訊充足、深思熟慮後有見地的決定。

㊱ 或譯：隱性偏見。指隱藏在心中，平時不顯露出來，無法或不願表露以免遭受批評，甚至可能自己也不確知的偏見，常見的內隱偏見包括對性別和種族的偏見。

練習時間到

培養傾聽的能力全攻略！

傾聽時保持放鬆的意識*

請你來練習，並且實行在傾聽別人對你說話的同時，讓你自己保持放鬆的意識吧！很多人在傾聽別人說話時，都覺得採取坐姿會更舒服，但是你也可以在你們倆站著時，進行這個練習和做法。這個練習和做法的目的，是直接在靜止的放鬆意識練習和做法（坐禪與站樁）的基礎上，多增加一個傾聽的成分。在先前的坐禪與站樁練習和做法中，你從最初把注意力集中在你的身體正列（身體要放正，頭、軀幹以及四肢各部位排列成一直線）、呼吸意識㊲與肌肉放鬆，再進入到**增加**對自己的想法和感受，以及周圍環境的「開放意識」。現在則有一個額外的步驟，也就是你要把這種開放意識擴大到對話上。單向對話（你傾聽對方說話）可以為你提供所需的空間，來練習放鬆意識和傾聽的每個組成部分，而不必感受到必須回應對方所說的話的壓力。這種練習和做法應該作為一種基礎，以幫助你在進行積極的雙向對話時，利用這些步驟。

步驟

1. 參考第二章的坐禪練習和做法，複習在本項練習和做法中，應該採用的身體姿勢和呼吸技巧。
2. 讓你的搭檔和你聊大約兩到五分鐘，談一談他們心裡的任何想法、或者最近發生在他們身上的一些事情。在傾聽時，使用在先前練習和做法中，已經養成的相同姿勢和放鬆意識之原則；你不需要在他們說話時，對他們講的話做出口頭回應。
3. 在傾聽時，儘量拋開雜念和干擾，保持你的重點放在**針對並且集中**在他們所說的話上，要仔細注意，但不要太過緊張或情緒緊繃，不僅僅要注意他們所說的話，還要注意他們的情感或情緒表達——他們說話的速度、語氣、他們的臉部表情，以及他們的肢體語言。

㊲ 透過鼻孔慢慢吸氣和呼氣，呼氣時，肩膀放下並放鬆，呼吸幾次。現在，把意識帶到嘴裡，鬆開下巴，在上下排牙齒之間製造一些空間。

* 表示這是一種要有伴相隨的練習和做法，請選擇一位搭檔共同練習與實行，這位夥伴可以是朋友、配偶、某位重要的人士、家庭成員、鄰居等等，該搭檔應該是你信任並且在解釋這項練習與做法，以及採取非判斷性的方式去練習，並且實行這項練習與做法時，能你感到舒服自在的人士。請參閱本書開頭的「作者貼心話」說明。

4. 試著把他們現在正在說的，以及所表達的，看作是此刻對你最重要的事情。
5. 隨時透過檢查你自己的姿勢和呼吸，並且注意你身體的感覺、你的思維和你的情緒，就像你在坐禪中所做的一樣，試著去「傾聽」你自己或把注意力集中在你自己身上，要是有幫助，你可以放一個設定成三十秒的計時器，計時器一響起時，持續幾秒鐘檢查你的姿勢、呼吸和放鬆狀況。
6. 你可能並不同意對方說的一些事情，或者你甚至可能覺得它們令人惱火，但是儘量不要拘泥或執著於任何這類問題上，反而要在對方說話時「陪著」他們。倘若有必要，持續幾秒鐘檢查一下你的姿勢、呼吸和放鬆狀態，這樣可以有助於你處理任何困難的情緒，接下來再試著把你的注意力移回到對方身上。這個「暫時回到放鬆意識」的過程是一種自我調節程序，這會幫助你不會感覺驚慌失措。有些人會驚慌失措到不得不完全從這個練習和做法中掙脫出來。
7. 在傾聽結束時，假使他們有興趣，讓你的搭檔在你跟他們說話時練習傾聽。

同步行禪*

這項練習與做法的目標是保持放鬆的意識，並在與他人一起行動時去傾聽對方。在

第二章中，我們學到了自己一個人單獨進行的行禪練習和做法，在這個第二級行禪練習和做法中，除了察覺我們自己的身體和一般環境之外，我們還要把我們的意識擴展到同樣在行動中的夥伴，同時與該夥伴保持身體調和。這是一項練習和做法，可以幫助你在不斷行動、不停變化的情況下，保持察覺他人並且意識到你自己。一剛開始請與一位值得你信賴的搭檔一起練習，並確認這位搭檔明白你正在和他一起進行一項練習。到後來，你可以試著在辦公室與同事一起行走時、或者在與朋友相偕去喝咖啡或用餐的路上，謹慎小心展開這個練習和做法。請注意你與他們的步調積極同步的方式，而且這種方式會影響到你與他們的溝通交流以及整體調和。

步驟

1. 首先，你和你的搭檔都應該回顧一下在第二章中描述的行禪練習和做法，以及放鬆意識的基本原則。
2. 你和你的夥伴站立的位置，應該在距離你們之間大約一到兩隻手臂遠的地方，你們兩個人都面向同一個方向。
3. 每次行走都有一個人帶頭，另一個人照著跟進。

4. 跟隨者的工作是仔細注意領頭的人，並且努力跟領頭者同步行走（同時用相同的方式移動同一隻腳）——而不是落後跟在後面，也不是搶先（也就是**並非**領先）在領頭者前面。
5. 帶領者也應該保持注意著追隨者，這樣才能互相有所察覺。
6. 一開頭時，帶領者應該用中等、穩定的步調行走，從「一、二、三，出發！」開始行進，而且知道兩個人都會這樣開始——比方說左腳先邁步踏出去，這樣做也是個不錯的選擇。
7. 一旦以穩定的行走速度，雙方都覺得愜意時，領頭者就可以出人意表地改變步伐！跟隨者的工作是在用哪隻腳移動的這一方面保持同步時，隨著領頭者一起改變步調。
8. 追隨者試圖與領導者保持同步時，追隨者可能會因為企圖集中注意力而開始緊張起來！追隨者反而應該在嘗試保持同步的同時，也讓自己努力保持放鬆並且有所意識。
9. 若是你們不能同步，而且恢復舊有的規定或方式會很麻煩，那也沒關係。你們可以停下來，一起重新開始。

10. 搭檔的兩個人應該改變角色，讓領導者變成跟隨者；試著跟幾位不同的夥伴一起來練習和做做看吧——而且多多益善！跟特色上有差別的人保持同步，說不定會有稍微不一樣的感受與火花喔！而且跟很多方面都不太一樣的不同搭檔同步，做起來有可能會更容易，或者也有可能會更費事。

同步纏絲*

這個練習之目的，是將你對自己運動中的身體和一般環境的意識，擴展到你的夥伴身上，而且後者也在運動中，並且嘗試與該夥伴及時和同步運動。這是透過一起纏絲完成的。太極拳通常是大家組成一個團體去練習和實行，在這個團體中，成員會彼此及時協調他們的動作。作為一個團體的一部分，參與這種流動中的運動，可以培養與發展出一種放鬆的感覺，以及加以密切意識到自己身體在空間中的位置、自己的身體運動、還有自己的身體是如何及時與他人一起運動的。當然，纏絲不像走路那麼自然，而且執行纏絲需要額外的自我意識以及與他人調和。這種額外的試題對我們頗有助益，因為要在日常生活中發現自己所處的互動和情況，有時可能是讓人飽受煎熬、不可預測以及有壓力的。而這個練習相對來說，少了這些痛苦與壓力。

有關纏絲的簡要介紹，請參閱第二章的練習與實作段落。關於如何練習與實行同步纏絲的詳細步驟和影片，以及解決本章所述所有練習與實作方面問題的影片和竅門，請瀏覽MissingEachOther.com。

第四章

理解

「百般憂慮、一絲煩惱，有誰能理解我？」

——詹姆斯・喬伊斯（JAMES JOYCE）①，

《芬尼根的守靈夜》（*Finnegans Wake*）[1]②

---

①（一八八二—一九四一）生於愛爾蘭，卒於瑞士，作家暨詩人。是二十世紀最重要的作家之一，為現代主義文學奠定基礎。

②講述幾位平凡愛爾蘭人遇到的困擾，書中充滿新造字、混合字、文法錯誤、顛三倒四的語言，公認為意識流小說顛峰之作與西洋文學史上最難懂的小說。

感受到有人理解你還真的是天大的禮物呢！假如有人真誠地傾聽你，並且理解你所說的話，這時你會有被聽到和被看見，以及有顯然被愛的感覺！在人際關係中，這種類型的傾聽情況十之八九會時好時壞、起伏不定，而且並不是固定不變的。在我們情緒低落的時刻，有時候會有許多人圍繞在我們身邊，但是我們會感到孤單、跟他人失去連結或不被看見；不過，一旦有人突破了那些稀鬆平常的樊籬來接觸我們，接下來美好的時刻就會降臨！他們運用了充分的放鬆意識和傾聽技巧，以便他們能夠真正理解我們，並且能跟我們肝膽相照、惺惺相惜！而為了讓他們真正地**理解**我們，他們可能也必須對自己有一些理解——我們現在就要詳細說明理解這回事。

我們大多數人都希望感受到有人能理解我們的那種感覺——至少被我們在意的人理解，而且一旦他們似乎真的「理解我們」時，我們會感覺到自己跟他們親密無間！以十三至十九歲青少年或少男少女的普遍經歷為例，在這個成長發展階段，我們渴望被父母或養育照料我們的人、兄弟姐妹、朋友和老師認可並且理解我們真正的模樣。在我們建立起自己的形象時，用這種方式得到認可，可以讓我們對自己有更清楚、更深刻的認識。大多數青少年的焦慮來自於與外界脫節、被別人疏遠與被誤解的感覺，而這種感覺則被好像我們自己是「唯一渴望被人看到的人」的那種羞恥感所放大，不幸的是，我們花了相當長時間才意識到我們每個人其實處境相同，但是，不知道是什麼原因，我們卻認為沒有人跟我們同病相憐！有時候，要遲至成年以後，我們才終於明白我們與他人有多少共同之處！這說明了「被理解的感覺」對我們自己的自我意識、和我們自信地駕馭生活、安身立命之能力具有多麼強大的影響！有時候，另一個物種的成員也能幫助我們找到這種感覺——美國作家葛楚・史坦（Gertrude Stein）③曾經讚嘆道：「我之所以是我，是因為我小小的毛小孩瞭解我！」這顯示出受到他人深切細膩地認識和理解（即使是被她的幼犬所認識與理解）也能使她成為真實的自己！我們的毛孩子朋友是好的起步，但是在我們的人際關係中，即使相互理解只是微微增加了一丁點，也能使我們與別人的連結遠比我們所想像的還要更深入、更鞏固！

有兩句話——「他們瞭解我」或者「我完全明白她為什麼會那樣想」似乎像是抽象的概念：「瞭解」某人或某人「理解」我是什麼意思？我們大多數人都經歷過真正**連結**到或者理解某人的時刻，結識新朋友時可能會出現這種狀況——當時你第一眼就立刻跟

③（一八七四—一九四六）創作領域包括小說、詩、劇本；一九〇三年定居巴黎，與藝文圈緊密連繫、收藏畫作，並成為文學與藝術流派前進的推手。

對方看上眼，抑或「產生好感、想和對方交朋友」，這讓你對這種新關係的可能性感到興奮，你可能會與他們交談，在對話中，你感覺就像你自己認識他們的時間，比實際上認識的時間還久！還有其他的時候，你可能會與一位老朋友促膝長談、談笑風生，並且在離去時有一種感覺：你對彼此之間相互理解和十分支持的程度表示讚賞！

一旦我們用顯微鏡去觀察這些相互理解的時刻，構成這個動態過程的要素既包括對我們所接受的資訊進行快速、無意識地處理，也涵蓋了對彼此互相更深思熟慮的思考與回應。在每個互動最細微的時刻裡，我們的感官和大腦都在處理那些收集到和交換過來的口頭和非口頭社會／社交訊息，目的是傳達你的觀點，並理解另一個人的觀點。更重要的是，你們每個人在即時互動中提供與接收這些資訊的方式，都會被我們的情緒、偏見和先前的經驗所增強或遮蔽。

社交腦（The Social Brain）[4]

在社交互動中，我們所看到與聽見的訊息數量是無窮無盡的……這些資訊可以被解釋和回應的方式數量也是如此；可以肯定地說，大多數人都曾在某個時候淪為信號交叉

（雙方誤解）的典型例子之犧牲品——我們有位患者席安娜（Sienna）曾經講起有則關於這個情況的故事：有一天，她在工作中與她的閨蜜艾莉婭（Aaliya）閒扯淡，聊到她們各自是如何度過週末的。席安娜曾動身前往紐約參加了一次家庭慶祝活動。幾星期前，她邀請過艾莉婭和她結伴同行這趟紐約之旅，事務繁忙使得她們一直沒有確認這個出遊的計畫，所以艾莉婭沒有加入。在她們聊完自己的週末並且分道揚鑣之後，那天晚上，艾莉婭發了一個簡訊給席安娜，表達她的歉意，因為她認為席安娜對她沒有來紐約感到不高興；席安娜整個人錯愕嚇傻了！她試圖在腦海中重播她們那天的對話，想要找到她遺漏的任何線索、或者她表現出來的任何反應，究竟是什麼可能給艾莉婭留下這種印象？實際上，席安娜絲毫不難過，因為她知道艾莉婭決定不加入是基於千千萬萬個正當理由的。在這個例子中，要確切地指出事情到底是哪裡出了問題，導致這兩位女性彼此不理解對方，這個問題還真令人百思不得其解，但是我們可以很有把握地說是放鬆的

④自然科學領域通常譯為「社會腦」。此段落集中論述人文社科領域所探討的：大腦的前額葉與專注力、執行力、抽象思考、自我抑制、情緒控管、同理心，以及瞭解他人之心態等社交能力其發展有密切關係。因此譯為「社交腦」。

意識、專心傾聽和真正的理解這個鐵三角故障了！你曾經有過這樣的經歷嗎？是否也曾經遇到過這樣的時刻——你無法理解彼此的信號是如何交叉的，還是雙方都沒跟上恍神放空了？

對社會情緒（Social-emotional）⑤的理解，或者我們解釋和回應另一個人的社交線索（social cue）⑥的方式，有時似乎是一種詩意的、難以形容的現象；這是我們感覺或經歷的事物，但是無法解釋。不少人形容自己在「解讀」人這方面是頂呱呱的，姑且無論他們的說法是否入木三分，或者言過其實；這種相當模糊之描述指的是一種技能，這種技能已經透過心理科學進行了細分，而且稱為社會認知（social cognition）⑦，也就是我們在社會情境（social situation）中思考和處理資訊的方式。近幾十年來，無論是在典型的兒童與成人發展範疇中，還是針對自閉症類群裡的個人，社會認知一直是一個非常活躍的研究領域——包括我們作者倆自己的一些研究亦然。[2]對社會認知的研究愈多，研究人員就愈是發覺到社會認知有多麼複雜與多方位。[3]在與他人互動時，我們的大腦會執行五花八門、包羅萬象的認知過程，社會認知本質上是一套工具，我們用這套工具來幫助我們把我們的互動理出頭緒。[4]在我們的調和框架中，社會認知是傾聽（感知來自對方和自己的許多不同種類之刺激）、嘗試理解、接著有所反應與回應的過程。

就拿在開趴聚會時，無意間結識一位新朋友（這種情形）為例吧！在互動過程中，你自然而然地運用了你的每一種感官感覺——你**親眼欣賞**了他們的行頭裝扮（藍色牛仔褲搭配條紋藍色休閒直排鈕扣襯衫）還有頭髮（沾一點點髮膠輕輕向後梳）；你的雙耳**聆聽**他們介紹自己時的聲音；你**聞到**他們的香氛身體噴霧；你們倆傾身握手時，你會**觸摸到**他們的肌膚紋理。來自對方的光波、聲波、嗅覺信號和觸覺到達你的感官時，你的大腦將它們處理為感知（例如顏色、音調、氣味、感覺），你將其放入你先前的感覺經驗之情境脈絡中。[5]最後，你組織並且使用所有這些細小零碎的感覺和感知，來決定你應該如何妥善周全地回應與反應。賓客伸出他們的手時，你直視這一幕，你把這看作是你過去所見過的一種歡迎之姿態，這種姿態通常用於介紹自己以及與一位生面孔建立交情上。你的大腦以迅雷不及掩耳之勢處理這些資訊，並且將其解釋為一個需要回應與反

---

⑤ 指取決於其他人的思想、感情、行動的情緒，並且是：「個人經驗、預期、預想的前期第一手資料」，包括尷尬、內疚、羞恥、嫉妒、同情、驕傲等情緒。

⑥ 或稱：社會線索。是人透過自己的動作、臉部表情或動作，以非語言和口頭形式發送訊息的方式。

⑦ 指人如何在不同社會情境下，對於自己接收到的各種資訊進行消化、處理、記憶、詮釋等等，或者對該人、事、物產生自己的理解和認知。

應的安全姿態，引導你禮尚往來，伸出你的手跟他們握手。然後，你在記憶中處理、儲存和表達這個經驗，以供將來與全世界互動時使用。這看起來很專業，但即使是像握手這樣平凡的事情，我們也在處理每一個小細節，對其進行編碼，加以解釋，並且找出某個適當的反應與回應。

我們的社會認知能力包括專注於諸如辨認大家臉上表達的情緒或者情感、解讀肢體語言、制定社會決策（social decision）（這個人是朋友還是陌生人？）以及選擇社交回應（social decision）（我應該微笑還是應該馬上離開這裡？）上。[6]有時，我們會意識到這些認知，但大多數時候這是我們大腦自動執行的無意識過程。在第二章中，我們提到了我們如何自動調節自己，甚至是在可以想像的最微妙、最無意識的層面上，其中一個例子跟「把對話從似乎讓聽眾感到無聊的話題上轉移開來」有關，這種話題告一段落要重新開頭的過程，發生在須臾之間，我們甚至壓根兒就沒想到它，這是我們在交談過程中發言時，經過了一段時間，透過辨認能顯示出對方感到無聊的社交線索（好比他們打哈欠、減少眼神交流、開始東張西望，或者去滑手機）所獲得的一種反應，辨別這些線索本身就是我們作為社會性動物（social creatures）⑧所擁有的強大能力。雖然辨識某人的無聊可能很容易，不過有許多小步驟可以讓你的大腦理解意識到這一點。

辨別他人與自己內在的情緒

在上一章中，我們談到了透過對他人的情感同理心和藉由傾聽你自己來「傾聽」情緒。提醒你一下：「傾聽」是指在感覺和身體知覺層面上意識到情緒；在本章中，我們要處理下一步，即**理解**這些感受。理解的第一步是認識每個人的情緒，這種情緒智力（emotional intelligence）⑨說不定似乎已經基本到你簡直不需要對其再三思量、仔細考慮，但是分辨他人和你自己的情緒，可能是一項異常複雜，而且令人感覺千頭萬緒的任務。[7]

人主要透過非語言交流來表達情緒，較少經由語言來呈現。這些非語言交流包括臉部表情、肢體語言以及聲調或口吻。神經科學研究指出我們大腦的特定部分（好比杏仁

⑧或稱：群居動物。時時刻刻都受到社會環境的影響，需要處理社會關係。

⑨多指節制情緒以增進生活福祉。自從丹尼爾・高曼（Daniel Goleman）一九九五年的暢銷書《E.Q.》（Emotional Quotient，情緒商數）一時風行以來，情緒智力與情緒商數兩個詞語時常被一般人所混用。但正確而言，「情緒商數」需經由嚴謹的數學定義且符合統計學測量假設，因此學術界仍使用較為精確的「情緒智力」一詞。

核）會處理和整合來自多種感官的資訊（比如我們在對方臉部表情裡直擊到的訊息，以及我們從他們的口氣中聽取到的消息）而這種整合的資訊有助於我們辨識情緒。[8] 啟動副交感神經系統（PNS）的迷走神經，能增加放鬆的意識，這麼做很明顯有利於識別其他人的情緒，同時還會加強區分不同情緒表達的能力，一舉兩得！[9]

因此，辨別情緒的關鍵是努力保持放鬆，以及有所覺察，並且留心你透過自己的感官所接收到的資訊。若是你不注視著某人，也就無法捕捉到他們快速瞥向時鐘的眼神，而此舉則說明了他們感到很無聊；倘若你看到他們稍微翻了一下白眼，卻沒有注意到他們的語氣，如此一來，要知道他們是在和你一起大笑、還是在嘲笑你，搞不好對你而言不是一件簡單的事。藉著留意並且整合這些視覺與聽覺的「一連串」資訊，我們可以瞭解對方的情緒狀態，從臉部線索理解情緒，使我們能夠疾速而且老練地駕馭變幻莫測、形形色色的社交互動，[10] 能夠從對方的表情中，解讀出對方感覺厭煩無聊的情緒，可以讓你當機立斷——不是要炒熱氣氛、說學逗唱，就是得完全改變話題！

辨別其他人的情緒以及你自己的情緒，也是能夠妥當調節與應對情緒的第一步。一旦你感到沮喪、有壓力、無所適從、緊張等等，需要一定程度的技能，才能夠識別自己的多種情緒，接下來則知道該如何調節這些情緒，並且回到原本的狀態。要毛舉縷析我們自己或他人情緒狀態的挑戰之一在於：有時人會感受到一股複雜的混合情緒。

人類開始發展識別情緒，與辨別不同情緒臉部表情的基本技能，早在嬰兒時期就已經展開，事實上，到四個月大時，許多嬰兒即可區分憤怒和快樂的面孔，[11]並且表現出對於正面情緒臉龐的興趣，大於望見那些一臉的負面情緒。[12]嬰兒在看到一張可怕的臉孔時，會傾向於尖叫或者哭泣，這顯示了他們有辨別情緒的能力。在出生後的第一年內，嬰兒也可以根據從其他人的臉部表情中，推斷出的情緒資訊來調整他們的社會／社交行為（social behavior）[13]⑩。一般來說，感到悲傷抑或受委屈的父母，會在蹣跚學步的小寶貝察覺到他們感受，並且走過來跟他們坐在一起、或者跟他們來個擁抱時大吃一驚。擅長解讀情緒線索的兒童和青少年，泰半擁有更積極正面的應對技巧、人際關係和整體幸福感；[14]另一方面，情緒識別程度較低，則與青少年時期的社會心理適應（psychosocial adjustment）⑪較差有關。[15]

---

⑩ 指人與人之間的行為和相互影響，即團體成員受別人或團體影響，或受社會制約支配而發生的行為，其中也包括影響人行為的態度、價值和信仰等。

⑪ 不僅是指個人內在的心理過程，還包括了個人在人際間的互動，與處在該社會文化下的行為模式。

解讀臉部表情去確定情緒，有時是一種艱巨的任務，即使對成年人來說也是如此。想一下你自己生活中的例子：也許有一段時間，你不確定別人是否喜歡你在工作中提出的想法，他們臉上那嚴厲的表情，是對你的想法的反應和回應、還是他們只是在想別的事情？無聊厭煩又是另一種情緒——要辨別清楚，會讓人一個頭兩個大的！為了辨識對方臉上的無聊厭煩表情，我們要尋找無數的線索，例如飄來飄去的眼神、雙唇噘起來、深深的歎息、晃動的雙腿、雙臂交叉、坐立不安的身體、沉重的歎息、試圖插話抑或改變話題等等。

要我們的大腦能夠處理每一個單獨的資訊，並且從整體上理解它們組合起來的東西意思是：「**緊急警報！**這個人可能覺得很無聊、厭煩！在他們閃人之前，先改改你自己那一套吧！」這還真是個奇蹟！有了足夠的經驗，我們大多數人好像都擁有了能力，能夠飆速而且毫不費力地整合所有這些感覺訊息，去辨識「無聊厭煩」的這個情緒。

但是，你被自己的想法分散注意力時，或者你的談話對象試圖隱藏他們的情緒並且假裝成別的樣子時，識別他人情緒的技能可能不會奏效。微表情發生得如此之快，快到以前的研究人員不得不把大家談話的過程拍攝下來，接著再放慢重播速度，以觀察幾乎無法察覺到的大家之表情變化。這是臉部表情研究員保羅・艾克曼（Paul Ekman）⑫開創的一個領域——分辨揭示真實情緒的微表情（即使人會試圖隱藏自己的情緒）。有多少次你曾經感到無聊厭煩，並立刻試著藉由改變位置、或盡力不讓其他人看到你在瞄手錶來掩飾那種感受？有時候你會僥倖逃過一劫，有時你就沒那麼幸運了。但是從另一方面來說，要是對方掩飾自己的真實感受，或者不願意坦率明說，你應該怎麼去理解他們呢？當然，這個問題並沒有現成的答案，不過，假如你注意到他們的線索模式中有某些東西似乎不合適，或者倘若他們正在講某件事，但是卻發出不同的非語言線索。比如嘴裡雖然嚷嚷著「這還蠻有意思的嘛！」然而卻似乎頭也不回地把視線移開——這可能是對理解他們真實情緒方面的一種暗示。因此，若是你培養與發展出放鬆的意識和傾聽的技能，你會更能充分恰當地開始感知這些提示。理解的技巧包括注意這些提示與線索，並且留心這個模式。當然，COVID-19大流行的影響，使得這一切變成一場有重重關卡的考驗，因為近幾個月來，我們與同事、朋友和家人的許多互動，都是在戴著口罩或者透過線上視訊會議進行的，這些舉措使得微妙、瞬間的非語言暗示變得十分不清楚，而

⑫（一九三四—）臉部表情專家、加州大學舊金山醫學院心理學名譽退休教授。曾獲頒美國心理學會傑出科學貢獻獎，名列二十世紀前一百位，最具影響力的心理學家之一。

這類暗示的溝通交流效果則是奇佳無比！我們所能做的就是盡我們所能去適應，盡可能地關注我們可以收集到的線索，同時瞭解與欣賞面對面互動交流的可貴！

我們都會有一些時刻，在那個時候我們會摸索搜尋、失去注意力、也沒有領悟到別人為我們提供的線索，我們都可以運用策略，來跟對方更妥善地協調一致——假如我們以更加格外謹慎注意的方式去集中我們的注意力，並且增強我們理解對方和「聽懂對方弦外之音」的能力，我們即可實現這個目標，關鍵是要留意並且養成隨時注意對方臉部表情、肢體語言和語氣這些模式的習慣，以及重視我們自己的感受。在本章結尾，我們列出了一些循序漸進的練習，你可以試一試這些練習和實作，用來培養這些習慣。

認知同理心與情感同理心大不同

你的社交腦會利用一系列複雜的過程，來分析和解釋關於你自己和其他人的社會／社交資訊，[16]一旦我們的目光對準某人，我們的大腦就會以閃電般的速度，處理來自對方的社交線索和情緒表達，這些過程幫助我們理解並且與他人建立連結，而這樣做的一個關鍵部分，就是對他人產生同理心。在第三章中，我們談到了**情感**同理心，有時又被稱為情緒渲染（情緒感染）（emotional contagion）或者情感共鳴——在直覺本能層面上**感覺**另一個人的感受，在情感上與他們產生共鳴的能力。只要你感覺到某人有某種感覺，情感共鳴就會自動神速啟動。

但是，在這裡，我們要強調同理心的另一面，即**認知**同理心（*cognitive* empathy）⑬——從理智上瞭解以及**理解**別人的觀點、他們的想法與感受的能力。[17]把情感同理心看作是「熱」，而把認知同理心看作是「冷」，這樣想可能會有幫助，認知同理心包括透過融入「他人觀點」來理解和預測其行為的能力，[18]這會涉及到一些真正非常複雜的事情——有意識地在思索琢磨你的經驗以及別人的經驗之間來回轉換，再回到你的經驗，以瞭解你們的觀點在哪些方面可能是相似的，在哪些方面是不同的。你對其他人如何看待這個世界，以及激勵他們的原因充滿好奇，你抱持開放的態度去思考站在他們的立場上是什麼感覺，並且容忍他們的觀點可能跟你的觀點大相徑庭時，這時認知同理心會充分發揮作用。你把這一點想了一會兒，就能夠跳出自己的視角，從另一個人的觀點看法

---

⑬ 指瞭解他人觀點，他人如何理解事情的能力，並且預期他人用什麼角色與邏輯進行下一步，也就是所謂的「設身處地」。

來看問題，這是社會認知（social cognition）⑭的真正重大成就。

情感與認知上的同理心對於理解他人，以及與他人建立連結來說都很重要，特別是當他們遇到困難的時候。如果不瞭解對方的想法和感受，而且對他們缺乏同理心、不具備想要幫助他們的動機，要培養與發展出有意義的關係，也只是緣木求魚而已！一旦情感與認知同理心分工合作，這時你就能夠超越自己的主觀經驗，進入你和對方之間的共同主觀經驗。這種情況一發生時，你會體驗到你們對彼此觀點的相互認可，這種現象即為心理學家口中的互為主體性（intersubjectivity）⑮，[19]研究指出，凡在行動上能貫徹「老吾老以及人之老，幼吾幼以及人之幼」的精神，都是那些在情感與認知同理心這兩個方面很強的人。[20]儘管在理想情況下，兩者會共同運作，不過情感與認知這兩個方面的同理心並非同一件事——有些人在某一種同理心方面很強，但是在另一種方面則不然；同樣還有證據證實的是：情感同理心與認知同理心有獨立的發展路徑，意思是指隨著人的年齡增長，這些能力會以不同的方式發展、變化和衰退，這說明了兩者是各自獨立的不同能力。[21]同時，還有強而有力的證據證明：這兩種類型的同理心，跟相互連接而且不同組的大腦區域其活動有關。[22]

在第三章中，我們提到情感同理心涉及到啟動邊緣系統中的一組大腦區域，其中一些區域位於大腦深處，包含情緒感受和記憶；認知同理心則與啟動它自己的相互連接之大腦區域網絡有關——主要是大腦表面的區域，即掌管思考和推理的大腦皮層；[23]然而，情緒與認知同理心在大腦迴路裡有一個重疊的區域，很可能是存在鏡像神經元系統當中。因此，在觀察另一個人的行為時，由鏡像神經元系統所進行的「體現模擬」（embodied simulation）⑯對於理解他們行為的意圖而言也很重要。[24]

為了更清楚理解認知同理心，我們來看看心理學家稱之為心智理論（theory of mind）的一門學問——或者說站在別人的角度理解他們的想法、信念、意圖和非語言社會線索的能力。[25]從本質上講，這是大腦意識到另一個人的觀點可能與我們自己的不同，並且幫助我們——打比方講，站在別人立場上的一種方式。我們根據自己的想法，以及我們認為其他人是怎麼想的去採取行動；而且，這也是我們在很小的時候就培養出來的**作**

---

⑭此處指的是個體如何解釋、選擇及利用資訊，以建構出對他人行為的理解與意義。

⑮現象學鼻祖胡賽爾（Ed. Husserl）認為透過「同理心」，我們與他人都把對方視為另一個主體，終於能架構出「自我」與「他者」之間互為主體的世界。

⑯指鏡像神經元系統激發時，觀察者的感覺－動作系統正進行一同動作（co-action）並與記憶連結，進而引起先前此一動作下的身體狀態、感受、情緒與目的等模擬。

風。[26]通常，四、五歲左右的小朋友會開始理解到，每個人的想法與想要的東西是因人而異的；大約在這個年齡，孩子會根據這種理解，開始以形形色色的方式採取行動，來獲得他們想要的東西。[27]

莎莉（Sally）和安妮（Anne）的故事，在探討兒童的心智理論上堪稱典範——拿莎莉和安妮的故事說給你聽，可以讓你一目瞭然我們提到的觀點取替（perspective-taking）⑰是什麼意思，以及為什麼這對我們一生中的調和而言很重要。該分析是這樣進行探討的：某位小朋友在別人的引導下認識了兩位卡通人物——莎莉和安妮，在這部卡通中，小朋友看到莎莉拿了一顆彈珠，將其藏在她的籃子裡，接著莎莉離開房間，安妮從莎莉的籃子裡取出那顆彈珠，放進她自己的盒子裡。莎莉回到房間，小朋友則被問到了這個問題：「莎莉會去哪裡找她的彈珠呢？」那些回答「去莎莉的盒子裡找」的小朋友們，得到了大家的一致認同，大家都相信他們能夠毫無困難地理解別人的觀點；已經培養與發展出心智理論的小朋友，發現了安妮把彈珠放在自己的盒子裡，但是這件事發生時，莎莉並不在房間裡，所以莎莉一點都不知情——所以莎莉會有不一樣的觀點。[28]這項探討與解析提出了一個關鍵思想：不同的人對世界有不同看法，而這取決於他們自己的經歷與背景。儘管這個概念似乎是相當明顯的，不過認識到這一點，對於我們能夠與他人建立連結並進行溝通，而且對於我們最終形成和維持關係來說，是必要的；倘若我們只能從自己的角度看世界，並且假設其他人都必須同意我們的觀點，這樣一來，我們要跟他人調和一致幾乎只是癡心妄想！儘管小孩子在四、五歲左右，就已經開始培養與發展心智理論，但是記住要去考慮其他人的觀點，仍然是我們一生中，不斷面臨的考驗——尤其是在我們陷入錯綜複雜和混亂無章的成人互動時。在人生過程中，我們對世界的看法，可能會因為自己獨一無二的生活經歷所產生的態度與觀點，而連帶受到影響，因此使我們的看法更加刻板僵硬而且一成不變。為了助長與促進調和，不妨嘗試對他人的觀點，保持開放的態度與好奇心，而也不必放棄我們自己的觀點，這樣一來就會有所裨益。

我們站在別人的角度時，會試著推斷他們的想法、信仰、願望或者心意，接下來，我們會利用這些資訊來解釋其言行——也就是去問我們自己，他們試圖傳達什麼；因為我們會試著預測他們的下一步行動。這時會包括一些情況，比方說讀取與回應某人的意

---

⑰ 指個人能瞭解他人的意向，而從其角度看世界的能力。「觀點取替」涵蓋了同理心及同情心，該能力一經提升，同理心、溝通及問題解決技巧亦能同步提升。

向；在我們溝通交流時，解讀某人的興趣程度多寡；探測某人希望表達的意思（他們是真誠的還是諷刺的？）以及想像他們可能會如何看待我們。我們有很多研究都集中於調查「在自閉症患者身上，觀點取替是如何受到影響的？」因為自閉症患者類群往往在解讀其他人的情緒、或者預測其他人可能會怎麼看待他們的行為方面寸步難行。然而，對一些神經正常的人來說，觀點取替技能也是讓他們備嘗辛苦的難關！所幸的是，這些技能是有擴展餘地的，而且也可以經由正念意識和練習及實作來加以改善與提升！

我們可以竭盡自己所能去解釋別人的本意，不過，雖然我們是真誠地下功夫，但是並非一律都能一語道破，這是因為我們自己的偏見、情緒狀態，或者我們透過偏見與當下情緒去看待某種情況的那個情境，影響了我們根據我們自己對另一個人的有限資訊所形成之速成假定、妄加臆斷或者急於估算。絕大部分時候，我們會利用直捷的策略，來幫助解釋其他人或我們自己行為的動機或原因，心理學家則將這種快速的方法，歸入稱之為歸因理論（attribution theory）⑱的概念，這些通常是無意識的策略，會用來把某種意思「歸咎於」某人的行為方式為什麼是這樣的，這是一種令人放心的方法，可以讓這個世界變成更加能夠預測得了——沒有什麼比不理解為什麼有人會按照他們那種方式去行事更糟糕的事情了，尤其是一旦該行為看起來非常負面消極時。這種歸因理論有兩種分類方式讓你選擇：一種是內部歸因（internal attribution）或者性格歸因（dispositional attribution），意即一個人的行為，是由於這個人的性格抑或個性上某些方面所造成的；另一種則是外部歸因（external attribution），這是指該行為是由環境之某些方面來加以解釋的。比方說，我們的同事伊莉娜（Elina）一直全力以赴爭取晉升，但是她卻鎩羽而歸，關於她的內部歸因是：「伊莉娜不像喬治（George）那樣勤奮工作；她現在真的沒資格晉升！」外部歸因則指出：「說不定在這個辦公室裡，有那麼多男性主管，出於性別上的偏見，伊莉娜的資歷就被人看扁了！」第一種觀點認為癥結在於伊莉娜缺乏進步；另一種觀點則考慮到了外部的，有時是在制度內難以看出的因素。

對我們彼此理解對方的能力而言，歸因[19]可以是助力、也可以是阻力。人經歷壓力、焦慮、抑鬱或其他形式的精神病理狀況時，這些歸因會變得是在加油添醋，而且於事無補，因為這可能會導致他們更加沉溺於關注負面消極的因素。要是你處於憂鬱症的循環中，並且伴隨著悲觀、負面消極的歸因，你的負面消極歸因可能又會維持你的情緒

⑱ 該理論在一九五八年，由奧地利籍社會心理學家弗里茨・海德（Fritz Heider）提出。

⑲ 歸因是個體由刺激事件推論原因的心理歷程，會影響其後來的行為，可視為事件與行為之間的中介歷程。

低落狀態，好比你可能感到心灰意冷，因此導致了這樣的歸因：「這個世界不就是這麼一回事而已！終究什麼都行不通啊！」而這可能會造成你的憂鬱指數上升。不調和會在壓力和與社會脫節之間存在著的彼此呼應回饋圈裡愈演愈烈，負面消極的歸因則可能是這個組合裡的一環。同樣地，傾向於走上負面消極的內部歸因這條路，也會讓你感到自己與某人的連結減少，並使得這個人更有可能會遠離你，比方說，我們任何一個人都可能會偏重在把某人的行為過度歸因於內部因素，而不是外部或環境變數，這種現象稱為基本歸因謬誤（fundamental attribution error）；我們再回到伊莉娜的例子和她的升遷慘遭滑鐵盧這件事上吧：比起冥思苦想研究所有可能阻礙她在特定企業職場環境中往上爬的潛在制度問題，她之所以沒有得到升遷，是因為她不是那塊料——這樣假設要快得多，而且坦白說也容易多了！

再看另一個例子：兩位以前是大學同學的娜歐蜜（Naomi）和奧利佛（Oliver），他們最近重新連絡上對方，並且決定見面喝咖啡敘舊。奧利佛建議他們在下午兩點鐘見面，娜歐蜜提前幾分鐘抵達，而且在窗邊找了個好位置等待。奧利佛最後遲到了十五分鐘，可以理解的是，娜歐蜜大驚失色，因為是奧利佛建議他們倆見面的時間！但是她最終對這件事不以為意，繼續他們的咖啡時光。有趣的是，奧利佛在跟娜歐蜜打招呼時，提都沒提到自己晚到的事，反倒是直接切入正題，詢問娜歐蜜是否已經點過餐了；這下子則讓娜歐蜜試圖掩飾她難以置信的情緒！而他們終於拿咖啡坐下來時，奧利佛很快停下來，與坐在他們隔壁桌的同事打招呼。過了一會兒，在這兩位老同學敘舊的時候，娜歐蜜問奧利佛的工作找得怎麼樣了，因為在他們最初遇到對方的時候，他曾提到自己正在找新工作。奧利佛則開始顯得有些不自在，他回答得很籠統，一下子就把問題搪塞應付過去，然後轉而聊起他和未婚妻上個月剛剛買下的新家。儘管娜歐蜜儘量試著姑且相信他這一次，不過隨即卻讓人感覺到就像奧利佛有點是在炫耀！

在這個飛快的小插曲中，你注意到有多少次機會，娜歐蜜不得不對奧利佛進行內部或外部歸因？在他遲到的時候，她可能會選擇相信他，而不願怪罪，她或許認為一切都是交通的問題……或者她可能會不自覺認定他是一個「遲到客」，他的腦袋裡沒有「別人的時間也是時間」這個概念。實際上，說不定奧利佛記錯了他們的見面時間，以為他和娜歐蜜已經同意在下午兩點十五分見面，意思是他只是單純搞錯了。找工作的話題輕描淡寫帶過去？娜歐蜜的內部歸因則可能是，奧利佛把自己封閉起來，他心裡掩藏著一些事情，和／或可能不信任她是親密到讓他能跟她分享生活中個人細節的死黨。娜歐蜜的外部歸因可能是承認奧利佛現在的同事就坐在他們旁邊桌，意識到奧利佛可能覺得不舒服，因為他現在仍然在職，而且在他同事能聽到的情況下，還把他正在騎驢找馬換工作的事情走漏風聲。歸因也可能被我們自己的情緒所蒙蔽，因而導致我們對他人提出悲觀的假設——還記得娜歐蜜認為奧利佛在吹噓他的新家嗎？檢查自己的情緒是很重要的，這樣你就可以揣摩這些情緒是否會模糊或影響你對別人行為的解釋。假如娜歐蜜檢視一下自己，她可能會懷疑是不是她自己對這個話題有點敏感，因為她對自己仍然是無殼蝸牛，而不像她的同輩那樣已經快要擁有一個屬於自己的家，對此她感到很惴惴不安。承認有那一點兒的失望和／或羞愧，以避免容易陷入對別人產生負面消極、內部歸因的陷阱來說是必要的。你自己的情緒一直都在運作，但在當下你沒有意識到這些情緒，或者你不檢視它們；這無疑會降低你與他人的快樂，以及興奮協調一致的能力。

我們的處理模式發生得很快，其目的則是要容納正在接受的一切接二連三之社會／社交資訊，這也使得我們很容易去選擇可能是最明顯的原因之事物。我們需要時間、精力和認知處理的能力來放慢腳步，並且辨識潛在的外部變數，這些變數在某種情況下會發揮作用。內部歸因往往是認知處理的自動形式——我們**頓時**就會把原因歸結於到內部歸因，但不一定一律都是準確的，一旦內部歸因被偏見所扭曲時，我們的準確度就會進一步下降。可能影響情況的外部歸因，則需要更多的可控制性處理，這會耗費更長的時間，而且研精苦思也是必須的，以便記錄潛在原因，並且權衡有關該情境脈絡的所有資訊，這需要你的大腦多花幾秒鐘來考慮交通，或者你們之間交流溝通不良的問題，而不是去假設某人會遲到，是因為他們沒把你的時間放在眼裡。有時候，我們無法在互動中完美地處理這一切，我們需要稍後重新思考問題；或者，搞不好我們在某一時刻提出了某個假設，但是就在幾分鐘之後，卻意識到我們可能誤解了情況。培養與發展對這些我們都有的自動思維其正念意識是必要之步驟，以便能反思這些自動思維中的正念意識，並且改變其對於你如何與人交往的方面上所造成之影響。

你開始確定歸因在你社交互動中所發揮的作用時，請思索一下你的寬容度會如何隨著關係的親密程度不同而有所變化——在之前的小插曲中，**那些**是娜歐蜜對一位老同學的回應，她跟這位以前的同學沒有到至親那麼親密，她對他的信任程度可能不如伴侶、家人或者至交契友，他們關係沒那麼親近，所以相處起來比較拘束，這會使得使用語言的態度更加謹慎，抑或更有可能考慮外部歸因。我們跟熟悉的人如膠似漆、對於跟我們親近的人對我們有什麼看法也會更加敏感，因此，你可能會動不動就對他們發脾氣，或者沒完沒了把內部歸因搬出來，因為你對所愛的人和他們對你的愛抱有更高期望，我們很容易就會期待我們的另一半「就是要懂我嘛！」而且在向他們解釋某件事情時，我們往往會比對朋友還要快就失去耐性。倘若跟你親密的人，似乎沒有注意到你不得不說的話、抑或不理解你，接下來你可能沒多久就會給他們貼上「你們只顧自己」、抑或缺乏「同理心」的標籤！此時，你反倒可以暫停一下，去想一想他們是不是分心了，或者你能不能用**更清楚**的方式去重新陳述某些內容。試著觀察一下你是怎麼樣將動機歸因於你的泛泛之交，以及跟你有親密關係者的行為這兩種情況上，本章結尾的練習和實作有助於練習這種意識。深入的理解能力建立在平衡對你自己和他人的正念注意，與能夠反思我們自己，以及他人經歷的能力的基礎上。這種平衡和反思，使我們能夠更有效地解釋人與人之間發生的事情，更容易理解某人的意向，並對彼此產生更積極主動、更有用的反應與回應。

打破束縛我們的枷鎖

人類很容易就會有反應——這在我們的天性中根深柢固。我們處理和傳達、溝通交流的速度快得風馳電掣，對於要怎麼去處置別人的話、向別人解釋，以及回應別人，我們經常會祭出捷思法（heuristics）⑳或捷徑來幫助我們；不過一旦我們反應過快時，尤其是在負面消極的方面，這種反應可能會變成對理解造成干擾，而不是帶來好處。我們體會到壓力或者情緒高亢時、抑或分心時，更容易會自動有所反應，說不定你是為了別人所說的話而對他們大動肝火，因為你在回應之前無法考慮到他們的觀點。這種反應可能會導致你對某人產生更多內在的、負面消極的歸因，這可能會造成不那麼專注和／或富有同情心的反應，讓你們倆走上一條不歸路，結局是你們既不被看到、聽到、也不被理解。為了深入理解，在參與對話以及解釋某人的觀點時，不妨試著持續不斷練習去多加省思，並且運用更多可以控制住的反應，我們可以藉由減少我們在不斷變化的互動中所經歷到的反應，來提升與改善我們相互理解的能力。

差不多幾千年來，人類一直在試圖努力解決我們自己的反應，以及我們自己的反應對互動和關係所產生之影響。大約二千五百年前，釋迦牟尼佛㉑已經教導過：人類的痛

⑳ 或譯：策略法、助發現法、啟發力、啟發法、拍腦袋。是指依據有限的知識或不完整的資訊、經驗，在短時間內找到問題解決方案的一種技術。

㉑ 指釋迦牟尼（前五六三／四八〇—前四八三／四〇〇），大家尊稱祂為佛陀。祂放棄財富與王族，出家修煉苦行，在菩提樹下冥想沉思，最終得到啟蒙、大徹大悟，並將祂的體悟化為能讓大眾明白的一種普遍而傳承之教育，是為今日的佛教。

苦來自對我們自己和世界的誤解——起因於不認識我們的關係本質、我們與其他人以及生物的高度連結，以及希望和期待生活成為我們所認為的**應該是那種樣子**，而不是現在這種樣子。我們希望生活按照某種方式呈現與前進；我們不希望我們重視的事情發生變化；我們希望人以某種方式存在和行動——加上由於生活幾乎從來沒有盡如人意過，而是三不五時事與願違。痛苦源自於我們在生活展開時，不斷自動對生活提出反應的方式，有時候我們則要跟現實搏鬥。有些事情發生了，我們有所反應，接下來那個反應則變成了我們下一個反應的刺激，這就像一連串沒有明確結局的事件。

對話就像是生活的縮影，因為有兩個或更多人參與其中，對話要如何進行下去，我們自己只能控制到這麼多而已。一旦人們沒有按照我們想要的方式進行，我們就會頻頻擺出情緒化的反應，而不是用心去予以回應。這種反應會變成一個惡性循環，阻撓我們保持放鬆和意識的能力，因而對我們傾聽和理解的能力產生級聯效應（cascading effect）㉒。要盡力放下你自己對某種情況結果的依戀與執著（尤其是一旦你害怕事情不會如自己所願時），而是學會耐心地回應，這簡直是一件千難萬難的事，但這就是十三世紀日本禪宗大師道元（Dogen）㉓所說的「無欲則剛」。[29]我們的杏仁核和大腦情緒反應系統之其他部分被設定為一旦我們感受到恐懼、內疚、憤怒、失望、或者羞恥的威脅時，會飆速有所反應，這種疾速反應使得我們去戰鬥或逃跑。當下要發覺或者辨識這種反應模式並不容易，特別是在情緒爆發、抑或你被壓力壓得喘不過氣來的時候。

有時候，由於在過去的互動中，重複發生的模式太多，因此在戀愛關係中的伴侶、死黨、姊妹淘或者家人，就會乾脆在對話抑或爭執中直接下結論，我們會根據我們跟別人的接觸，而對我們認為某人試著想說什麼，或者他們的意思產生了期望，雖然這些期望有時可能是準確的，但是有時候也可能會使我們跳到錯誤的結論；還有的時候，火速有所反應可能是因為煩躁的情緒在作怪，或者想要發洩我們在另一種情況中的挫敗感使然。說不定在不同的時刻，某次特定的談話並不會讓你惱怒，但是心情不好的時候，卻還真的會讓你翻臉，產生情緒化的反應，甚至有可能是把對完全差了十萬八千里遠，別種情況的那些潛在累積怨恨或內疚，投射到當前情況上所造成的——想一想這個例子，想像一下你的室友因為你那天出門去上班時，沒把燈關起來，心裡對這件事覺得很不舒

㉒或譯：「連鎖效應」或「瀑布效應」。指的是由一個動作影響系統，而導致一系列意外事件發生的效應。在人際網絡中，只要有一個人覺得寂寞，就能感染其他許多人，即使不很熟識的人也會受影響。

㉓日本鎌倉時代著名禪師（一二〇〇—一二五三），為日本曹洞宗禪法始祖，是永平寺住持，人稱永平道元，晚年自號希玄，故稱「希玄道元」，諡號佛性傳東國師、承陽大師。

服。到了晚上，你的室友走進房子，瞄到燈還亮著，整個人立刻發飆氣炸了！接著你回到家，你就被室友臭罵了一頓！實際上，一次粗心大意本不應該激起如此極端的反應，但是這種反應還真的出現在現實中！經過自我反省之後，答案揭曉了：室友的反應來自對於過去幾個月裡，你一般都兩手一攤，沒有幫忙打掃整間房子而醞釀出的怨恨。

假如反應的循環並非發生在你自己身上，這時一般來說要辨識出來會輕鬆得多，有位病患曾經描述過有關這個現象的範例，而且這個例子特別生動——馬庫斯（Marcus）在某個週末去探望他的父母，他正和他媽媽窩在廚房裡磨蹭，這時他爸爸則在辦完一些事情後走了進來。他的父母最初一開頭先談起一些相當平淡無奇的事物，但是到後來，對話慢慢開始悄然醞釀成他父母之間即將爆發爭執，這讓馬庫斯覺得時間怎麼過得那麼慢啊？簡直度日如年！在他一遍又一遍講到的這一點上，馬庫斯提起，以整件事的情境脈絡來看，他的父母已經結婚近三十五年了，而且他認為兩人的婚姻是一個強而有力、可溝通交流、充滿愛的伴侶關係之特殊範例，但沒有人是完美的，他承認。此時此刻的情況是他們為了一件已經成為他們結縭多年來，某個說不定早就該忘掉的小插曲而拌嘴，馬庫斯可以很輕易地看到一連串的事件正在展開，因為每個刺激都會產生反應，然後成為引發下一個人的反應之刺激。他的父親對他的母親做或不做某件事感到惱火，接下來繼續對這個問題發牢騷，這是刺激，他的母親則沒多久就用為自己辯護的語氣，翻出她為什麼選擇這樣做的理由去提出回應，而這又成為了激發他父親的下一個反應之刺激。他們吵翻天、沒停火，馬庫斯可以看到這兩個人都變得不那麼放鬆，而且是更加激動不安，他父親的眼中升起惱怒和煩躁，就像一團黑霧，開始蒙蔽其視野邊緣，他的感官形成了一種有選擇性的過濾器，他們彼此都被禁錮在目光如豆、不願接受對方想法的狀況中，他們對自己情緒的認識下降，因而也降低了他們在可以控制住的情況下，去處理事情的能力。馬庫斯的父親透過一團負面消極之情緒，去過濾馬庫斯母親的反應，使他對她的意思之解釋出現偏差；她的惱怒則隨著她對他的反應之困惑而增加，他的這些反應對她來說沒有意義。他們的注意力變得開始偏向於對方論點之每一個負面消極方面，他們對彼此行為的內部歸因如火如荼增加。這就像看卡通裡的人物把一個小雪球滾下山，雪球愈滾愈大，直到其大小和速度都無法控制！這一連串的反應一直持續下去，直到他們拿定主意直接噤口不再繼續談下去，以便喘口氣，冷靜下來。

馬庫斯身為局外人，要看到那一連串反應展開，這件事對他而言真是唾手可得；不過一旦你自己變成劇中的主角時，就不能這麼瀟灑自若了！你有多少次發現自己就在雪球中，確信你自己除了繼續從山上滾下來之外，根本無法另闢蹊徑？正念注意的神奇之處，就在於可以讓你在各個環節有逐漸壯大的趨勢時，辨識出這一連串的連鎖現象，並且利用**那一刻**暫停下來。任何激烈的對話（比如馬庫斯父母之間的對談）所帶來情緒上的不適，已經強烈到會讓我們的大腦很容易對那種痛苦有所反應，無論反應是去反擊、說一些會讓我們自己後悔莫及的話，還是在衝動之中下決定都有可能。佛教老師、居士㉔暨播客（podcast）㉕主持人諾亞・拉舍塔（Noah Rasheta）在思考如何打破刺激和反應的連鎖反應時，[30]運用了「請注意列車和月臺之間的間隙」（mind the gap）這句話，這句大家耳熟能詳的「請注意列車和月臺之間的間隙」來自於倫敦地鐵系統列車的車廂門打開時，地鐵站響起的警語，這句話提醒你，從月臺走到車廂或者反過來從車廂走到月臺時，要集中注意力。拉什塔指出，「請注意列車和月臺之間的間隙」是一句很有幫助的說法，提醒你注意刺激和反應之間的間隙，在這個間隙中，你可以暫停、處理，並且提出更有控制力的反應，這可能不會在反應環節的前幾個連鎖狀態中發生，但重要的是**會在某個時刻發生**。就馬庫斯父母的案例而言，舉例來說，「請注意列車和月臺之間的間隙」可能會是他們中的某個人深深吸了一口氣，停頓下來，注意到他們倆的情緒正在沸騰，而且你一言、我一句的口水大戰也沒什麼用！光是暫停本身就已經是特效藥了！因為暫停此舉會提供更多的選擇，讓你知道如何繼續進行，而不是滾下山坡去！

我們認為，建立放鬆的意識和更深入的傾聽技巧，能為你的「請注意列車和月臺之間的間隙」能力奠定基礎，這一點尤其重要，因為負面消極的反應會在彈指之間爆發，而且，開始注意到層出不窮的連鎖反應、同時喚起足夠的意識讓自己停頓下來，這些事可能是種令人苦惱的難題，能不能辨得到則因人而異。這並不是說你不應該有負面消極的反應，若是你的同事藉著指出你在團隊會議上發表的偏見或內隱種族主義評論而質問你，你感到悶悶不樂、灰心喪氣、鬱鬱寡歡、心虛內疚等等是一件完全令人可以理解的事。冥想練習和實作（就像我們在第二章中描述的那些）是為了喚醒我們去覺察到自己的所有情緒，冥想練習和實作並不是要扼殺這些情緒，而且強迫你每星期七天、每天二十四小時都感受到和平、喜悅與幸福；練習和實行放鬆意識與傾聽你自己反而應該讓你注意到，在接收到批評你的負面評價與回饋時，你自己會變得激動起來；只要，你有一

㉔ 指舊時出家人對在家信道信佛之人的泛稱；亦指古代有德才而隱居不仕或未仕的隱士；同時還是文人雅士的自稱。

㉕ 結合Apple的「iPod」和廣播的「broadcast」而成的新詞，就像是廣播的YouTube，可以隨時選擇要開始聽的時間，也可以用聽的來獲得娛樂或是知識。

會兒的時間擁有自我意識，就可以幫助自己不讓情緒榨乾你，而且不會對你團隊成員所說的話充耳不聞，好比，你的反應可能會導致「你對自己所說的話」加以辯解，使得在你有機會甚至聽到和理解你這一番言論可能產生出來的影響之前，你就先立即開始跟同事的意見唱反調。在進行對話的某個時刻，你可以找個時間自我檢查，並注意你對回饋是怎麼回應的，這麼做為你提供了執行「請注意列車和月臺之間的間隙」這個動作的機會，並且在你沒有檢查過的負面消極連鎖反應變得更長，以及對你傾聽、理解加上跟這位團隊成員有效溝通的能力造成妨礙之前，先調節你自己；在應對複雜的情緒以及處理失控的對話時，這無疑是有力的舉措。

呼吸的正念對於培養與發展情緒的正念來說，是必要條件。我們大腦的進化方式，並沒有讓我們毫不費力就能有意識地，管理我們的情緒，並且辨識我們自己和他人身上的情緒。大腦的情緒部分不會那麼簡單就被我們心裡有意識的、理性的部分干擾或者控制，這就是為什麼需要持續努力和練習與實作，來學習並培養與發展出方法，以識別情緒，還有被情緒驅動的衝動其原因。[31]呼吸是自動過程，就像情緒反應一樣，我們不需要專注於我們的呼吸——身體會自己做。因此，你第一次學習練習正念呼吸時，即使是集中注意力三十秒，而不讓你的思緒飄到其他想法上，也可能是個令人搞不定的難關。

正念呼吸練習與實作，可以讓你建立和加強神經通路，因而產生關注其他自動過程（比如情緒衝動）的能力，這些練習與實作其目的是在你情緒湧現時，提升你對自己身體內發生的身體變化（好比緊張、額頭皺起來）的察覺。「放鬆的意識和傾聽」也可以幫助你辨別你周圍人士的臉部表情或**非語言暗示**，並有所反應。放鬆的意識和傾聽確實是超能力，但不是一夜之間一蹴可幾的，你需要持續不斷地練習，就像我們在本書中介紹的進行那些練習與實作一樣，用這些練習與實作，來培養與發展這些新的習慣和技能。你的模式其改變說不定看起來就像冰河運動一樣呈龜速發展，不過一旦你開始在日常互動中察覺到並獲得回報時，就會發現真的是種很神奇的體驗！

在我們自己和他人之間取得平衡

除了努力去瞭解別人，瞭解你自己也可以真正改善與提升你的人際關係品質。花點時間反思你自己、你的生活經歷和過去的人際關係，可以幫助你更充分瞭解自己的長處和弱點，以及你自己與他人相處的方式，你是偏向內向的、外向的，還是內外向兼具？什麼樣的互動對你來說更輕鬆容易、什麼樣的互動則讓你覺得辛苦有負擔？你的人際關係（無論是浪漫的還是其他類型的）是否向來會陷入某些模式？**這些關係**是否不免會以某種方式開始、發展或者結束？你會趨向把很多事情去責怪別人，還是你會把所有的責備和責任都由自己一肩扛起？什麼情況往往會引發你的情緒反應，並讓你失魂落魄、暴跳如雷？透過瞭解你自己，以及你的「技能、才華與優點」——從善意和寬容的角度看待你自己的這些方面，就像你看待你的結拜兄弟、手帕交一樣，你就可以更深入地瞭解你和他人之間發生的事情，並且努力改善你與他人連結的人際關係品質。但是，人要有自知之明可能是一件很折磨人的考驗！人很難看透自己，有時候，有些事情會讓我們感到羞恥，而不願在自己身上看到它們；常常你真正信任、能對他們言聽計從的人（例如朋友或者其他親人、家人或摯友）的回饋會有所幫助。與專業高明的治療師一起進行心理治療，也不失為萬全之策，可以讓你全面掌握你自己。

調和不僅涉及對他人的認知同理心，還包括牢記對方和你自己**兩方**的感受與觀點——即使大家意見不一致。[32]「理解」有一部分包含處理你從傾聽對方所搜集到的資訊，以及你從傾聽自己而得來的訊息；試圖弄清楚有哪些想法和感受主要來自於你、源自對方，以及是從你在傾聽時，與對方所產生的「共鳴」。理解的意思是：你認識到你們的兩種觀點是相互依賴的，你在你們的互動中，發現到彼此之間的思想和感覺——但是你也發覺到它們是不同的兩碼事。調和並非指試著把你與另一個人的兩種全然不同觀點統一起來，以形成一個合併的「正確」觀點，也不代表你要在對方的觀點中失去你自己。有時候，相互理解需要退後一步，海闊天空。在理想情況下，我們希望運用認知同理心來想像別人的觀點，而不去忽視，並且還能尊重我們自己的想法、感受和價值觀。雖然同理心非常重要，但是如果它走得太遠，讓你完全忽視自己，這時就會出現問題。該怎麼平衡，才是理想的理解呢？答案就是應該跟我們在第三章中所提倡的平衡類型是同樣的，也就是你的目標是在你認真專心傾聽他人之意見的同時，仍然要覺察到你自己和你自己的想法與感受。

人是如何把優先考慮自己與別人，相對上變成兩種不一樣的情況呢？不同文化對這個問題的見解有天淵之別。正如我們之前提到的，在西方文化中——比如美國人，他們通常是個人主義掛帥，重視他們自己個人的自由、需要和優先事項，而且這些都淩駕在人際關係或者集體文化（collective culture）㉖之上。

㉖ 是一種思想理論：主張個人從屬於社會，個人權利受到集體權利的限制，個人利益應當服從集團、民族、階級和國家利益；也是一種精神意志。

然而，這種個人主義一走極端時，就會導致人以自我為中心，以及造成孤獨感和疏離感。事實上，在西方文化中，這些現象似乎與日俱增。另一方面，某些東方文化的族群——例如韓國人，他們在傳統上更重視集體而不是個人。從很小的時候開始，韓國年輕人即已經被教導**察言觀色**、**讀心術**[27]的技巧，其中包括特別關注其他人的想法和感受，並提出相對應的反應與回應的技能。在韓國文化中，他們強調人要「識相一點」，而且要火速把注意力放在自己周圍的人身上。懂得察言觀色、讀心術的人與他人在一起時，會樂於全心全意把注意力都集中在他人身上、滿腦子都是對方，並藉著注意他人不斷改變的言語、手勢或者臉部表情，來展現出他們深刻理解他人。他們接收到的社會／社交資訊一發生變化時，他們就會重新調整對他人情緒狀態和觀點的理解，以便再度調整他們自己的行為，使自己的行為符合社會準則和規範。[33]

就其本質而言，察言觀色、讀心術是一種提倡責任感與尊重的哲學，強調的是他人是如何感受的。韓國的集體主義文化重視相互依存，因此，韓國人自己的個人一部分認同感，可能會**透過**他們的人際關係或社會連結而發展起來。凡破壞團隊和諧，抑或行為舉止不懂得察言觀色、讀心術，不僅不受歡迎、令人感到不悅，而且有可能導致你被家庭親人、朋友圈或者工作團隊排擠。雖然在某些方面，察言觀色、讀心術促進了社會連結，但是一些土生土長的韓國人也表示只要一過火，察言觀色、讀心術非常有可能會弄巧成拙，導致你忽視了你自己。雖然鼓勵小孩走「所作所為都要懂得察言觀色、讀心術」的路線，但是那些不屬於察言觀色、讀心術的人、或者在拿主意時被認為做出不周到決定的人，就會被認為沒有意識到他們對別人造成了影響，抑或冒犯了別人而受到批評。我們的一位韓國朋友教我們另一種說法，即「看眼色」㉘，它跟察言觀色、讀心術連起來一起使用，直譯為「我看到／感覺到別人看我的眼光了！」那些對於別人會如何看待他們的舉動行徑，或者因為他們的表現作為不遵守社會規範，而會感覺自己如坐針氈的人就會搬出這句話，諸如，在韓國，女性吸煙在某種程度上仍然受到社會鄙視，在午休時間吸煙的女性可能會愁眉不展：「我感覺到別人對我的評價了！」意思是：「我覺得很緊張、很擔心！要是我的老闆發現我是老菸槍，而且他們抱持的觀點就是「女生不應該吸煙」的那種社會信念，這樣他們會怎麼看我啊！」更極端的是，優先考慮抑或

㉗ 韓語為눈치，羅馬拼音為nunchi，指眼色。韓國人從小就學會懂得隨機應變，別當個白目的人；一進入社交場合，馬上就知道這個話題不能深談，或這種行為會惹人討厭。

㉘ 韓語為눈치 보다，羅馬拼音為nunchi boda，中譯為看眼色。

更加關注別人的幸福快樂，其次才是自己的個人需求或者慾望，這種傾向可能會在強大的人際關係中發揮作用，但也可能對個人的情緒造成嚴重傷害。[34]在當前這一代，許多韓國家庭都對以下一事表示同意：「平衡自我需求和他人需求」是相對重要，且有助增強信心、自信和平靜。

這些進步的韓國家庭也不約而同地把「深度理解」這個關鍵元素發揚光大，並且進而助長了高品質的調和。一旦有位韓國小孩被要在行事舉動上懂得察言觀色、讀心術的約定俗成所嚙蝕，並且要將自己所有精力導向於用在辨識其他人的情緒上，還要弄清楚自己該怎麼樣才能以**取悅他人**的方式去對他人回應，這時，這位小孩就會失去與他自己的連結，他不會注意到他的身體緊張或者焦慮節節攀升，他這種狀態是在社會互動過程被引燃的，他也不太可能以保護他自己的需求以及發表他自己意見的方式提出反應。在你自己和他人之間找到平衡，則可以讓你自己與他人建立連結，並且加強你們的關係。

依其專長見地，約翰．高特曼（**John Gottman**）博士㉙則是強調把察覺他人觀點和你自己個人觀點加以平衡的能力。高特曼博士是研究夫妻關係的一代宗師，並因為將夫妻之間的蔑視，視為離婚的預測因素而聲名遠播，養育子女也是他的研究領域。他針對一百多對育有四到五歲孩子的已婚夫妻，進行了數千小時的訪談；並且找出傾聽和理解的具體方式，會如何影響到父母和孩子之間的調和。透過觀察、問卷調查、訪談，以及隨著孩子長大而多次收集到的生物樣本（心律感測、呼吸、血流量、出汗、尿液樣本以及諸如此類），他分析了滿坑滿谷的數據資料，最後終於描繪出「養育子女的方式」是怎麼跟孩子人生日後的發展和結果有所相關。高特曼打造出他閱覽過的四種父母其類型形象，其中有三種是最不成功的，這三種類型的第一型是打發否定型的父母（表現出不理會、忽視或者不屑一顧的負面消極情緒），再者是不以為然型的父母（對負面消極的感受採取批評之態度，並且會為了孩子表達他們的情緒而懲罰他們）最後是放任無為型的父母（接受並且對孩子的情緒產生憐惜、同情和情感共鳴以及同理心，但是在關於如何回應／表現上，卻是一個教導的字也沒提）。隨著時間過去，受到這三種類型的父母形象性格薰陶的孩子表現得並不理想——他們顯現出更多行為問題及社會問題㉚，他們的自尊也較低。這些形象性格的共同脈絡是：父母在傾聽、承認和確認孩子的情緒上、

㉙（一九四二—）華盛頓大學心理學名譽教授，世界知名婚姻關係與兒童成長研究專家，專研領域含括情緒管理、生理學和溝通技巧，並且創立「高特曼諮詢機構」。

㉚指由於社會關係或社會環境失調，使全人類、全國或一部分個體的共同生活受到不良影響，阻礙社會進步並需要動用社會力量才能加以解決的社會現象。

同時在為孩子樹立適當行為反應模式方面的能力是前後矛盾的。[35]

最成功的父母，則是高特曼博士口中的「超級父母」，他們會祭出情緒指導策略來接收孩子的感受，並且幫助小孩找出最好的回應方式，他們在不知不覺中反映出調和的核心，他們瞭解自己和孩子的情緒。對於任何父母來說，照料情緒化或行為上出現情緒化反應的孩子，都像是經歷地獄般的煎熬，讓他們心力交瘁，而孩子的強烈情緒，會使父母無能為力去一目瞭然、洞悉，並且用同情心加以回應。根據發現，父母或看護褓姆能夠意識到他們自己、他們孩子的觀點和感受，以及親子之間關係的能力（心理學家彼得・福納吉〔Peter Fonagy〕㉛和艾妮塔・史萊德〔Arietta Slade〕㉜把這種能力稱之為心智化〔mentalizing〕㉝或反思功能〔reflective function〕㉞）與嬰兒的安全依附〔secure attachment〕㉟有關。[36]嬰幼兒會因為那些更擅長準確識別嬰兒的內部狀態（比如說，要是嬰兒看到積木時會一臉笑兮兮，則說明他／她喜歡這些積木），以及那些針對（毫無根據而去假設）自己孩子的觀點，提出最少的**非調和性推論**之父母而獲益匪淺。[37]成人關係也是如此，一旦有人充分重視你的情緒狀態（諸如注意到你提不起勁可能與情緒低落有關），並且避免由於缺乏關注而提出不甚瞭解內情的假設時，你們之間的連結會更容易發展。

嬰兒長大成為一位乖戾陰沉的青少年時，看護褓姆和這位孩子之間的相互理解，會變成一道讓人焦頭爛額的關卡！除了美國國家安全局的高級特務之外，任何人要解讀這些青少年的情緒，似乎都是不可能的任務！處在青春期，有哪個時候是不容易被別人所誤解的呢？而且拿青春期當作範例來說明下列發展時期，是最能切中命題的——在這個時期，解讀情緒和理解某人的感受，對於更深層的連結來說非常重要，父母的行為或孩子的行動可能有一定之意向，但該行動傳達給接收方的意義卻可能有天壤之別！已故諾

㉛（一九五二—）英國國家學術院院士，美國貝勒醫學院梅寧哲精神醫學部門兒童與家庭計畫顧問，英國精神分析學會兒童與成人分析臨床心理學家，訓練分析師與督導。

㉜（一九五二—）前耶魯兒童研究中心臨床兒童心理學教授（已退休），紐約城市大學臨床心理學博士計畫名譽教授。

㉝指人有包含非意識、自動化、有意識的思慮，用來瞭解自己與他人認知及情緒狀態的能力。心智化是透過父母或褓姆對嬰幼兒的照護，使自體得以發展所形成。

㉞即一個人的心智化能力，也就是想像自我或他人的心理狀態。心理狀態描述所有的心理體驗：思想、感覺、慾望、信念和意圖。

㉟在陌生情境中，主要照顧者在時，小孩可自由探索環境和陌生人互動；主要照顧者一離開，小孩可能會難過哭泣；再回來時，小孩會很快靠近尋求安撫。

貝爾獎得主作家童妮・摩里森（Toni Morrison）㊱曾經談到過這樣一個例子：孩子下樓時，他們穿好了衣服，準備迎接嶄新的一天，母親則上下打量著他們，在母親的心目中，她是以關懷、關心和愛意的心情在端詳自己的孩子，察看他們有沒有襯衫沒扣好、拉鍊沒拉上、或者頭髮哪裡不對勁，以便孩子能向這個世界展示出他們最光鮮亮麗的一面；但是孩子觸目所及的卻是媽媽皺著鼻頭、額頭緊蹙，似乎是看孩子不順眼，一副要東挑剔西挑剔的樣子！儘管我們完全是好心好意的，但是這個含義深遠的例子，卻說明了我們與他人對某種情況的解釋彼此天懸地隔，而且也再次證明了將我們的注意力集中在我們的非語言上，而且把我們的意向與我們的溝通交流方式同步，能這麼做的意義有多重大！莫里森的金句是：「讓你的臉說出你的心聲吧！」這個名言提醒你調整你表達的情緒，以便更準確地表達你想要傳達的資訊。在成年後，隨著我們獲取更多經驗，並培養與發展出更多技能，心智化（即牢記自己和他人觀點的能力）在某些方面變成如探囊取物般容易；但也會變得愈來愈費勁，因為我們累積了更多經驗與經歷，因而塑造出我們的個性，並且可能會使我們的行為模式更加千篇一律。要真正瞭解我們自己和他人，重要的是：對我們自己與人接觸交往的模式有一定程度之認識，同時也要能夠瞭解其他人的模式。

瞭解你獨一無二的視角

透過我們自己的性情脾氣，以及我們從幼兒時期到自己一生的經歷，我們對親密關係會如何發展下去產生了期望，心理學家稱之為我們自己的個人依附運作模式（working model of attachment）㊲，這是我們自己的模式，也就是我們向來會用這種方式，根據我們期望親密關係的可得到、穩定或者可靠的程度，去看待親密或照料的關係。我們的依附運作模式會影響我們在親密關係中的感知、感受和行為方式，並且影響我們理解他人想法和感受的能力。譬如，實驗研究顯示，一旦某人趨向於沒有安全感的依附關係，在這種依附關係中，他們往往害怕受到傷害抑或被拋棄，這會大大影響了這個人如何看待來自其戀人伴侶的社會支持（social support）[38]㊳。倘若這個人在他們的關

㊱（一九三一—二〇一九）一九九三年出生於俄亥俄州，獲譽為美國當今文壇最重要的女性作家，她不但是諾貝爾文學獎第二位女性得獎人，更是女性黑人中第一位獲獎者。

㊲英國精神科醫生約翰．鮑比（John Bowlby，一九〇七—一九九〇）定義依附為對生活中特定人物的強烈情感連結，是存活之必要、人格發展與社會化的基石，良好安全的依附是情緒正常發展的先決條件。

㊳指個人可以感受、察覺或接受到來自他人的關心或協助。社會支持分為工具性支援與情緒性支持，前者指實際具體的協助，後者為社會心理功用的支持。

係中感到不安全，如此一來，無論他的伴侶實際上是多麼客觀地予以支持，他都會把來自伴侶的支持資訊詮釋為不支持。

這種類型的過濾反應，是由我們在一生中形成的長期情感需求、創傷和模式所造成的，並不代表是不可改變的，只是這種反應已滲入到我們的關係動態中，假如我們想改變我們的行為模式，認識該反應是很重要的。我們自己的性情脾氣、先前的關係，以及我們經歷過的事物，已經為我們塑造了一種方式，使我們傾向於以我們自己的、習慣性的方式提出反應。這些根深柢固的反應是強大的，因為這些反應會妨礙理解、破壞調和，並且對浪漫關係和友誼敲響警鐘。有時，這些類型的創傷和依附模式，會影響一個人的人際關係，而且甚至到了當事人要尋求心理治療的程度。和合格的醫生或治療師一起，可以真正幫助個人意識到他們自己的模式，並且努力採用新的方式來應對以及與他人相處。

我們觀察了艾瑞克（Eric）與葛瑞格（Greg）的故事，這可能可以跟你自己生活中的經驗產生共鳴。這兩位年輕人大學畢業後，在一家新創科技公司一起工作了幾年。自從在該公司上班，艾瑞克就一直巴不得能打進葛瑞格的朋友圈。在艾瑞克眼裡，葛瑞格散發著一種平穩的自信，讓艾瑞克覺得好像也跟著沾光變酷！隨著他們的友情升溫，他們每每都會一起出去玩，並在公司業務開始真正蒸蒸日上、經歷過許多大起大落時相互扶持。在這份工作上磨練了幾年後，他們都跳槽到其他公司，兩人因而分道揚鑣，最後兩人搬家，分隔兩地而居，這也使得他們不可能再像以前那樣，因為兩張辦公桌位置近在咫尺，讓他們可以盡情暢談。艾瑞克希望跟他的朋友保持密切、頻繁溝通交流，他生性如此；隨著時間流逝，一旦葛瑞格對他的簡訊和來電之回應愈來愈少時，他感到很失望；葛瑞格則天生是那種需要更多自己空間和時間的人。你可以想像發生了什麼事——葛瑞格遲遲不回覆，導致艾瑞克又氣又急，愈來愈惱火，不滿的情緒全寫在臉上！連帶使得葛瑞格索性跟艾瑞克保持距離，兩個人漸行漸遠，葛瑞格則漠然不動。艾瑞克的個性渴望別人關愛的眼神，跟朋友建立連結是他夢寐以求的事！假如他沒有得到他想要的那種回應，這時艾瑞克就會感覺自己被人否定和回拒；另一方面，葛瑞格發現要表達需求感這件事處理起來相當費力，致使他封閉自己並且完全回避艾瑞克。跟關於不安全伴侶的研究很類似，每一個研究對象都會透過自己的個人視角去解釋對方之行為，這麼一來就造成該研究對象就此忽略了全局！有時，調和是指感知和理解對方需要一些空間，或者理解對方需要很快講一講當下想講的。我們都有自己的個人視角，我們會透過該視角來看待其他人和這份關係，這個視角通常是我們自己看不到的，這個視角會影響我們對他人的看法，以及我們對這份關係中某些情況的反應方式。變得更加瞭解你自己的反應，可以為能查找出**你的反應是如何被觸發的**開啟一扇大門，經過一段時間後，你甚至可能感覺到自己已經十分自在，而且信任感已經強烈到能夠將你的這些觸發因素傳達給他人，以便他們可以在更加深刻認識到並且理解到的情況下有所回應。

我們一直在說明的「更深層次的理解」，得自於多種技能：包括社會認知，以及同理心、同情與移情作用的認知和情感形式，這其中有許多元素基本上大都是無意識的、自動的、牢牢地根深柢固的（就像我們自己的依附運作模式一樣）不過我們仍然可以讓自己變得更加瞭解這些過程，務求能成長茁壯與發展進化。對某些人來說，跟其他人比起來，理解自己與他人是一蹴而就的事，而且在某些時刻或環境中，我們是這方面的個中翹楚，或者根本一竅不通；但是由於理解的許多方面都是偏向深思熟慮的、有意識的處理形式，理解是一種調和元素，勢必可以透過關注和練習跟實作，來加以培養發展與成長壯大。

這種深思熟慮的反思，有些發生在互動之前或之後，那時會有更多的時間來思考。在互動過程中，事情往往發展得如此之快，令人根本沒有那麼多時間去思考，在迅速展開的互動過程中，要能即時產生與進行理解實屬不易。再想一想籃球場上的快攻（**fast break**）[39]、爵士樂手一起即興演奏、或者甚至朋友之間正常交談的例子吧——在一對一對的籃球隊友、爵士樂手或親密的朋友之間，理想情況是他們彼此非常理解對方，因此他們的理解往往是馬上達到的，並非一律都是在有意識的語言思考層面上進行的。為了達到這種幾乎是瞬間理解的程度，他們幾乎肯定必須長年累月在一起相處，才能把彼此的一切如數家珍、反思與對方建立關係的方式，並且化解許多誤解。但是因為他們煞費苦心、苦幹實幹，換來對彼此的熟悉，他們之間的相互理解已經變得愈來愈不言而喻，而且是下意識地具體呈現出來，這使他們能夠在互動中迅速而毫不費力地運用這種理解。假如你對另一個人的全部知之甚詳，直到可以倒背如流，那往往可以飛速並輕易讀懂他們的暗示和微妙的信號。

理解也有深淺層次之分

理解不僅對親密關係很重要，對跟我們不熟悉的人打交道也很重要！我們的理解能

㊴ 進攻球員盡可能跑向前場使得防守球員來不及回防，形成最前方進攻者數目比防守者多的情況；於是進攻方就擁有得分的大好機會。

力能夠幫助我們解釋對方的意圖和溝通，並且把他們看起來值得**被人信賴**的程度確定出來。在某些時候，這種理解力可以成為極度重要的生存工具，我們的理解使我們知道，如何巧妙地駕馭我們跟對方的互動，並且決定我們是否想要充分瞭解他們。

因此，對另一個人的理解有迥然不同的層次，你可以迅速、膚淺地瞭解或者「解讀」另一個你並不真正理解抑或不太在意的人，這對你權衡並且處理生活的大小事來說是個妙招！還有一種則是對另一個你已經相當要好熟人的更深層次理解，這些更深層次的理解是一種**愛**，或者至少這些更深的層次會要求你去愛那個人，這是一股多麼正面積極的力量啊！我們大多數人都希望在我們的生活中，能有一些人真正「理解」我們，他們認識我們的時間相當長，也夠瞭解我們，以至於他們大多瞭解我們的思維方式和感覺方式，他們知道我們的優點，但是也明白我們的缺點和弱點，他們接受我們，而且愛我們真實的模樣。這是一種深刻而寶貴的理解，正是這種理解，能夠真正幫助驅散我們在第一章談到的孤獨感。

但是即使我們覺得我們自己是某人肚裡的蛔蟲，對他們無所不知、無所不曉，我們自己保持謙虛和開放的態度也很重要！要做到某人想什麼、我們全都知道，這始終是一件**現在進行式**的工作，永遠不會是一項完成的任務！假如沒有其他原因，那就是因為事實上，我們都在不斷地改變、成長、與發展進化中，而我們自己的想法、感受和衝動時時刻刻都會冒出來，對我們來說，我們自己要試著去理解這些想法、感受、衝動、已經是一件天大的苦差事了！但是，要完全理解另一個人似乎是加倍艱苦的功課——對方的複雜和細枝末節、持續變化的思想與感受，對我們而言更是難懂得多了！因此，將理解我們自己或他人的過程，看作是需要隨著時間持續進行之動態過程是很實在的；不可避免的是，會有一些誤解存在著，我們可能需要澄清，或者得要擁有更多資訊。最好是以一種感興趣的心態，加上思想開放、不評判，而且有好奇心又不一成不變，去迎接在理解方面的課題，並且總是願意根據新資訊，去更新抑或重新思考我們自己對人、事、物的理解。

儘管去理解他人這件事會讓人應付不來，也需要擁有適當謙虛的態度，但在歷經長期發展的良好關係中，要知己知彼（能讀懂別人的心思，並且十分清楚自己的思維）是可以發展培養出來的！有時候，另一個人可以看見我們身上有成長的潛力和可能性，而我們自己一開始是看不到這些的：例如，我們可能會在關心我們的父母、老師、良師益友或者朋友身上，看到一些我們自己無法想像自己會具有的優秀特質；但是他們能夠認識到我們身上的這種特質、抑或另一種潛力，他們對我們這種特質慧眼獨具，有助於我們養成與發展這種特質，並且開始在我們自己身上發現到這些特質。那種深度層次的理解和認同，何嘗不是一種愛啊！

練習時間到

培養理解力全攻略！

在對談中鍛鍊出理解力*

本練習的目標是建立在第三章之傾聽練習基礎上，並且結合了「理解」這項調和元素。雖然你可以在任何時間，而且在與任何人交談時，逐一執行這項練習的各個方面，不過你還是要試著跟清楚了解你正在學習傾聽和理解這些技能的人一起練習，這樣一來，你就可以在對話期間暫停一下，並且仔細回想你的這些技能，而不會感到尷尬。在練習第三章的傾聽習題時，要多加注意你搭檔的非語言交流——他們的臉部表情、語氣和講話的速度、與肢體語言，以及這些方面的變化。

步驟

1. 參考第二章中的坐禪練習，複習在這個練習中應該運用的身體姿勢和呼吸技巧。
2. 請你的搭檔與你交談大約兩到五分鐘，談談他們心裡的任何心事，最近抑或過去發生在他們身上的事情。在傾聽的過程中，請使用在之前的練習中，所養成的相同姿勢和放鬆意識的原則。在他們說話時，你不需要在口頭上回應他們。
3. 保持大約八成注意力在傾聽對方說話上，並且把大約二成注意力維持在你自己的姿勢上；以及呼吸時，肚子擴張與放鬆的感覺上。
4. 如果對方說的話讓你感到緊張或不安，請將你的注意力暫時回到你的頭部（那種感覺應該是注意力被輕輕地從上方掛起來一樣）放下並放鬆你的肩膀，讓你的肚子隨著吸氣和呼氣，而輕輕地膨脹與收縮的感覺上。一旦你開始感到平靜多了時，把你的注意力放回到對方身上。
5. 跟對方核對你聽到他們講了什麼。你可能認為他們說了某件事，但有可能是你誤解了，或者他們並不知道你對他們所提到的事其理解程度如何。因此，你們兩個

＊ 表示這是一種要有伴相隨的練習和做法。

人進行**核對**是有好處的。假使發生誤解，如此一來，他們就可以澄清自己所要傳達的內容。

6. 在這次練習結束時，假如他們有興趣，可以讓你的搭檔在你說話時練習傾聽，並且試著理解你的意思。

練習有門路　這裡說分曉

在演練這個實作習題時，請想一想以下一到兩個提示：

- 思考對方在和你說話時，可能會有什麼感受，是什麼促使他們這樣做？他們可能如何看待你？
- 你從他們身上感受到什麼情緒？
- 你在自己身上感覺到什麼情緒？你的情緒與他們的情緒有什麼不同？你們兩個人可能引起彼此身上出現的這些感覺其程度有多大？
- 這些情緒對你來說是正常的、還是不尋常的？
  - 假使這些情緒對你而言是正常的，它們看起來跟這種情況毫無違和感嗎？它們似乎跟你們兩個人之間正在發生的事情，可以完全湊到一起嗎？或者，這些感覺可能是你自己長期以來與他人關係模式的一部分，而不是真正符合這種情況的感覺？

- 倘若這些情緒對你來說並不常見，那麼會不會是對方的某些事情，以及他們正在做的或正在講的事情，引起了你這些古怪的感覺或反應？

至少在傾聽的時候，要試著想像「成為對方」是什麼感覺，並且努力設想他們的觀點，然後把意識回到察覺你自己的感覺和觀點上。你有多少感受可能是由於你們每個人的個性風格不同，或者在你們生活中長時間發生積累的事情，抑或最近發生的事情使然？試著放下對他們或者對你自己的僵硬成見，並且在傾聽過程中，保持開放的態度，讓你對他們以及對你自己有煥然一新的理解。你要跟你的搭檔輪流負責說話以及傾聽，並且試著去理解講話的一方所講內容。傾聽時間結束後，傾聽的一方可以跟說話的一方核對，以便一探究竟前者的理解程度是否準確。

有證據證明，假如學習過程包含了練習，而且跟本練習有異曲同工之妙，則這種學習過程，可以改變我們負責理解自己和他人大腦迴路的結構和功能！[39]加強這種社會理解㊵的「肌肉」，會使你在風險更高的情緒作祟情況下，更迅速、更容易獲得並運用這種「社會理解」。

推手*

推手㊶是一項源自太極拳的運動，其目的是在與搭檔的互動中，培養與發展放鬆的意識、傾聽和理解的身體感覺。推手這項練習有時稱為感應手㊷，完整動作包括用你的一或兩隻手臂，去與搭檔的手臂接觸之協調、循環的動作。對經驗豐富的太極拳老手來說，推手練習可能是複雜的練習運動，但是我們會把重點放在一項基本的推手練習上，該練習可以幫助你培養與發展跟你自己以及他人調和的能力。這項練習可以養成和產生對你自己和他人身體的放鬆意識，還能促使你仔細地「傾聽」（即敏銳地感知）對方的動作和力量，這些動作和力量在速度、威力和方向的程度不一。同時更增強了你「傾聽」自己身體感覺的能力，因而又幫助你更加透徹理解你的搭檔想要做什麼，以及如何管理你自己的反應。[40]最後，推手這一型跟舞蹈或其他武術訓練雷同的「找搭檔合作之運動」，會增加我們對其他人，以及對我們自己的身體和情緒狀態之理解。[41]

步驟

有圖有真相！推手是什麼，一看圖便知！在繼續閱讀以下內容之前，請先瀏覽網站MissingEachOther.com，查看更多影片範例與詳細解釋。

1. 根據你搭檔的身體位置來安排你的身體位置，如影片所示。
2. 你的搭檔向你推進時，利用轉動你的腰部來將那股力量稍微轉向一側，接著再轉回到朝向搭檔，反之亦然，用連續循環的方式進行。這裡的挑戰是如何在不要連帶使得你肩膀或手臂太緊繃的情況下完成這個動作。你愈是養成自己放鬆的意識、愈投入在傾聽和理解上，你在與搭檔運動時所出現的緊繃感就會愈少。
3. 對旁觀的人而言，推手這個運動，看起來不像是兩個人在試著要推動對方，而更

㊵ 社會理解是一種從他人的觀點去看待世界的能力、推斷一個人的內在心理狀態（需要、動機、慾望和信念）與該人士表現行為之間關係的能力。

㊶ 以上肢、軀幹為攻擊部位，運用「掤、捋、擠、按、采、挒、肘、靠」等技法以達到借力、發力，使對方身體失去平衡。

㊷ 或譯：感知手、覺手、知手、知覺手。因為雙方互動的手在聽、懂、明白彼此的勁和勢，是一種知覺運動。

像是兩個夥伴以流暢的、循環的、幾乎像舞蹈一樣的方式，在一起運動。在每一個推手的循環運動中，會輪流依次由兩個人中的一人帶頭推動、另一人跟隨，再重新變換隊形。

4. 無論你們在任何特定時刻，是領頭還是追隨的一方，你們都要繼續「傾聽」對方的動作，並且使用你們自己的手臂，與對方彼此保持身體接觸。

練習有門路　這裡說分曉

在單人練習中（例如坐禪和站樁）你要竭盡全力在自身中心建立一個靜止點的感覺。在你練習推手時，要試著保持對這個靜止點的感覺，同時嘗試發展與培養你對第二個點的意識——也就是你和對方的手臂接觸時，你們倆之間的連接點。你的目標是努力養成與助長對你自己中心的自覺，以及針對你與對方之間的連接點，保持不間斷地覺察與注意。包括你的位置、對方的位置、特定的情況，這些事物都在更迭遞嬗，但是在這種交替更換的狀態中，你要努力把注意力維持在這兩個點之上——也就是你自己的中心，以及你與搭檔之間的連接點。隨著練習推手，你運用在推手上的一切技巧，都會變得熟能生巧、有如庖丁解牛、遊刃有餘，而且這些技巧也應該擴大推廣到——即使處在倍嘗艱難險阻、看似無法控制的社交場合中，一樣能夠處變不驚，以氣定神閒與心情放鬆的方式保持控制的能力上。

你可以把推手想像成有點像跳舞——這件事我們都辦得到，至少在某種程度上沒問題！但是，在練習跳舞或推手時，你會學到發展和培養並且保持跟對方彼此之間的連結與理解！以跳探戈為例，舞者所接受的教育是要保持以他們之個人軸心作為根基，同時還要與他們的舞伴保持連結，這樣同時發展，打造出一種看似神奇的專業語言。在帶領別人跳舞時，這並不代表著他們這些隊長只是以一種跟舞伴脫節的方式去發號施令、為所欲為；而跟隨的舞伴只管俯首聽命就對了！帶領的一方，反倒必須把注意力密切集中在舞伴身上，並且從一開始（甚至在開始帶頭之前）就要感知他們之間的連結，接著在整個領導過程中，繼續留心重視舞伴。所以在領頭的過程中，帶領的一方也有一點在跟隨的意味；跟隨的人則必須向對方展現出他們在跟從，而這也就涉及到一點帶領的成分在裡面。

第一次練習推手時，大多數人都會容易顯得緊張不安，每根神經都繃得緊緊地，專注於把動作做對；隨著你練習而且熟能生巧，下一步是嘗試在做推手動作的同時，保持身體放鬆，手臂和肩膀不要太緊張。保持放鬆是一種頗不容易的考驗，而且違反直覺——有人推你的時候，你的本能會是緊張、反抗和反擊；但是你會開始瞭解到，緊張會使你更難傾聽和回應，而且緊張會破壞你和對方之間的聯繫。另一方面，如果你能保持放鬆和傾聽，你就可以保持連結，使你準備好對你搭檔的一舉一動予以回應。就像生活中的大多數經歷一樣，推手的目標是傾聽、理解、回應和行動，而不會產生額外的阻力。要是你遭遇到過程並不簡單輕鬆的互動（無論是在工作中跟別人輕微意見分歧、還是話不投機半句多）此時要保持理智清醒，並且沉住氣、冷靜鎮定下來予以回應，即可使情況得到緩解，而不是讓場面變得一發不可收拾。推手就像生活一樣，一旦兩位搭檔同步，並且能夠保持連結時，結果就能盡善盡美！

第五章

相互回應

「真正的自我在我們的相會中、在我們的連結中翩然降臨。」

——諾曼・費雪（NORMAN FISCHER）[1]

①（一九四六—）曾任舊金山禪中心（San Francisco Zen Center）共同住持，創辦「每日禪基金會」（Everyday Zen Foundation），該組織的宗旨是讓廣大群眾接觸禪宗教法及修持。身為禪師及詩人、作家的他在美國各地主持禪七，也是谷歌最受歡迎ＥＱ課的講師。最新作品為一本詩集，名為《問題／地點／聲音／四季》（Questions / Places / Voices / Seasons）。

相互回應：達到調和的顛峰

假如你親眼見證高度調和的人在行動——舞池中的舞者紛紛一起婆娑起舞；排球運動員流暢地傳球，並為扣球做好準備；或者知己好友聊天聊得起勁忘情。這時最明顯的事情，莫過於他們幾乎是彼此即時瞬間溝通與回應、他們時時刻刻保持同步，還有他們的來回交流是輕鬆自在的。他們相互連結，但是他們在那種連結的情況下，還是能保有個人自己的個性——要是真的能保持自我，他們在那種連結的情境下，看起來會顯得**更像**他們自己！相互回應是指調和到了極致，一旦人在這種優雅而複雜的互動中行動與連結時，那真是美妙至極呢！

這種如此美妙狀態背後的部分秘密，來自於你已經知道的調和元素——培養與發展放鬆的意識、傾聽和理解。放鬆的意識是調和的基礎，也是關鍵的心理狀態；傾聽則能讓資訊和感受魚貫而入；理解使我們對自己的觀點，以及相對於我們自己的他人其心境有真知灼見；但是相互回應則是我們在互動中實際的作為，目的是讓看似輕鬆不費力的連結繼續存在下去。相互回應是指我們如何在我們與他人聯繫時有所行動，一旦我們的回應受到放鬆的意識、傾聽和理解的引導，就能催生出那個不可思議的境地！有了這個引導，我們的行動就會有的放矢，我們的回應在加強溝通方面可以立竿見影，而且還能發揮潛移默化的影響力！正如我們在此所定義的，「回應」並非指對另一個人給予消極被動的、無意識的、反射性的反應，其意思反而是採取主動，我們一旦以加倍有自覺的方式引導我們自己的行動時，就能做到這一點。

在我所處的地方與我相會

一旦兩個人裡面至少有一個人「在對方所在的地方與對方相會」，或者在理想情況下，這兩個人在他們倆的中途相會，這時相互回應就開始了！除非你正在跳探戈抑或練習太極拳，否則這種情況並不代表你要真的在身體上與對方相會，而是指在精神上和情感上與他們相會。你會仔細關注對方（運用你放鬆的意識、傾聽和理解的技能）以努力判斷他們此刻的想法，以及他們對什麼感興趣。接下來，你試著與他們就這個話題進行交流。與其耿耿於懷在你自己想要溝通交流的內容、你自己想討論的，或者你希望對方做什麼，你更必須瞭解他們內心的想法、對他們來說什麼是重要的，並且在**那個地方**與他們相會。這個想法是指與他們**相會**，而不是向他們提出太多其他要求——至少一開始不會這麼做。這種與他們相會的意願，是一種開始進行接觸的方式，這種方式開拓了溝通交流的良機，因而增加了他們以同樣方式回報的可能。

在一九九三年的電影《城市英雄》（*Falling Down*）②中，洛杉磯警官馬丁・普倫德加斯特（Martin Prendergast）在退休前的最後一個上班日，和他的搭檔：偵探桑德拉・托雷斯（Sandra Torres）正在捉拿一名逍遙法外的在逃槍手，經過快馬加鞭地東拼西湊證據後，他們推斷出槍手是威廉・福斯特（William Foster），他是一名中年白人男子，在最近離婚並被炒魷魚後「失去了一切」，福斯特情緒失控加劇、橫行直撞，連坐擁的武器都加速進化，追剿他的壓力可不是普通的小！他們去了福斯特母親的家，她打開自家大門時，菜鳥偵探托雷斯開始來硬的，強行質問她一些問題；在回應偵訊提問時，福斯特女士防禦心強、不願配合，並對他們下逐客令；警官普倫德加斯特則另有一計：他停下來注意到福斯特女士所擺設的大量並且經過精心照料之玻璃雕塑品，他向她問起這一幕景象，又帶著欽佩崇敬的目光、仔細地端詳每一件作品。他們警方現在苦無對策，而且時鐘滴滴答答向前走、一分一秒流逝，普倫德加斯特似乎是在浪費寶貴的時間，盡問她一些如此無關緊要的事情！但是隨著這一幕展開，令人不禁恍然大悟普倫德加斯特這一招洞燭機先真是高明！普倫德加斯特並沒有被他強烈亟需即時情報，以及急著要從她身上套出人證物證，就被沖昏腦袋，而是在對她來說顯然非常重要的事情（她珍貴的收藏品）上與她「相會」，這個簡單的舉動，讓他與她建立了一些連結和融洽的關係，這也為福斯特女士敞開心扉，並且在最後分享充足的事證線索，以幫助警方制止一連串暴力事件做好鋪陳準備！

普倫德加斯特警官以上的戰術，不僅是很好的例子，足以詮釋**在其他人所在的地方與他們相會**這個道理，而且說不定他的戰術還走在這個時代的尖端呢！普倫德加斯特應用這項基本的調和原則，把當時的對峙局勢緩和激化下來，使武力在這場相會中變成多餘！普倫德加斯特的這種方法，正是繼二〇二〇年五月喬治·佛洛伊德（George Floyd）被殺害，各界人士抗議警察暴行，緊接著在現實生活中呼籲警方進行改革的做法——當時有名警察在逮捕佛洛伊德時，跪在佛洛伊德的脖子上長達八分四十六秒，因為佛洛伊德涉嫌使用假鈔。全美五十個州的行動主義派人士示威遊行了好幾個星期，要求警察部門禁止過度動用武力戰術，並且優先考慮緩和激化培訓；研究顯示，緩和激化

② 由美國電影導演、編劇暨製片人喬伊·舒馬克（Joel T. Schumacher）執導，好萊塢知名電影演員暨製片人麥克·道格拉斯（Michael Kirk Douglas）領銜主演。

（deescalation）③可以使警察和社區成員**更加安全**，免除擦槍走火與釀成意外事端。[2]

懷抱正確的意圖、在某人所在的地方與他們相會，可以為信任、脆弱（vulnerability）④和敞開心扉奠定基礎。在我們把自信果斷與「領導力」奉為圭臬的美國文化中，與對方相會這種想法可能會顯得溫順或被動；但是真正的自信果斷並不是咄咄逼人、成王敗寇；真正的自信會讓在你自己與他人的權利、願望和需要之間取得平衡，這種方法在宏觀和微觀層面都有效地出人意料——優格品牌喬巴尼（Chobani）的創始人暨首席執行長漢迪．烏魯卡亞（Hamdi Ulukaya）則儼然是這種方法的最佳代言人：他揚棄了普遍的商業價值觀，這種價值觀促進的是股東獲利，而不是促成領導階層、員工與消費者之間進行對話；相反地，烏魯卡亞祭出了「反執行長」法，取代了他所謂的根本有瑕疵漏洞的商業模式（商業策略）；他這種方法讓他以謙遜和感恩的心態來率領公司，他**申請許可**以加入社群，並且傾聽社群與員工的需求，因此，這家公司保持了一種高效靈活的傾聽方式，烏魯卡亞跟社群成員以及員工在他們所在的地方與他們相會，這種溝通方式則需要公司領導者把他們的自我放在一邊。在這項策略加持下，烏魯卡亞帶領喬巴尼掀起了一股希臘優酪熱潮——從二〇〇五年烏魯卡亞創立該品牌時，喬巴尼產品占優酪市場總量的一％，到了二〇一七年，喬巴尼市占率則飆升到五十％！[3]

在更親近貼心的層面上，菲爾・傑克遜在執教芝加哥公牛隊（Chicago Bulls）⑤時，也保持著類似的觀點，他覺察到將自己試圖去指揮抑或控制球員的傾向擱在一邊是很重要的，因此他改為發展出一種教練風格，也就是在他的球員所處的地方，與他們相會（他則稱之為「傾聽時不加個人判斷」）以瞭解球員關心什麼，並且跟他們建立融洽的關係。儘管在輸贏賭注很大的高風險行業壓力下，用這種指導方法是違反直覺的，但是回報卻是顯而易見的！「在他們所在的地方與某人相會」是一記無敵妙招！傑克遜在任教公牛隊時所贏得的六次美國籃球協會（NBA）⑥總冠軍⑦就是證明！[4]

---

③ 緩和激化的技巧包括：(1)保持冷靜、(2)不激辯、(3)不轉身、視線在同一高度；距離適當、把手抽離口袋、(4)不對尖叫的人怒吼、(5)不分析個案感受、(6)相信直覺。

④ 脆弱是我們在面對生活的不確定性、風險，以及在需要情感投入時，容易感受到的情緒狀態。「保持脆弱」可以促進人際互動交往，並且提升個人吸引力。

⑤ 位於美國伊利諾州芝加哥的NBA職業籃球隊。一九九〇年代在麥可・喬丹帶領下，成功兩度締造三連霸，建立了長達六個賽季的「公牛王朝」。

⑥ 北美的男子職業籃球聯盟，由三十支球隊組成，分屬東區聯盟和西區聯盟；為四大北美職業體育聯賽之一，公認為全世界水準最高的男子職業籃球賽事。

⑦ 一九九〇至一九九三和一九九五至一九九八年六個賽季，傑克森指導公牛隊取得兩個三連冠，一九九六年獲得年度最佳教練獎，公牛創下史無前例的七十二勝十負傲人成績。

將你的自我放在一邊，有時候可能是跟某人在他所處的地方與他相會時，最令人搞不定的部分，但是把你的自我撇在一旁，也是你最強而有力的溝通工具！即使你正陷入爭辯或者發生衝突，並且需要在口頭上堅持自己的立場觀點，但是你不容置喙、不由分說，侵犯了別人的權利，讓別人只能緘口結舌、啞巴吃黃蓮，這樣一來，必定會使你碰到別人就像電影《城市英雄》中的福斯特女士那樣地對你築起心牆！假如你打斷別人，並且在言語上盛氣凌人，他們可能會反擊、把你的話當耳邊風抑或封閉他們自己。你並沒有說服他們、也沒有在爭辯中「占上風」，或許你暫時制服或打敗了他們，看上去是眼前戰鬥的「贏家」，但是你已經在這場戰爭中全軍覆沒。正如菲爾・傑克遜所評論的：「如果你太過堅持要去操控發生的事情，就會適得其反，不會有好下場。」[5]

這正是我們在無數警察暴力（**police brutality**）⑧事件中所觀察到的，這些事件則說明了調和關係破裂與不公正暴力發生的方式。在桑德拉・布蘭德（Sandra Bland）一案中，這位二十八歲的非洲裔美國女性，因為在變換車道時沒有打燈號而被攔下，她被捕⑨的影音短片，可以拿來逐步區分解析調和**減少與衰退**的問題。

在《與陌生人交談》（*Talking to Strangers*）一書中，麥爾坎・葛拉威爾（**Malcolm Gladwell**）⑩針對布蘭德和逮捕她的州警間的來回交流，進行了一個接著一個畫面式的分析（frame-by-frame analysis），準確地強調了這兩個人的每一個語言反應和非語言暗示，可能會如何觸發對方的後續反應。值得注意的是，該警官試圖表明他自己的立場和觀點時，他採取的辦法是跟布蘭德對話，但是這兩個人牛頭不對馬嘴，在這種情況下，他們的交流雖然已然進入成熟階段，但在他們交流的過程中，該警官並沒有花半點時間記錄布蘭德目前的經歷，因此說時遲，那時快，馬上就引發了溝通障礙，而且引爆了情緒反應，卻不是深思熟慮的反應。在爭論最激烈，或者在警察逼供嫌犯的當下，要找到跟在對方所在的地方與他們相會時，所需要的那份謙遜感，這對雙方來說根本是一件匪夷所思的事——一旦互動因為出現結構性不平等（structural inequalities）⑪和制度性偏

---

⑧或譯：警察暴行；簡稱警暴或以「黑暴」意譯之。指警察執法過當向公民使用暴力或武力執法，包括肢體或語言騷擾、身體傷害、精神傷害、甚至致命攻擊。

⑨（一九八七—二〇一五）她被捕後三天，二〇一五年七月十三日在德克薩斯州沃勒縣的監獄牢房被發現上吊自殺。此案件引起美國社會對於種族歧視的討論聲浪。

⑩（一九六三—）前《華盛頓郵報》記者與紐約分社主任、現為《紐約客》雜誌撰稿人、暢銷書作家，曾獲《時代》雜誌選為全球百大最具影響力人物。

⑪組織、機構，政府或社會網路的結構包含一種內在的偏見時，就會發生結構性不平等，這種偏見使某些成員受益，而使其他成員邊緣化或產生劣勢。

見（systemic bias）⑫而受到影響時，這種謙遜感就會變得更加混亂與複雜。[6]不過，常常練習放鬆的意識，則可以在那些時刻，促進並加快自己更加注意自己的偏見和負面歸因。你會發覺到伸出橄欖枝去緩和衝突、釋出善意、主動和解，實際上在大多數情況下，是符合你的最大利益的，你的這項發現會形成一股力量！在他們所在的地方與某人相會，以同情的態度，並且帶著幫助他們理解你觀點的企圖心，去跟他們交談，經由這種方式，你達成有效溝通的機會就會愈來愈大！

即使你知道的比別人多得多，而且試圖教導他們一些東西，不過這時候假如你在他們所在的地方跟他們相會，事情就會如撥雲見日般更好！在世的數一數二登峰造極太極拳大師陳小旺⑬在開始與新學生合作時，就深諳這個道理的價值和意義，他不會一剛開始就試圖把他自己的知識、經驗和綱領強灌到新學生身上，這樣的方式不會吸引他們，新手也不容易理解他在說什麼。陳小旺並沒有炫耀他的知識，反倒是先詢問這些第一次學太極拳的學生，是什麼事讓他們對太極拳感興趣的、他們想學習什麼，他會開始根據這些情報去制定他的教學策略。倘若他們看重的是如何透過冥想來管理壓力，他就從這個開始；假如他們有志學習如何拳拳生風，他的傳授方向就往這裡著手。在學生所處的地方、在學生熱衷求知的地方與**他們**相會，是教授太極基本原理的理想切入點。隨著陳小旺開始教授拳法，初學太極拳的學生對太極拳運動原理的力量有了一定的認識，就會讓他們在學習更多太極拳這門學問上覺得更加津津有味、躍躍欲試！一如陳小旺所形容的那樣：「首先我跟隨新學生，後來這些學生理解了，學生就會追隨我了！」[7]

瞭解對方的動機、是什麼事情驅動了對方的興趣和心態，是建立調和的有力工具。教師和臨床醫生會藉由探索每位學生與患者的個人動機，跟他們建立起融洽的關係。一旦另一個人對他們內在的驅動力（driving force）⑭表示關心和在意時，大多數人都會感受到某種程度的溫暖。從很小的時候開始，我們就渴望有人從我們的角度上關注，並重視我們。試想一下有位成年人嘗試與一位年幼的小孩溝通交流，這位成年人與其採取站姿去對著小孩說話，或者往下看，以一種上對下的方式跟他們談話，倒不如可以經由認

---

⑫或譯：系統性偏差。一般用在由許多族群組成的某些機構或組織，是指某個過程有支持某種特定結果的內在傾向。例如網路與媒體容易受到政治操弄，影響人獨立判斷。

⑬（一九四五—）中國河南省溫陳家溝人，陳氏第十九世太極拳掌門人，成立世界陳小旺太極拳總會，巡迴歐、美、亞各州諸國推廣、傳播太極拳。

⑭或譯：驅策力。驅動力是心理動力學中的一個名詞，心理動力學認為人的行為是從繼承而來的本能和生物驅動需求中產生的，而且為解決個人需要和社會要求之間的衝突、獲取最佳生存狀態、達到生理喚起和心理滿足的行為提供的力量。

真務實地看待孩子的角度，並且嘗試帶動或加入一些讓孩子感興趣的遊戲，來與孩子建立起一種小小的連結。這樣會使得這位孩子更有可能藉著與成年人對談，並且傾聽他們的意見，來回報這些成年人對孩子的青睞，從這個付出和回報的微小時刻開始，會逐漸發展出一種彼此相互都覺得樂不思蜀的愉快互動！為人父母都會有一個共同的體驗：在結束一整天事情的時候回到家，詢問他們的寶貝孩子，他們在學校的一天過得怎麼樣，只是為了聽他們回答：「不錯啊！」要是這些父母膽子夠大，追問孩子白天在學校裡發生了什麼事，他們會聽到孩子回答他們的內容有點在虛應故事：「沒怎樣啦！」或者「還好啊～」不過要是父母和孩子一起進行一些讓孩子興緻勃勃的事情，比如著色、玩遊戲或者烘焙，在這樣的日子裡，事情可能會有一百八十度大轉變！在幾分鐘之內，孩子可能就會自然而然地回憶起當天所發生的重要大事，抑或他們之前已經想了很久、但是一直不願意分享的事情。期望孩子按照他們所要求的、他們所希望的方式立即加以回應的父母，往往會感到大失所望；不過，在他們的孩子所處的地方與孩子相會，並且跟孩子一起做一些對孩子來說好玩又有趣的事情，就能讓父母漂亮出擊！

你可能已經注意到，這不僅適用於親子之間的互動，舉凡在任何年齡層，如果你感覺到有人採取輕鬆的意識、傾聽和理解的方式，向你發出信號：「我想知道你在哪裡，並且在那裡與你相會」，這時候最容易引發對話。在佛教傳統中，這種與他人融洽相處的策略，其梵語為*upaya*，翻譯成中文則是「熟練的手段」或者「善巧（artfulness）⑮」，尋找一種與他人互動和聯繫的方式是一種技巧，這是根據對方的特定興趣、動機和個性去調整你的方法之學問，這是一種在雙方都感到舒適的角度跟程度上，與對方接觸以及相會的技藝，可以說，這為更深層次的連結開花結果，提供了肥沃的土壤。

各位當中有的人可能不太願意跟別人打成一片，或者可能你的習性是長話短說，即使是與你最親近的人也不例外。你可能有一天會讓自己徹底放空（在這件事上，你希望有人在你所處的地方與你相會）如果不是以一種對你有幫助的方式鼓勵你發言，要不然就是給你空間，而那則是你所需要的。不過或許還不止於此而已，搞不好你一直是一段關係中，不那麼熱情洋溢、不太善於表達的那個人；說不定你有伴侶或家人，總是覺得你不夠投入在跟他們來往，或經常懇求你多多跟與他們分享。

在實地操演本書中描述的練習時，請花點時間思索一下，是不是有什麼事情阻礙了

⑮ 或譯：善權方便、善巧方便。是指面對特定的對象或特殊的情境，能運用良善巧妙或權宜變通的方便之道，讓對方接受或化解情勢。

你充分展現你的表達能力——有些人在氣質上大多就是走內向派的路線，還有的人因為被重複的生活經歷所砥礪，這讓他們覺得要敞開心扉感覺上並不那麼自在，他們可能需要比其他人更多的時間來打理和安置自己。一百個人有一百種個性，這種現象應該受到所有人的尊重與重視，我們沒有必要每個人都變成外向型的人；但是，一些屬於開放和表達性譜系⑯低端的人士⑰，則可能會緊緊抓住防衛型的情感「盔甲」，這些盔甲在早期的生活環境中，變成了他們的救星！這些人可能正在高築城牆、盡其所能地保護自己，而這樣關閉心門防禦下去，事實上可能會阻礙他們建立連結的能力——即使是他們去嘗試，其實十拿九穩也會有好結果。脆弱可以是跟人建立連結的肥沃土壤，但是只有在土壤被耕作與準備好的時候，才可以播種！要是能堅持練習第二章中的放鬆意識習題，就可以漸漸幫助你感覺更加能控制住自己的情緒和思想，並且更加清醒理智，以及心平靜氣，如此一來，你會更願意向在生活中經過證實是最值得信賴之人開啟你的心門。但是除了這些練習，倘若你認為你的情感盔甲可能在某些關係中變成你的絆腳石，你可能會發現到，跟合格的治療師討論讓自己感到比較不安全的生活經歷，會令你感覺不虛其行。

在他們所處的地方與某人相會，有一部分的技巧在於你要知道什麼時候不要逼得太緊，並且明白什麼時候不該嘗試與他們相會。有時大家不想與你討論某些問題，或者他們需要一些空間給自己，青少年通常不希望他們的父母或老師深入參與介入他們生活的某些方面，他們比較需要隱私、獨立與空間——需要讓自己成為跟別人不一樣的獨立個體，並且在同伴關係上的涉入更多。在他們生命中的這個青少年階段，他們的父母通常看起來就像是一個人所能得到最讓人沒好感的東西！而父母沒事就跑來插一腳管東管西，似乎是他們最不樂意看到的事情！即使是年齡較小的孩子，他們往往會想得到父母的關注，但是他們也常常希望有一些屬於自己的遊戲時間！因此，身為父母，假如你運用自己的調和技能，你更有可能瞭解到何時該「推」、何時又該「退」。倘若你嘗試與孩子相會，但是遭到孩子斷然回絕，你可能會接受暗示，把他們想要的空間給他們，尤其是在沒有安全問題的情況下。要是他們知道你感興趣並且有時間，但是不打擾你，有可能他們以後會想和你談談這個問題，而且在這個期間，你們說不定還有其他的話題可

⑯例如自閉症即可用「一系列疾患形成的光譜（譜系）」表示，光譜（譜系）「spectrum」這個字，代表了自閉症本身的多元性。

⑰好比自閉症類群（光譜／譜系）障礙就是將自閉的相關行為表現看成是一個譜系，程度由低到高，低端的就是典型自閉症，高端者逐漸接近普通人群。

以連結。

如何處理碰釘子的問題也是一門藝術——試圖與某人建立連結，但是你的熱臉卻貼到對方的冷屁股，而且對方擺明了是在拒絕你的示好，那真是令人難受！而且讓你痛心疾首！關係愈親密（包括你跟你的孩子、伴侶或金蘭之交的關係）你對自己碰了一鼻子灰的感知就愈敏感！試圖與某人建立連結，需要你發揮「脆弱」這個特質，相互回應則是指你運用放鬆的意識這個技能，來傾聽他們的情緒，並且給他們空間，而不會讓他們的反應把你惹毛了。如果你正值青少年時期的孩子易怒暴躁、或者你的伴侶態度冷冰冰，你很自然就會感到自己不被接納。在回應這種被人否定的狀態時，我們的自我防護天性多半會令我們自己太過分防禦、反應過度，直接以牙還牙，以眼還眼！與其猛烈抨擊他們或背棄他們，不如把你的注意力集中在自己的呼吸上，注意你的身體裡向上攀升的緊張感，並且停頓下來，停的時間則要到能夠把他們的情緒跟你自己的情緒分開。這並不一定代表你做錯了什麼，他們的憤怒甚至可能不是針對你的，最殘酷的事實就是發現到有時並不一定一律都跟你有關，你卻成了受氣包。打破這種反應連鎖狀態為你創造了空間，讓你能夠同情和理解，並且接受這個人需要其個人的空間。藉著執行一些簡單的事情，比如不提出反應，你會給自己更多的能量和資源來連結（在某個時候）。要這樣做並不簡單，而且從來就沒容易過！這就是為什麼單獨練習每項調和技能，接下來再與搭檔一起練習，可以幫助你一點一滴地吸收消化這些技能，並且將其變成你自己的東西，使得你在盛怒之下要應用這些技能時，就能手到擒來！

你可能會很納悶——為什麼你應該貫徹始終努力在**別人**所處的地方與他們相會，也許這樣看起來不公平，是什麼原因讓他們可以不偶爾在**我**所在的地方跟我相會？你說不定會質疑：「為什麼**我**總是要當那個主動出擊的人？」我們也同意，倘若另一個人一向都願意，並且能夠在你所處的地方與你相會，那就再好不過了！或許，理想的情況是兩個人在中途相會，有時候這種時刻會出現，一旦發生時，你會感受到而且讚賞不已；但是能夠以這種方式與另一個人相會，需要特定的心態和技能，而很多人在很多時候都心餘力絀或恐怕沒轍，這使你不得不去跟他們相會。因此，要是你想有效與他人進行有效的溝通交流，你可能需要積極主動，並且在你自己身上培養與發展出在他人所在的地方跟他們相會這種技能，接下來你也願意由你自己邁出第一步。有一種看待這件事情的方式是：假若他們在你所處的地方與你相會，這樣簡直是太棒了！要是他們在半途與你相會，這當然是一件好事；如果他們不在你所在的地方跟你相會，你不妨試著自己在他們所處的地方與他們相會吧！無論如何，你唯一能與他們相會的地方，就是當時那一刻他們所在的位置。

當然，在你願意與人相會的過程中，你能有多豁達，而不與人計較？這個程度是有適當上限的，實際上，你不會無時無刻都為了與每個人相會而奮不顧身——我們的時間、精力和興趣就只有這麼多啊！假如有人經年累月很長一段時間之內，似乎一點都沒有回報過，這麼一來，你與他們相會的意願可能就會降低，這也是可以理解的。倘使你發現了某種情況，是有人試圖把你拉入一種運作失靈、不正常而且會傷害感情的互動中，在你跟他們還是半面之交時，他們就與你太過親密，用「煤氣燈操縱」（gaslighting）⑱去控制你⑲、利用你，或者用其他方式操縱你，那麼你可以提出明智的抉擇，選擇退後，並且脫離這種情況。

偶發反應

一旦你培養與發展了在某人所在的地方與某人相會的能力，相互回應的下一個關鍵步驟就是心理學家所說的偶發反應，其意思是在夥伴之間進行輪流交替，一個人說或做了某件事，以**回應**另一個人的言語和行動，反之亦然：**我**這樣做，以回應**你**做那個，我就再做別的事來回應你的行動，如此反復，形成一個連續相互、但有點不可預測的循環。想像一下：有兩個人在打網球，每位球員都會對另一位球員的擊球有所反應，而且他們都必須與每次擊球的性質（也就是球的位置和速度）相通相連繫，否則他們就會錯過球。重要的是，偶發反應跟我們在傾聽時，跟著另一個人其發言或活動所進行的鏡像同步（我們在第三章中討論過這個主題）不一樣；偶發、相互的反應在特性上更偏向於來回、輪流性，在這種情況下，兩個人的動作並不會同時發生，也不一定完全相同。在偶發反應中，一個人的言論或行動顯然與另一個人的言談或舉止**有關**，或者**依循**另一個人的言語或動作。在對話時，假使你說了些什麼，接著對方則根據你剛才所說的話來發表談話加以回應，如此一來，這就是對方在向你表達他們真的在關注你，並且聽到了你所說的話。他們是在回應你，而不是自己突然離題扯別的去了，與你剛剛說的話無關，或者只是反射性地反映仿效你。

⑱ 指心理虐待或是精神虐待，即情感操縱者故意用錯誤訊息蒙騙受害人，讓受害者懷疑自己的記憶力以及對事件的判斷力，受害人會覺得對不起操縱者。

⑲ 此術語起源於舞台劇《煤氣燈》（*Gas Light*）（最初在美國一九三八年以《安吉爾街》為名稱演出）及其分別在一九四〇、一九四四年上映的改編版電影。

蒂娜・菲（Tina Fey）[20]和瑞秋・德拉徹（Rachel Dratch）[21]她們兩位都是傑出優秀的演員，她們在兩人連袂演出的作品中，反映並證實了偶發反應正是一種高層次的藝術形式。在芝加哥「第二城」喜劇團（The Second City）[22]一起受訓時，蒂娜・菲指出，假如她的心態是為搭檔服務，而不是炫耀自己，這時即興喜劇的效果會最出色！即興喜劇演員接受或採用其他演出人員的提議，以往前推進或推動場景，你不會去回應你希望你搭檔說的話，或你腦子裡的想法——你會回應的，是他們實際所做的或所說的，以及他們所提出的提議。成就非凡的喜劇拍檔（好比菲和德拉徹）強調了信任的重要性，因為假如演出人員與搭檔的節奏跟思維模式是調和的，這時候他們的即興表演就能一切順利了！菲提到她發現到某種快樂和自由，也就是她並不知道互動會朝哪個方向發展，但是她讓自己在這種未定之天中隨遇而安！透過練習，無論這齣「滑稽短劇」要求的是什麼，你都可以在當下達到連續而且順利的來回交流！

雖然偶發反應的概念相當簡單，但要做得正確卻會讓人費盡手腳。菲和德拉徹的喜劇魔術看起來毫不費力，然而之所以看起來如此，是因為她們在舞臺上的每一刻都是精力充沛、積極主動地意識到對方。但是，相反地，我們裡面有不少人倒是經常表現得一副我們放任自流、不顧後果的樣子，或兀自沉浸在我們自己的腦袋瓜子裡，因此我們沒有真正傾聽或理解對方的意見，說不定我們會打斷他們，而且跟他們彼此無法溝通。在這些情況下，我們的反應之於對方而言，就像是憑空而來的，因為這些反應似乎跟對方正在談論的內容毫無關聯。偶發反應則顯示出我們與對方是保持一致的，我們的回應是**針對**他們的、也是**為了**他們所產生的，有人經由「接受」我們所說的話，或者把這些話化為己用來回應我們，而且目的是推動對話的進展，這樣一來，可以使我們感受到有人傾聽，並且認可我們。儘管鏡像反映仿效一個人是傾聽的重要元素，但是研究表明，兩個人之間行動的**偶然性**（而不是鏡像反映仿效），才是在他們之間創造聯繫與親密感的祕密武器！[8]假若有人鏡像反映仿效我們，這就表示他們必須傾聽與關注，至少在某種程度上是這樣。不過，若是有人深思熟慮我們剛剛所說的話，並且是以這種方式來回應

⑳（一九七〇—）美國劇作家、喜劇演員、演員暨製片人，也是八次艾美獎、兩次金球獎、五次美國演員工會獎、四次美國編劇工會獎得主。

㉑（一九六六—）美國女演員、喜劇演員暨作家，以NBC（全國廣播公司）的喜劇節目《週末夜現場》（Saturday Night Live）固定演員身分而走紅。

㉒一九五九年由芝加哥大學生建團，是美國喜劇的搖籃，其中不少演員都成為美國家喻戶曉的喜劇明星；由芝加哥曾被稱為「第二城」而成為該團名靈感來源。

我們時，我們就可以明白他們不僅是抱著一種「我不管他是生癬生瘡，我只和他們生癩；我不管他是講雞講鴨，我只跟他們講鵝！」的心態，他們是真的在我們在的那個地方、他們真的很投入，而且他們已經理解了我們，並且把他們自己交出去、放進了這場互動中，這是首屈一指最美好的感覺呢！

回想一下最近的一次談話吧！在這一次談話中，你感到與對方達到了真正的融洽感。我們敢打賭，你會發現該次談話就具有這種偶發反應的特性，在這種輪流回答的方式中，每一個回答都是順應著前一個回答而誕生，要是你回答對方時，你可能自動使用了他們剛才使用的一些相同之字詞，並且將其併入你所說的內容中——這就是另一種方式，這是指你正在**特別**回應他們所說的話，並且在你們之間建立了共同點，因此對你們所討論的內容其含義，產生共同的理解，這種對話雙方的語言趨同（**convergence of language**）稱為交互契合（**interactive alignment**），[9]與你的結拜兄弟和知心好友或家人在一起時，你們可能多年來已經形成了不計其數這樣的一致契合，所以你們會有自己共同、別具一格的彼此交談之方式，你們甚至可能有自己的「暗號」，這些「暗號」提到了你們過去的共享經歷或者有趣的故事。雖然人與人之間可能會有一些共同的語言，但是偶發反應並不代表大家存在著壓力，也就是在對話時所有人非達成協議不可，抑或得要照本宣科。假若對談進行得十分順利，我們就會覺得大家已經準備好可以靈活有彈性、自然而然、不約而同、真誠由衷處理任何出現的問題。

神經科學家已經開始繪製出與偶發反應相關的大腦迴路，他們研究了兩人成對的人士在進行現場的、相當自然的互動時之大腦功能，在偶發反應期間活躍的區域包括一些與傾聽（情感同理心）、理解（認知同理心）和愉悅感等方面相同的區域。[10]

偶發反應每每包括在互動中採取一些新的主動行動、表達你自己、主張你自己，甚至勸說與說服對方相信某事——但是做這些事情的方式要與對方連結，並且與你們兩個人一直以來，才正在談論的內容聯繫起來。偶發反應可以將娓娓而談的對話引向一個新方向，但是偶發反應通常不會非常突兀生硬，也不會遠遠誇大渲染對方剛才所說或所做的事情。雖然偶發反應在與對方有連結時最能發揮功效，但是其中的學問是，判斷出最理想的直接程度與強烈程度——要充分強烈到讓你的訊息會被聽見而且能見效，不過又不會那麼強烈，或者沒頭沒腦到令對方無法處理或接受。你可以根據自己專心傾聽對方所聽到的，以及你對他人的理解，來引導你去判斷自己的反應；假如你在談話過程中，感覺到對方無法承受或接受你所說的話（你在他們的傷口上撒鹽）你可以選擇收回一些你的強烈程度和直接程度，說不定甚至還可以大方瀟灑地將談話轉移到另一個主題上，並且嘗試在以後用迥然不同的方式，再度把當時講的內容提出來。

我們在賓夕法尼亞大學一起工作時，我們倆都信任對方，希望能在報告和會議中，得到關於事情進展得如何的回饋。在一次特別緊張尷尬的會議之後，我們倆互相徵求了有關我們是如何處理一些不容易搞定的人士其批判性回饋，雖然我們確實對彼此的一些回饋都是實說實話，不過我們也能夠調整我們所說的話的強度，以便我們每個人都能清楚地接收到對方的訊息，而不會覺得對方是在針對我！沒有聲色俱厲的侮辱，也沒有「你這是在跟我開玩笑嗎！」的冷嘲熱諷。任何一位出色優越的經營者都知道，採用嚴刑峻法，是令一個人懷著戒心、覺得委屈受傷，並且把他的心封閉起來的最快方式！

當然，在某些狀態下，非常直截了當、在呵護和處罰之間取得平衡是絕對必要的，例如在十萬火急、生死攸關的情形、發生重大不公不義或嚴重虐待的狀況，或者需要讓某人迅速覺醒、恢復理智的狀態中。在這些極端情況下，需要嚴厲強硬和開門見山，並且與當時的情況**相稱**。但是，倘若你在個人生活中，到哪裡都一直以一種過分嚴肅，大吼大叫，愛之深，責之切的架勢橫行直闖，你就不太可能跟大多數人進行有效的溝通交流，受得了這種事的人寥寥無幾，他們可能會開始疏遠你、或者避你唯恐不及，結果你就不會產生你所希望的影響，這就是為什麼在大多數情況下，在你們的互動中，與之前的互動情況大致相稱的偶發反應，在既能傳達你的訊息、又能將你們的連結保持得完好無損這些方面上，都是最能立效的。

相稱的偶發反應這項技巧無處不在伴隨著我們——在工作場所、在工作之外、在我們最親密的關係中，都跟我們形影不離。在約會的世界裡，偶發反應是保持對話和約會能持續下去的媒介，它讓當事人密切地聯繫在一起，足以孕育出下一段對話與下一場約會。往往會有一個時刻，是在你偶然和某人約會之後，你開始想知道你對他們的那種感覺是不是互相的，而且程度是相同的：大家互有好感。通常會有一種曖昧或「舞蹈」，也就是你會說或做一些事情，這是你試探用的「風向球」，以便去瞭解他們會有什麼反應、瞧一瞧他們是不是會用某種方式回應你，或者找出他們會不會進一步發展關係的端倪。說不定那是一些微不足道的小事（只是看一眼抑或來一句俏皮話）搞不好你還會一不做，二不休，放手一搏，向他們提出更重大的要求，比方說一起去參加婚禮或去拜見他們的家人，他們的反應則會讓你明白他們的一些感受，這些細枝末節的小動作通常與這段關係發展的速度成正比，而且可能不涉及在第二次約會後突然脫口而出表白：「我愛你！」你說不定已經感覺到了這三個字，或者有股將其喊出來的衝動，但是你的動機是你不要越過去，抑或避免把他們趕走，這種進可攻、退可守，會讓你一直走在一片康莊大道上！偶發反應這種的微妙來回折返帶來了一泓更平靜的水，使你能不費吹灰之力看到這件事情可能的發展方向。要進行偶發反應，你必須繼續傾聽（從更深的意義上來說）對方和你自己，在來回溝通交流中評估你的反應，並根據需要進行調整。

同步發展（追隨左右）並且沉浸在交流之中

常言道：「隨波逐流，順其自然」是促進人際關係和諧的一種方式，他們逢開口就向人提：「放輕鬆啦！冷靜下來！」我們則認為隨波逐流有時會把人引入歧途，因為這會鼓勵他們被動地隨著事件得過且過。

相反地，從我們所說的「沉浸在交流之中」，或者針對在互動中實際發生的事情持續察覺並且參與，同時依舊要積極主動投入在形成互動中，經由這些方式就可以加強調和。為了做到這一點，你的注意力會集中在解釋某人正在傳達的內容，同時為接下來發生的事情做好準備，無論如何，這種專注都不應該是強烈的、僵化的或者有壓力的。有了放鬆的意識，你就有能力在此時此刻更冷靜地感知對方的社交線索，如此一來會使你能夠自動預測對方接下來可能會想什麼、感覺什麼、說或做的事情，這很像你的大腦自動並且無意識預測有顆在飛行中的球，它接下來會飄去哪裡，這樣你就可以在那裡攔截它。但是要「沉浸在交流之中」，你就不能過分依賴自己預測的準確度，也不能被它們過度轉移了你的注意力，或者太過任其擺布，你還需要不斷去瞭解實際上發生的事情，並且要充分靈活有彈性到可以回應他人的真實行動，而不僅僅是去回應你預測他們會做的事情而已。

回想一下有一次要跟別人談論某件事情時，而你則感覺到緊張不安！你可能想像過談話中可能會發生的情況，為了減輕你的焦慮，你搞不好會沙盤推演、積極主動練習過你要說的話，你甚至還可能端出了A計畫和B計畫，就看事情進展如何再來決定。但是，假如你過度拘泥於自己準備好的劇本，而不是去回應對方最後**實際上**所說的話，這樣一來，你說不定會表現得不自然、呆板，與對方格格不入。儘管可以提前規劃一般策略，但是倘若你能對可能會發生的不可預知之事抱持開放態度，對話通常就會進行得暢行無阻、卓有成效！你需要夠靈活有彈性、反應敏捷，以便在事情真的發生時有所調整，準備好說或者做符合互動現實的事情。這招適用於許多形形色色的對話上——包括面試工作到在與合作夥伴、家庭成員或朋友交談時，你們大家卻話不投機半句多的那種情況。

紐約大學的醫學生梅根（Megan）在開始訪談病患時，重新發現了沉浸在交流之中的重要性。在她身為專業小提琴手的第一份職業生涯中，她學會了即使出現了意外情況，她也要沉浸在她和其他室內樂團成員間所發生的事情上這種交流之中，這就是費城交響樂團（Philadelphia Orchestra）㉓暨大都會歌劇院（Metropolitan Opera）㉔的音樂總監亞尼克·聶澤—賽金（Yannick Nézet-Séguin）㉕所說的「對當下持開放的態度」。[11] 梅根轉換跑道變成醫學生時，她發現為每次醫學訪談進行準備很有幫助，不過，跟二重奏（duet）㉖很像，她很快就瞭解到她還需要針對她和患者之間發生的事情，沉浸在他們的那種交流之中，並且準備好應對患者說不定會詢問或提起的不可預測之事項。「儘管我已經準備了不少，而且我認為我知道（病人）可能會如何回答，不過，我從室內樂（chamber music）㉗那裡學到，事情可能會跟你自己預期的天差地遠！知識和技巧可以幫助你準備好你的內心想法，就像音樂家需要經年練習那些練習曲和音階一樣，但是假使你沒有真正傾聽跟你合作的病患其想法並且認真回應，你就無法使用這些診斷知識！」[12] 用達賴喇嘛的話來說：「我對**同步**帶給我的指導，抱持開放的態度，而且我不會讓預設立場阻礙了我的道路！」[13] 這說起來容易，做起來難，但這就是你在培養與發展放鬆的意識、傾聽和理解方面所做的努力，而得到回報的地方！無論是交談、演奏音樂還是跳舞，你的努力將會引導你，這樣一來，你就不會超前或落後你的夥伴，你會跟他們在一起、大家是同步一致的——即使出現不可預測的曲折方向，以及步伐、速度與節奏上的變化也是如此。

我們被自己的想法、憂慮和情緒引開注意力，會害得我們要沉浸在交流之中時嚐盡了苦頭——我們有位病患，是一位名叫梅蘭妮（Melanie）的三十出頭女子，她在沉浸在交流之中的方面表現得相當力不從心，因為她一與某人互動時（特別是這個人有可能是她會陷入愛河的對象時）她會因為被自己腦袋在當下飄出來的想法而極度分神不專心，在她跟她正開始要瞭解的安琪拉（Angela）喝咖啡時，這就變成一個無比嚴重的大

㉓ 創立於一九〇〇年，或譯：費城管弦樂團。基地位在美國賓夕法尼亞州的管弦樂團，也是美國五大管弦樂團之一。

㉔ 紐約林肯中心內的世界級著名歌劇院，由一八八〇年四月成立的美國最大古典音樂組織「大都會歌劇院協會」（Metropolitan Opera Association）營運。

㉕（一九七五—）出生於加拿大魁北克省蒙特婁市（Montreal, Quebec, Canada）。

㉖ 指以演奏樂器的人數而定，或者任何兩種樂器的組合；尤其以鋼琴和其他樂器配合的奏鳴曲最多。

㉗ 源於十七世紀初期，在皇宮或貴族宅第裡供貴族娛樂聆聽的音樂演奏。指由幾個人組合成一個小群體的合奏，通常不含獨奏，個人負責自己獨有的部分。

問題！在她們交談時，安琪拉會說一些話或做一些事，梅蘭妮則會把全副精力都花在去想安琪拉的話是什麼意思、她為什麼這麼說，或者這是不是代表安琪拉對她感興趣。就在梅蘭妮琢磨這些事情的時候，她在她們倆的對談中已經遠遠落後了，而且落後到了她只有一半的注意力，是放在對自己和安琪拉所說的話上面這種程度。雖然這種情況可能會發生在我們很多人身上，不過發生在梅蘭妮身上的程度卻是如此之劇烈，使得她在談話中慢半拍、接不上話。梅蘭妮突然意識到她已經跟不上她們正在談論的內容，她會試著搶先一步開口，不僅是趕在安琪拉此刻所說的話之前，而且還會超車兩到三步，努力預測和猜測安琪拉可能說什麼。因此，梅蘭妮不但沒有沉浸在她們倆的交流之中，而且她不是落後、就是搶快。在我們進行治療的療程中，我們和梅蘭妮一起審視這種情況，並且集思廣益去探討出梅蘭妮是否還有別的處理這些情況之方式。我們和梅蘭妮一起做了一種思想實驗，利用足球當比喻，因為梅蘭妮喜歡踢足球，對梅蘭妮來說，假想足球的事，比思考安琪拉對她感覺如何這個實際上的話題還輕鬆得多了。在這個實驗中，梅蘭妮想像她是一名負責防守的足球員，而另一隊的一位進攻球員正在場上帶球運球向前場進攻，直奔梅蘭妮而去。假使我們定格在那一刻，梅蘭妮可能會納悶對方球員的意圖，她的對手接下來要做什麼？她會不會試圖繞過她身邊向右或向左轉彎？但是足球飛一般地快速移動，假如梅蘭妮整個心思都被這個問題全盤占據到她不再去掌握、關注足球場上兩支隊伍實際正在發生的事情，如此一來，在這種神不守舍的狀態下，她很容易就會與這位對手球員失去聯繫，而那位球員則會趁勢加速超過梅蘭妮，朝球門衝過去。另一方面，要是梅蘭妮注意到她腦海中的問題，但是說時遲，那時快，她又將注意力轉移到帶球的球員其實際動作上，這麼一來，梅蘭妮就可以沉浸在她們的交流之中，更精幹有效防守！焦慮的思維正在吸走與消耗她儲備的能量和注意力，而她則可以用這些能量和注意力來應對接下來所發生的任何事情。講到足球時，梅蘭妮實際上是以這一點見長——她可以進入她與對手的交流狀態之中，並且變得放鬆而且有意識，面對敵手球員的任何行為，她都能有所準備，兵來將擋，水來土掩！所以她知道自己是有能力能擁有這種思想意識的；但是她要怎麼做，才能把她自己這種本事，運用在她不太適應的境地中呢？

我們談到了梅蘭妮在與安琪拉交談時，她的腦海中浮現了關於安琪拉潛在興趣或意圖的問題，這種現象是非常自然的，事實上，對她自己的想法和反應有所瞭解，可能會十分有幫助而且重要；但是，這件事的目標，是讓梅蘭妮儘量只短暫地注意到她自己的想法，接下來再試著把她的注意力，回到安琪拉實際上正在說的或正在做的事情上，這樣她就可以沉浸在她與安琪拉的交流之中。但是，梅蘭妮是如此地神經緊張，她該怎麼做，才可以真的辦得到這一點呢？我們從練習「放鬆的意識」這項基本的技能開始，而且我們竭盡全力幫助她培養與發展這項技能，並且將這項技能融入她的日常生活中，無論生活中有沒有安琪拉在場的時候都要如此。假如她在更平常的情況下，仍然對調節她自己的想法深感徬徨失措，這樣一來，期望梅蘭妮能夠在她認為是高壓力的情景中，熟練巧妙地控制她的憂慮不安是不切實際的。透過在療程中大量練習，以及在她的日常生活裡所進行的實作和演練，梅蘭妮更清楚地注意到自己焦慮不安的想法，她將自己的注意力，短暫地轉移到了她的肚子吸氣和放鬆自己肩膀的感覺上，這一連串動作幫助她擺脫擔憂的束縛，並讓身體放鬆一會兒，接著還可以協助她在把注意力轉移到當下實際發生的事情上時，能有所長進。要能夠注意到自己的想法和感受，同時還可以沉浸在自己與他人的交流之中，再加上還要有能力充分敞開心門並且靈活有彈性，以便針對互動中出現的任何事情見機行事，這真的得要有三頭六臂才能辦得到！但是，小兵立大功，即使獲得的能力只有一點點，也可以在你生活上的許多方面，真的得到好結果！梅蘭妮在治療中採用的策略是祭出調節、調整她自己的情緒狀態的方法，使得她可以維持在放鬆的意識、傾聽，以及沉浸在她與他人的交流當中之最佳區域裡。

相互調節，去沉浸在彼此的交流之中

除了調節自己之外，正在互動的人也可以**互相調節**，以便能儘量保持在這個最佳區域裡，這個過程稱為人際調節過程，通常是理所當然而且自動的，不一定會是有意識的，[14]這裡有一個非常簡單的人際調節相關例子：我們倆（本書作者）在搭機飛行途中遇到了亂流——在大多數情況下，我們在當空中飛人時都是很悠哉悠哉的，但是隨著年齡增長，假如飛機突然下墜或開始東搖西晃時，我們倆就變得不那麼泰然自若了！最近幾年來，我們都轉為自始自終更加堅持去演練**放鬆的意識**這項練習，這就像是定心丸，只要服用一粒，馬上能讓我們倆在機身顛簸抖動中保持氣定神閒！但是，假如亂流達到一定強度，我們倆就會異口同聲承認，儘管我們都拚了命豁出去進行自我調節，但是緊張感仍然會飆升！通常，大約就在那個時候，泰德（Ted）會把他的目光焦點鎖定在空服員平靜和令人寬心的動作上，去感受到一些些解脫與安慰；就是空服員們不慌不忙的舉止，讓他感覺自己可以鎮靜下來，對於調節他自己來說，這一計還蠻管用的。另一方面，愛許莉則大都會把自己的視線壓低，這樣就可以躲開她可能會目睹到乘客或空服員開始抓狂崩潰的場面，看到大家死命抓緊座椅扶手或聽到他們發出驚恐的小小尖叫聲，會使她的緊張和焦慮更加嚴重！親眼看見別人的反應並不能調節愛許莉，反而會使她調節不良！

調節和失調發生在原始層面上，它們本身並不需要口頭對話，甚至連在人類和其他哺乳動物之間也會發生調節——比如說你的狗一感覺到你情緒低落，牠會過來你這裡、把牠的頭靠在你身上；或者馬匹和騎士會彼此保持鎮定。「重啟（Reboot）」這家教練公司㉘的共同創辦人暨騎馬發燒友愛莉・舒茲（Ali Schultz）談到了她和她的馬兒可以各自感覺到「對方緊張的時候，以及需要什麼，才可以再度保證我們會恢復平靜和連結。這樣一來，我們才能夠彼此相處在一起，並且沉浸讓我們心馳神往的騎馬體驗中。」[15]

當然，人與人之間的調節也是在談話中進行的，譬如要是你告訴別人一個讓你感到提心吊膽的話題（比如你承受莫大壓力的一些工作專案、或者讓你放不下心的家務事）而對方真的傾聽和理解你，並且進一步對他們所說的話與他們的反應，表現出沉著鎮定的態度，這樣一來，你可能會開始感到更從容自在；但是倘若你和一個因為關心你的緣故，反而比你還要慌張焦急的人交談——這下子你勞神焦慮的狀態可能會持續發酵！第一個讓你冷靜下來的人和第二個救火投薪惹到你的人有什麼差別？第一個人用心傾聽你的意見，並且與你的感受產生共鳴，同時兼具情感和認知上的同理心。雖然他們能設身處地而且善解人意，不過他們並非僅止於加入你的煩惱焦慮行列來反映和仿效你，那可能幫不上什麼忙（你們最終都會一起沉淪在你的擔憂焦慮中！他們反而能夠「容納」你的焦急不安）感知它，保持穩定和理智，而不會被它過度影響，同時他們仍然會關注你並且回應你，他們能夠保持冷靜，這樣一來就會讓你感到安心和平靜。這說明了人際調節的一種方向——即對方在調節你；但理想的情況是，這個過程是互相的，這樣你們倆就可以相互調節。

團隊成員可以幫助調節隊友彼此的情緒——比如說，分享在漫長的籃球賽季、在地獄級的自行車耐力賽，或者行腳苦行跋涉喜馬拉雅山時的高潮和低谷，而且最好是大家在一路上相互支持，在嚴酷考驗的時刻互相激勵，而且在高度緊張和充滿壓力的時刻相互安撫、讓彼此平靜下來。在寫這本書的多年奇遇歷練中，即使在不同的城市工作，我們作者倆都經歷了這種人際調節；藉著分享令人精神振奮的時刻、減輕彼此的苦惱擔憂，並且在這條路上相互鼓勵，我們就可以沉浸在與對方的交流之中，夠長夠久到完成

㉘ 這類公司的服務對象包括企業領導人、創業老闆以及高階管理者，他們透過與教練合作能自在表達，在對談中發覺、澄清目標，探索並找到自己的解決策略及行動方案。

這本書的寫作工作。

然而，即使你利用這裡所概述的策略，並且調節自己以達到完美（這本身就是一項偉大的成績！）也並不一定代表每次溝通交流都會令人愉快而且順暢輕鬆。有時候，你遇到的人沒辦法跟你溝通交流，好比他們的個性或情緒可能不允許他們跟你一唱一和。畢竟，調和在理想情況下是一條雙向通行的街道、一種需要兩個（或更多）積極活躍的夥伴互相配合、和睦相處的舞蹈。但是，我們可以保證，如果你能夠調節你自己，並且散發出對連結感興趣的能量，你就開創了讓連鎖反應發生的可能性，從而影響你自己和你周圍的人。

隨著時間過去，以及持續練習這些習題與實作後，你就可以開始注意你在互動過程中對他人的影響。愛許莉發現自己在朋友的慶生會上注意到了人際調節在發揮作用：

在某個晴空萬里的星期六，我加入盧娜（Luna）以及她的朋友短暫地共進午餐之行列，在她的朋友裡面，有許多人我不曾謀面過。我們所有人在一張野餐桌旁團團圍坐，坦白說，我有點坐立不安，尤其是我唯一認識的人離開野餐桌，去櫃檯拿他們的食物，留下我獨自一人和一對老夫婦共處時更是如此。我一顆心七上八下，不確定我是不是能妙語橫生。練習了一段時間本書中的習題後，那時我對這些策略已經掌握得愈來愈好了，並且能夠調節我的呼吸和情緒、鬆開我的肩膀，以及放鬆我身體的其餘部分。一旦我控制住了我的緊張情緒，並且遏制了我的自我意識，我就有更多的精力投入到眼神交流、自我介紹，以及展現出真誠、敞開心扉地對交談感興趣上。我最初的幾次交談請求，都換來了這對夫婦害羞的反應，如果我不能在他們的反應和平息我自己的緊繃情緒之間，平衡我的注意力，我就會因為他們沉默寡言和尷尬的反應而氣餒，並被勸阻不要再敦促跟他們交談了！但是我發現自己堅持了下來，我又問了幾個問題，並且提出一些意見，試圖讓他們把想法集中在他們最近在國外的經歷。終於，有那麼一刻，我明顯注意到老先生身體放鬆了，而且在他的答腔裡表現出一股肯定積極的正能量，這顯示出他對這個話題真的感興趣，以及他希望與我繼續交談的願望，這使得對等的交流得以持續下去。這絕不是一場改變人生的對話，餐會解散時，我們也沒有結為朋友，我可能再也見不到他們了，但是在野餐桌邊的那一刻，我們之間的連結，讓我深深地感受到了留給我的溫暖和快樂。我記得我走在回家的路上，從某種程度上來說，因為體驗到了即使是在這個微觀層面上也能發展的調和力量，而讓我感覺煥然一新！

要是對方無動於衷，回應間斷……以及學習重新開始

即使我們煞費苦心下功夫與對方相互回應，但是無論你多麼努力、也無論大家多麼熱愛和關心對方，兩個人之間也不可能維持長時間的完美，以及持續的調和，每個人都需要一些屬於自己的時間。即使在我們想與對方接觸、想要彼此交往並且卯足全力儘量聯繫對方的時候，我們也總是難免會錯過彼此，至少偶爾會如此。我們會與對方格格不入、彼此互相誤解，或者做了抑或說了一些事情導致連結中斷，有可能只有一瞬間，又或者長時間中斷。即使在完成了本書中的練習與實作後，要是這些事情發生了，也不要對自己太嚴苛！要完全和永遠避免這些付出付之東流卻得不到回應的問題，簡直是敲冰求火的事啊！因此，除了培養與發展相互回應的技能之外，學習重新連結和重新開始的技能也同樣重要，這種情況跟練習放鬆的意識的習題與實作相似，在這個重新連結和重新開始的練習中，我們要求你留意自己的呼吸，此時你的注意力則必定會盤旋在一些其他的想法上，在這些時候，你要對自己注意力不集中的情況表示**同情**，要注意到那個想法，但是不用去管它，接著再重新開始專注在你的呼吸上。我們的連結都是一模一樣的，會有深入、持續溝通流暢、渾然忘我的時刻，也會有斷絕連繫的時刻。美妙就來自

於愈來愈注意到中斷，這樣才有更多的機會可以重新開始。

在暫時失去連結的情況下，你應該放鬆、傾聽，看一看、想一想你是否能在短時間內瞭解發生了什麼事——我只是魂不守舍一下子嗎？是不是我們之中有一個人或者兩個人全都變得不專心抑或失調了？是我誤解了他們，還是他們誤解了我？他們聽到的與我想要的方式不同嗎？不管是什麼情況，你都可以重新開始，重新調和，並且嘗試與其他人「現在所在的地方」跟他們相會，以及試著讓任何誤會渙然冰釋。假若你做了或說了一些無意中傷害到對方的事情，你可能需要直接與他們解決這個問題，以消除嫌隙並重新開始。你可以承認哪裡出了問題，意識到你做了什麼，並且心甘情願同時十分謙虛地承擔責任以及道歉，這樣一來，你就可以嘗試修復發生的任何損害。完全修復更大的裂痕可能需要時間，另一個人則可能需要一些空間來考慮一下這件事；不過，假如他們準備好這樣做時，你願意承擔責任，並且願意敞開心扉重新開始，對癒合這種連結會大有幫助！重新開始需要當事人雙方共同有意願，假如你堅持或在對方準備好之前，就迫切要求重啟連結，那可能會跟你堅決的計畫背道而馳。你可以在對方可能願意嘗試重新連結時，試著盡可能去感應並與這種跡象接通，接著你可以試一試重新與對方連結。愛莉．舒茲甚至談到了她在與她的馬群調和中所產生的裂痕，在她和愛駒之間連結似乎消失的日子裡：「當時我的馬和我都看著對方，而且就像我們來自截然相反的兩個星球，我們之間沒有直接的聯繫，也沒有興趣去找出一個連結！」[16]在這些情況下，試圖強制重新連結看起來會是竹籃打水一場空、甚至會招致反效果！她們中的一個必須要有心理上的轉變，這樣她們才能以不同的方式（焦慮少一點而且信任多一點）去向對方靠攏，接下來重新開始。

肯德瑞克（Kendrick）這位患者發現自己處於這樣一種境地：他在工作中的好朋友亞伯（Abe）因為一些看似無礙的事情而對他面有慍色，亞伯他氣呼呼的，讓肯德瑞克跌破眼鏡，因為這些事情是肯德瑞克想都沒想過竟會造成亞伯感到如此不痛快的問題。亞伯七竅生煙，而且他突然開始閃避肯德瑞克，肯德瑞克早先嘗試著跟亞伯重新交往，但是毫無進展，因此，肯德瑞克把一切交給了時間去解決，幾個星期後，兩人逐漸開始破冰，而且可以這麼說——有肯德瑞克在旁邊，亞伯開始顯得不會那麼不舒服；就算肯德瑞克跟他在同一座空間裡，亞伯也開始稍微比較能夠在工作中，與大夥兒一起笑顏逐開和咧嘴大笑。大約在那個時候，肯德瑞克能夠再次與亞伯開始進行一些對話，起初是簡短的交談，不過隨後兩人距離繼續拉近、打破了隔閡，最終，他們終於能夠一起反覆檢討推敲整件事情的導火線，並且分享他們的每個觀點、進行修正，然後繼續前進，他們倆高情厚誼的友情也歷久彌新！

要肯定預測像這樣的情況會如何發展並不容易：有時候你可以修復事情，而友誼會因此顯得更加堅固、你們會成為莫逆之契；還有的時候，修復似乎是兔角龜毛，友誼永遠不會復原，這在很大程度上，得看所涉及到的當事人特定個性和情況而定，不過發展與培養能夠嘗試重新開始的能力並非浪費時間——這最終會成為你希望長期維持之任何關係上所需要的法寶！

回應你自己

除了回應他人之外，尊重和回應你自己、回應你自己的想法與感受，應該是你的首要任務！說實在的，不回應你自己，通常會阻礙你沉浸在自己與他人的交流中的能力。要是你不給你自己的感覺與觀點它們所應得的尊重，你最終會傷害一段關係。

讓我們回到梅蘭妮和安琪拉的故事吧！儘管在第一次約會時出現溝通障礙，梅蘭妮和安琪拉還是為了第二次咖啡約會而見面。梅蘭妮此時已經學會了在談話的過程中，不要太被她自己的想法和感受所干擾——她已經學到了要加快腳步注意自己的想法和感受，這樣一來，她就可以重新關注她的談話夥伴，並且沉浸在她與夥伴的交流之中。梅蘭妮並沒有完全忽視她自己的想法和感受，相反地，一旦她陷入沉思中時，她會透過把持自己來管理這些思維，並且迅速將注意力重新轉移到安琪拉身上。梅蘭妮在這場約會過後、離開她的約會對象時，她的感想是感覺她自己身心都在約會的現場，她的心思更加專注，這則讓她能夠真正徹底瞭解安琪拉。安琪拉似乎更能投入於談話中，可能就是因為梅蘭妮在她們互動的過程中，更常與安琪拉同在，而不是一顆心都不知道飛到哪裡去的緣故。

儘管可能需要迅速記錄自己的感受，才可以讓自身沉浸在自己與他人的交流之中——就像梅蘭妮的故事告訴我們的一樣，但是觀察自己的感受真的非常重要。傾聽你自己的內心體驗，並且瞭解你自己，可以指引你，讓你知道在整個互動和關係中什麼是最適合你的。假使你注意到和某人在一起感到舒適和安全，這種觀察可能會讓你變得能夠對他們多敞開一點心門。要是那個人讓你感到被關注和關心，你可能更傾向於回報。但是倘使那個人讓你感到不舒服，而你真的注意到自己的不舒服，你可能會選擇更謹慎地對待他們。如果他們以某種方式對你不公平或糟蹋虐待你，你可以捍衛自己、為自己挺身而出，所以你自己的直覺是非常寶貴的，有時候它們可以指導你如何回應對方。

愛麗絲（Alice）是一位三十出頭的病人，和傑克（Jake）的關係已經持續很長一段時間了，他們似乎在很多方面都很合得來，但是傑克一次又一次針對愛麗絲的外表和體重提出委婉含蓄，不過顯然就是在批評嫌棄的意見。她把他的話銘記在心，儘管她的體重真的沒有超過標準，但是這些話開始影響她的信心和自尊。在其他情況下，她向來不會對自己的外表感覺沒面子，但是在與傑克在一起的那些時刻，她一定都會覺得她的心情變得很不好！在治療的過程中討論，並且與她的朋友研究過這個問題後，愛麗絲開始意識到，傑克這種罵人不帶髒字的惹人厭習慣，可能並非**真的**與她的外表有關，反倒有可能是因為傑克對他自己和他們的關係存在著不安全感。

他試圖以一種不正常的方式，來讓愛麗絲覺得她很幸運能和他在一起！這個天大的發現真是幫了大忙！但是對於愛麗絲來說，還不足以讓愛麗絲打破她往常習慣的模式，一旦傑克再次開始用嘴巴損人時，儘管她努力了，但是她又臣服在她的尷尬與低自尊之下——她的反應似乎仍然是本能和習慣性的。有時候，傑克沒有講那些不中聽的話時，她就試著與他談談傑克對她外表的批評和不滿，會讓她感到多麼不安，但是試圖跟他在與當前氣氛不協調的情況下討論這個問題，似乎無濟於事。接著有一天，傑克再次開始了冷嘲熱諷，不過這一次，在他們的互動過程中，愛麗絲能夠從心理上退後一步，從這個角度實時去感受到傑克正在做什麼。她在自己身上感覺到，她慣常有的情緒反應開始發生了，有了這個更大的視角（來自於一個有著高度放鬆的意識、傾聽並且理解這個模式是什麼的時刻）愛麗絲並沒有為自己感到難過，而是認識到了傑克的意圖，並且決定透過設定一些限制，來回應她自己的感受和觀點，而不是讓傑克因為他使她覺得她自己很差勁而感到滿足。她回想並且也攤牌了：「傑克，我厭倦了你批評我的長相！我的身體不是你的、不是由你控制的！如果你有什麼要說的，就說出來！直截了當，而且要帶著尊重去說！我受夠了你的被動攻擊（passive-aggressive）㉙評論！」傑克當場馬上踩了剎車停住，至少有一小段時間，他們之間的關係模式發生了轉變。和大多數人一樣，愛麗絲需要時間和練習、實作，才能去執行哪怕是一個看起來並不大的改變。即使只是小小的變化，可能也不會在一夜之間就發生在你身上，但是持續練習對你自己和自身感受提出反應，這種做法可以幫助你發現令人擔憂或功能失調的模式，最終，這可以幫助你在一段關係中保護自己，並且堅持你自己的立場。

對自己提出回應也可以指選擇不參與互動、或者做出抉擇從互動中抽身而出。假如有人挑釁你，把你覺得不真實或不恰當的事情歸咎在你身上，或者要不然就是將你捲入一場鬥爭中，你可以仔細「傾聽」你自己的痛苦不適，瞭解對方試圖在你身上喚起什麼，並且，藉著對「回應你自己」和你自己的感受，設定限制去加以回應，不攪和其中、不與其糾纏，或者走開讓自己休息一下。

在我們生命的最初，相互回應是如何開始的

就像調和的其他組成元素一樣，在人際關係中的相互回應，最早開始發生的時間可以追溯到我們生命最初的階段。在我們還是嬰兒的時候，我們的父母或看護褓姆會在我們所在的地方與我們相會（如果運氣好的話），並且注意與關注我們的需求。我們是嬰兒，我們力不從心，我們無法在我們的父母所在之處與父母相會，所以我們需要他們主動出擊。但令人驚訝的是，即使在嬰兒時期，說不定是在出生後的頭幾天，或者甚至最初幾個小時內，我們也開始與父母或者看護褓姆進行偶發反應，以非常基本的、輪流交換的動作、臉部表情和發聲來加以進行，這就是我們和我們的父母第一次瞭解對方，並

㉙ 一種不直接說，而用各種暗示表達憤怒的行為，既是有意的、又不想表現地過於直接和明顯，以讓對方察覺不到自己的憤怒。

且鞏固彼此間的聯繫的方式。[17]

我們與父母之間的這種偶發反應會愈來愈多，到了我們大約兩至四個月大的時候，我們已經與父母一起創造了我們自己獨特的方式，以遊戲的方式交換微笑、手勢和發聲。[18]雖然我們還沒有任何「真正的」字詞或語言，不過我們與父母之間輪流發聲的節奏，與成人之間對話的節奏簡直是大同小異，因此，我們與夥伴（在這種情況下是指我們的父母）協調發聲時間的能力——輪流發聲並且相互回應，甚至比語言本身更重要。

有些關於嬰兒和母親之間相互回應與調和的經典研究，是由美國精神科醫生丹尼爾．斯特恩（Daniel Stern）博士㉚在一九八〇年代所完成的。他研究了母親透過配合嬰兒的發聲和行動，來回應嬰兒的方式——母親要不是模仿嬰孩的發聲和行動，就是配合小寶貝正在表達的情緒。斯特恩認為，這種配合是一種調和的形式，是母親與小寶寶分享感受和經驗的方式。斯特恩指出，在嬰孩出生後的第一年，母親和小寶貝之間的相互回應與調和，讓小小孩上了關鍵的一課：「內在感受的狀態，是可以與其他人分享的人類體驗的形式。反過來說也是一樣：從來沒被別人調和過的感受狀態，則只能獨自一個人體驗，跟可分享體驗的人際情境是互相隔離開的。這裡的關鍵問題不外乎是可分享的內心世界其種類狀態和程度範圍」。[19]

但是斯特恩也觀察到，在很多情況下，母親並未配合她們小寶貝的行為。這些情況中有些是故意的、有些則是意外的。在某些情況下，母親故意與嬰兒的行為強度過度搭配或者不協調，目的是增加抑或減少嬰孩的活動或情緒狀態，好比為了稍微降低嬰兒的興奮程度，母親的反應可能不如她的小寶寶那麼強烈。這些故意配合不當的情況是一種人際調節的形式，有助於將嬰孩的情緒和活動保持在某個最佳區域內，以便他們能夠在相互回應時，沉浸在他們與他人的交流之中。[20]

在其他情況下，父母則會在不知不覺中表現得與他們小寶貝的行為不相符，因為父母偶爾會稍一不慎不注意，這是可以理解的（畢竟，每個人都需要不時花點時間在自己身上），他們在輪流回應方面失去了節奏、誤讀了嬰兒關於他們情緒狀態的信號，或者無法進入與小寶寶雷同的感覺狀態。就像成人的互動一樣，父母和他們的小寶寶之間，並不存在著長期保持完美調和這種事情，暫時回應不過來是迫不得已的，有項針對三至九個月大嬰兒的研究發現，母親和她們的小寶貝有七十％時間處於不搭配的狀態（不同

㉚（一九三四—二〇一二）日內瓦大學榮譽教授，專攻嬰幼兒發展，並發表諸多著作，一九八五年出版代表作《嬰兒的人際世界》（*The Interpersonal World of the Infant*）。

步、不協調），[21]透過這些連結的中斷，嬰孩與父母要一起學習的一項重要技能，就是如何再度開始與重新連結，嬰兒和父母之間的這些不協調和修復，是重要的學習經歷，因為無法迴避的連結中斷和修復，將成為他們一生中關係的一環。

建立調和　管理衝突

相互回應的靈活多樣性（以及整體上的調和）確實令人驚嘆，調和不僅對於發展與培養親密和洋溢愛意的關係，以及改善相形之下比較一般普通的關係互動其品質來說至關重要，而且對於處理衝突來說也十分有益。想與一個會跟你起衝突和／或讓你深感痛惡的人保持調和，似乎有悖常理；矛盾的是，與你的對手調和，與他們建立連結的能力，則會使你在處理與他們的衝突時，讓你處於更有利的地位，這是太極拳武術的基本原理。

憤怒和衝突往往是由當事人對彼此的錯覺與誤解而助長的，而且大多是被恐懼所驅動的，比方說，在你的工作場所中，某個人因為自己誤會你而對你發飆，並且指責你做了一些你沒有做的事情，你當然會因為他們誣陷你而對他們大動肝火，你也可能擔心工作場所的其他人，會相信他們對你的不實指控。你可能會不由自主在口頭上猛烈抨擊指責你的人來提出反應，他們則可能會立即加倍奉還痛斥你，接著整個事情就會愈演愈烈！

但是假設即使你被指責，你也可以保持頭腦冷靜，在放鬆的意識區域裡控制住你的情緒和思想，並且維持理智清醒，而不是直來直往、魯莽行事。要做到這點並不容易，但是我們來想像一下這件事可能發生的情境：在放鬆意識的狀態下，你會感到更加穩固和安全，你覺得不那麼需要強烈譴責他們，或者遠離並且避開他們。你可以堅持自己的立場，你能夠控制住你的情緒和思想，並且保持清醒理智的能力可以幫助平息局勢。有了更清晰的頭腦，你就能充分傾聽與理解指控你的對頭，一目瞭然看出他們對你和那種情況的看法，哪裡出了問題。一旦你能看到並且理解這些誤解，你就能妥當糾正它們、清除它們，解決第一個引發這場衝突的根源。利用調和的組成元素，你可以更有效地緩和衝突、同時更有力地保護你自己！化解衝突的技能是武術家擁有的技能——即使只使用語言去化解。在中國字中，實際上意思指「武」的字，在字面上所代表的意思是「止息干戈」，亦即「停止戰鬥」；真正的武術的目標是巧妙地管理和減少衝突以及侵略，把對自己和他人的傷害降低到最低限度。

我們來想像一下情況甚至還更糟：假設這位同事不是因為任何正當的錯誤或誤解而指責你，相反地，他們知道你沒有做錯任何事情，但是他們因為惡意而故意操弄、栽贓與抹黑你，目的只是為了在工作中「抓你去當代罪羔羊」、傷害你、推你陷入險境，甚至讓你得捲舖蓋走路。在這種情況下，沒有正當的誤解可以澄清，一切都是嫁禍陷害。若是你突然失去冷靜，並且痛批他們，這樣一來，他們可能就會因為惹火你，並使你失去方向以及更好的判斷力，而剛好讓他們正中下懷！他們可能會利用這個機會對你**煤氣燈操縱**，這會使你對自己在事件的看法上產生懷疑。在大多數情況下，儘管存在諸多困難，你最好還是要讓自己保持在「輕鬆的意識狀態」這個區域裡，如此一來，你就可以清楚地傾聽、檢視，以及理解，並且瞭解最有效的回應方式。（有時，這種回應可能需要透過尋求值得信賴的主管、人力資源部門的支持，或者使這位同事的行為，成為明顯眾所矚目的焦點，來表達你的聲音。）和跟你彼此為敵的人調和並不代表一定要喜歡他們，或者與他們變得親密；意思只是要給你自己一個最好的機會，讓你能夠巧妙熟練地處理衝突。藉由與他們連結，並且使用相互回應的原則，你可以保持你的平衡、集中你的能量精力，讓你劍及履及、有的放矢，並且指揮管理你的抗衡反應。同樣地，這也是太極拳和其他一些武術的基本原則。假若（透過你放鬆的意識、傾聽和理解）你清楚地覺察到某人在某種程度上確實是來者不善，這樣一來，你就可以提出睿智的選擇，決定你要完全迴避他們並且結束互動。

令人感到驚奇的是，即使在單純的戰鬥中，調和原理也很有用。我們不是建議你去打架鬥毆，但是研究一下這一點也是很有趣的，你可以瞭解到調和的各式各樣多功能用途，以及調和在管理各種衝突中，可以發揮的作用。以拳擊或者其他一些格鬥藝術為例，你能夠在對方所在的地方與對方相會（而不是誤解了他們所在的地方），以相稱的方式並且在正確的時間上加以回應，同時在你與對方的互動中，沉浸在你與對方交流中的能力，會使你可以更巧妙熟練地管理這場戰鬥。假使你需要用力，最好是透過準確感知到他人的這種方式，來引導你的這股力量，在搏鬥的過程中，傾聽與理解對方以保持彼此連結，這樣做則能幫助你完成這個任務，武術家卡尼西卡・夏爾馬（**Kanishka Sharma**）[31]的分析是：「任何人都可以學會踢腿還有打拳，真正的武術家則會讀懂對手的節奏，這樣的武術家是距離和時機的大師！」所以**武術的學問**事實上在於讀懂對手的

㉛（一九七一—）首位唯一獲封少林功夫大師的印度人，也是第一位將軍用菲律賓武術卡利（Pekiti Tirsia Kali）戰鬥體系帶到印度，並引進執法軍隊和特種部隊的印度人。

節奏——武術的策略就是你要與敵方調和！讓太極拳或其他武術的新手感到驚訝的一件事，就是這些功夫對放鬆意識的重視程度，這些生手說不定會想：「等一下……我想學會怎麼去格鬥，這些放鬆和冥想的東西又是什麼玩意兒啊？它們跟決鬥有什麼關係？」但是有了放鬆的身心，就可以讓你更有能力去讀懂對手，並且產生反應（比方說出拳），而不被自己的僵硬所阻擋和阻礙；驚慌失措的狀態只會讓你在戰鬥時事倍功半！而且你會記得，放鬆的意識是調和的基礎。當代太極拳大家陳正雷㉜則是這樣形容的：「太極拳行家會專注於把整個身體當作是一個系統，而不是把注意力集中在任何明顯的外部某一點，他會運用完全放鬆來解讀，並且回應襲擊他的人其意圖。」[22]

有趣的是，我們之前提到的母嬰調和研究先驅丹尼爾・斯特恩也發現到，調和的原則遠遠超出了母親與嬰兒這個範疇，並且延伸到了精通熟練的武術衝突領域。斯特恩對一九九六年穆罕默德・阿里（Muhammad Ali）㉝和卡爾・米爾登伯格（Karl Mildenberger）㉞的某場拳擊比賽，進行了一個接著一個畫面式的分析，並在這項研究中發現到調和對專業拳擊來說是多麼重要。由於拳擊手的動作快如閃電，因此出拳得看該位拳擊手在時間與空間上正確預測對方拳擊手的運動軌跡，只有在出拳方非常瞭解與融入他的對手，並且夠冷靜到足以準確預測對手接下來的動作時，他的拳頭才可以同時到達對手的臉或身體。[23]同樣地，在關於太極拳的古老文獻中（有時稱為太極經典）有句話提到了拳擊這項運動：「人不動，我不動；別人稍微動一下，我就先有動作。㉟」這代表優秀的太極拳師父跟他的對手非常調和，因此他能感覺到對手何時將會有動作，而且他自己先動起來，這使得他比對手更有優勢，或者讓他可以在對手要到的地方與對方相會。[24]

㉜（一九四九—）河南省焦作市溫縣陳家溝，他是陳家溝陳氏十九世，太極拳第十一代傳人，也是陳家溝四大金剛中首位獲晉升為中國武術最高段位九段的太極拳家。

㉝（一九四二—二〇一六）美國拳擊手、首位三次世界重量級拳擊冠軍得主，一九九九年獲《體育畫報》（Sports Illustrated）評為世紀最佳運動員，全球最著名人物。

㉞（一九三七—二〇一八）德國重量級拳擊手，一九六四至一九六八年為歐洲重量級冠軍，六次贏得此項殊榮，一九六六年九月向穆罕默德．阿里挑戰世界重量級冠軍，但未成功。

㉟原文為：彼不動我不動，彼微動我先動。出自〈十三勢行功心解〉。

練習時間到

培養相互回應的能力全攻略！

以下練習與實作的目標，是發展與培養相互回應的關鍵組成要素：與對方在他們所在的地方跟他們相會、偶發反應，以及沉浸在與對方的交流之中。這些相互回應的元素被稱為社會神經科學的暗物質（dark matter）㊱，因為它們非常重要，但是神經科學家卻還沒有開始探索或理解過它們。[25]儘管在實驗室裡，研究相互回應是個不小的考驗——因為兩個人的互動是自然發生的、迅速的，而且不受控制的。但很明顯的是，相互回應是可以經由練習與實作來加以改善的，科學家則開始著手瞭解這個學習過程的生物學（biology）㊲原理。[26]在這裡的對話、行禪練習和推手練習中，我們會把自動自發與互換元素加進這些練習組合中，藉著添加這兩項元素，我們就可以在模擬日常社交互動中出乎意料的迂迴曲折情況下，練習運用所有的調和元素。一旦我們在這些練習與實作中，增加了不可預測的帶領和跟隨交替運作時，我們就會建立起相互回應和非語言的交流。

相互對話*

試著練習一下第四章裡的對話理解練習吧！但是這一次不要在一開始就選擇開口或聆聽的角色，反而要展開更一般、更自然的對話，在對話中有來有往，兩個人輪流發言與傾聽。有一個人應該試著透過「在對方所在的地方與對方相會」來發起對話（也就是根據你對他們的瞭解，從對方可能感興趣的話題或問題開始），接著，嘗試將注意力集中在對話的偶發反應方面，即每個人的談話和反應，都建立在對方剛剛說過的話上。這樣做了一段時間後，任何一個人都可以決定轉移話題，但是要儘量以一種與對方有所聯繫，並且建立在你們剛才談論的內容上的方式來轉移話題。某一方轉移話題時，另一位搭檔應該嘗試跟隨他們進入新的話題，而不是死守舊的話題不放。儘量在對話時，沉浸

㊱ 天文學發現宇宙中數量最龐大的物質，可能不是我們所熟悉的發光物質，例如恆星、星雲、星系等所組成，而是由我們目前還不知道形式、性質的物質所組成。這些物質不發光或其他波段的電磁波，也不與電磁波交互作用，天文學家稱這些物質為「暗物質」。因此近來所指的「暗物質」以「暗」來表示未知。

㊲ 生物學是自然科學的一個門類，為研究生物的結構、功能、發生和發展的規律。以及生物與周圍環境關係等的科學。

* 表示這是一種要有伴相隨的練習和做法。

在與對方的交流中，而不要心思神遊外太空、或者去探索你的搭檔不感興趣之切入點。假使你確實恍惚走神了，或者你以某種方式失去了連結，請試著重新開始。避免自言自語或主導談話——要繼續有來有往、交流意見。

同步行禪練習*

請參考第三章中的同步行禪練習之說明。在一開始就決定由誰帶頭（領導）、由誰跟隨，領導者在你們開始行走時會改變步伐和速度；然而，在沒有任何口頭警告的情況下，這一次跟隨者會意想不到地開始改變步伐和速度。領導者應該感覺到並捕捉到這種步伐和速度的變化，並且嘗試與跟隨者的步伐和速度保持一致，換句話說，兩個人在沒有口頭警告的情況下，要自動自發交換角色（領導者變成追隨者，追隨者變成領導者）。某一人改變步伐和速度時，另一個人應該嘗試與他們保持一致，這一點應該透過感知彼此的動作並且跟隨對方來完成。

推手練習*

在這個練習中，我們會以在第四章所學的太極拳推手練習為基礎加以進行。我們會嘗試發展與培養更多的相互回應之身體感覺，並且結合在對方所在的地方與他們相會、練習偶發反應，以及沉浸在交流之中。我們將學習如何透過「與對方所在的地方與他們相會」這個方式來開始進行推手，試著使你的反應視對方的反應而定，並且讓你的反應以「有的放矢」和相稱的方式去回應對方。每個人都可以在沒有口頭警告的情況下，自動自發改變速度或方向，而另一個人應該努力沉浸在與對方的交流中、跟隨，並且維持接觸。目標是保持連結、「傾聽」對方，並且一起流暢地運動。請記住，在「領導」時仍然要有一點跟隨的樣子，因為即使你在領導，你依然在「傾聽」對方。

如欲取得更多有關如何以這種方式練習推手的詳細步驟與影片，以及這裡描述的所有練習方面的疑難解答影片與秘訣，請瀏覽MissingEachOther.com。

第六章

人工智慧下的調和

「所有的工具都可以用在好事或壞事上……工具愈強大，所能帶來的好處或損害就愈大。」

——布萊德・史密斯（BRAD SMITH）①，微軟（Microsoft）總裁[1]

①（一九五九—）原為科文頓・柏靈律師事務所（Covington and Burling）股東兼合夥人，一九九三年加入微軟；二〇一四年獲《紐約時報》譽為「科技界大使」。

調和是個人親身的、生機勃勃的、親密無間的，它深深扎根於我們每個人的生命史中，可以追溯到我們嬰兒時期與我們的父母或看護褓姆這段我們最年幼時候的關係，而且在我們的童年、青春期和成年生活中，也不斷延續著這種密切的關係。現在，我們正經歷著歷史上一個獨一無二的時刻——一場科技革命正在侵門踏戶，削弱、剝奪與威脅調和所具有的個人親身、人與人之間的現象，我們已經進入了該稱之為「人工智慧下的調和」的時代，在這個時代裡，機器技術日新月異、功能強大，可以模仿調和，在某些情況下，這些技術甚至在社會訊息處理上的某些方面，比起人類的能力更是有過之無不及。人工智慧下的調和其問世潛力無窮，這則是由我們如何使用與監管它來決定的，舉凡任何新科技的發展都是如此，但是考慮到對我們自己和我們的關係之基本精神來說，調和有多麼地不可或缺，因此人工智慧下的調和其潛在優勢與物用，尤其赤裸裸地很明顯，包括從人工智慧下的調和能提供突破性治療，以提高身心障礙者的自我意識和溝通技巧，再到人工智慧下的調和被用作大規模監視（mass surveillance）②的工具，以及在某些方面，在我們最個人親身的互動中，人工智慧下的調和取代了我們的人類搭檔，這些都是可能發生的範圍。

人工智慧下的調和．誕生

人工智慧下的調和起源於一九四〇和一九五〇年代的電腦科學，當時人工智慧（ＡＩ）③領域剛剛興起，其目的是開發能夠模擬人類智慧各個方面的電腦。一九五〇年時，英國數學家暨電腦科學家艾倫．圖靈（Alan Turing）④開發了一項測試，以評估電腦使用語言去產生類似人類反應的能力：[2]假若有個人無法區分何者為電腦的文字反應、哪一個又是人類的文字反應，如此一來，那臺電腦就通過了後來被稱為圖靈測試（Turing test）⑤的測試。一九九〇年，美國發明家休．羅布納（Hugh Loebner）則設立了羅布納（Loebner）獎，這是一項每年舉辦一次的競賽，宗旨在於確定哪些電腦程式，

---

② 指在沒有充分證據顯示涉嫌犯罪的情況下，針對許多人、甚至全國人民，監控其網路活動和電話通訊。

③ 指電腦、機器、程式、原始程式碼透過模擬人類心智，來解決問題及決策的能力，並有三個關鍵技術：機器學習、專家系統、人工神經網路。

④（一九一二—一九五四）電腦科學之父、人工智慧的鼻祖，世界第二次大戰期間，他為盟軍破譯德軍密碼，為結束戰爭貢獻良多。

⑤ 測試者與被測試者（一個人和一臺電腦）隔開，由測試者利用鍵盤等隨意提問被測試者，如果測試者至少有五成時間誤認電腦為人類，電腦就通過了測試。

最能在圖靈測試中把人類模擬得維妙維肖。

自一九九〇年以來，人工智慧的發展突飛猛進，特別是在機器學習方面，這是人工智慧的一種應用計畫，賦予了機器學習和解決問題的能力，從而使人工智慧不斷自動增進自己的能力，超出預先編程的範圍，而且在某些情況下，超越了程式設計者的控制。在人類智慧某些尚待開發的新領域中，人工智慧已經超越了人類的能力：一九九七年，IBM的深藍（Deep Blue）超級電腦⑥擊敗了西洋棋（chess）⑦世界冠軍加里・卡斯帕洛夫（Gary Kasparov）⑧；二〇一六年，谷歌（Google）的深思（DeepMind）⑨程式AlphaGo⑩讓李世石⑪這位在世的圍棋（Go）⑫冠軍巨擘吞了敗仗。圍棋被認為是所有棋類遊戲中，數一數二最複雜、最直觀的遊戲，很多人懷疑圍棋遊戲不是機器有能力去掌握的。二〇一九年，李世石決定在三十六歲時退出比賽，因為AlphaGo崛起。他表示：「不能被擊敗！」[3] AlphaGo並沒有被預先編程來打敗這些冠軍，但是卻能夠透過反覆練習來學習，接著再超越任何活著的人類之能力。二〇一七年，谷歌的機器學習程序AlphaZero⑬在短短四個小時之自我對弈練習中，就超過了人類花了數百年才能獲得的西洋棋能力。[4]谷歌的深思（DeepMind）程式最近則開發了一項人工智慧程式，讓自己可以躋身成為團隊的一部分進行比賽，並在多人團隊比賽中擊退最頂尖的人類職業選手——經過反覆試驗，該程式能夠根據其隊友表現來調整自己的行為。[5]而在二〇一九年時，一項名為Pluribus⑭的人工智慧計畫（它曾與自己的複製品反覆對決，並且取得

---

⑥ 由出生於臺灣的許峰雄（一九五九—）這位IBM電腦科學家研發八年，於一九九七年五月十一日推出。採用研究小組設計的西洋棋專用處理器芯片，專門用於分析西洋棋。

⑦ 二人對弈的戰略棋盤遊戲，或稱：國際象棋（international chess）、歐洲象棋。棋盤有六十四個黑白相間格子，黑白棋子各十六個。先殺死對方國王者勝。

⑧（一九六三—）二十一歲時就獲得世界冠軍，蟬聯世界排名第一長達二十多年，至今尚未有人打破他的紀錄。現為商業演講者、全球人權倡議者及作家。

⑨ 英國的人工智慧公司，創立於二〇一〇年。二〇一四年一月二十六日，谷歌宣布已經同意收購深思公司（DeepMind）科技。

⑩ 人工智慧圍棋程式，「Go」為日文「碁」字發音轉寫，是圍棋的西方名稱；電腦可結合樹狀圖、又可像人類大腦一樣自發學習進行直覺訓練，以提高下棋實力。

⑪ 韓語：이세돌，朝鮮漢字：李世乭（一九八三—），韓國圍棋九段棋士，生涯十四次世界冠軍、十八次國際賽冠軍，全盛期為二〇〇二至二〇一二年。

⑫ 使用格狀棋盤及黑白二色棋子進行對弈，起源於中國，中國古時有「弈」、「碁」、「手談」等多種稱謂，屬琴棋書畫四藝。西方稱之為「Go」，是源自日語「碁」的發音。

⑬ 谷歌旗下人工智慧公司深思公司（DeepMind）利用AlphaGo的機器學習系統，構建了新一代的人工智慧軟體AlphaZero。

⑭ 由臉書（Facebook）公司與美國卡內基美隆大學（Carnegie Mellon University）合作開發的人工智慧機器人Pluribus稱霸德州撲克比賽。

能贏棋的策略）在多人撲克比賽中，讓教父級的人類玩家一一成了它的手下敗將。[6] 然而，人工智慧仍然難以匹敵人類的某些能力，例如抽象思維和靈活運用知識以適應特定的環境。二〇一九年，微軟對一家名為OpenAI⑮的公司投資了十億美元，作為建立通用人工智慧（artificial general intelligence, AGI）⑯雄心勃勃專案計畫的一環，其目標是開發一個可以執行任何人類大腦辦得到之事的系統。[7]

近年來，人工智慧的力量，已經轉向其他曾經被認為是人類獨有的能力，亦即人類的交流溝通與調和。這就開啟了機器在調和的某些方面，等同於或者超越人類能力的前景——機器甚至會滲透到我們人類最親密的關係中。這個想法在二〇一三年的科幻愛情劇情片《雲端情人》（Her）⑰中即有所描繪，片中主角是一位孤獨、灰心喪氣的男人西奧多（Theodore），他與一位由他取名叫珊曼莎（Samantha）的女聲人工智慧程式建立了關係。隨著關係的發展，珊曼莎透過與西奧多的互動去學習和適應，他們彼此之間變得愈來愈親密。雖然是科幻片，但是這部電影指出了這樣一個現實，即機器能夠「讀懂」我們，並以愈來愈精確與熟練的方式來回應我們，有時候還能讓我們感覺跟它們是親近的，就像我們與朋友相處一樣。

人工智慧程式以及經由它們運行的電腦和機器人，可以模擬調和的某些方面，但這是一種模擬——人工智慧並不像另外一個人那樣可以具有調和感。首先，電腦沒有真正的意識，而且它們不會感到焦慮、緊張或壓力，也無法體驗放鬆的意識是何物，它們不能是因為它們零意識；但是，假如人工智慧或機器人以一種不可思議的類似人類之方式回應你，這時很容易產生出一個有意識實體的錯覺。人工智慧可以藉由從我們的語言或文字、我們的臉部表情模式、我們的語氣或肢體語言中收集關於我們的訊息來模擬傾聽，但是這種**訊息收集**，並不是「有意識的人類會傾聽」這個意義而言的**傾聽**，人工智慧沒有自己的情感和情緒，不能像具有情感同理心的人類那樣，真正與我們產生情感上的共鳴。人工智慧可以模擬理解，它可以根據人的臉龐和其他特徵來辨識特定者，可以認出我們的語言、臉部表情和其他表示某些情緒或意圖其行為的模式，而且人工智慧在

⑮ 非營利的人工智慧研究組織，二〇一五年底成立，總部位於舊金山，它是一家設定為「用開放的方法」研究通用人工智慧，為人類帶來福祉的研究機構。

⑯ 是一種擁有與人類相同智力水準或甚至超過人類的理想化電腦程式，通用人工智慧被稱為「強人工智慧」；指人工智慧在任何領域都可以具備人的能力。

⑰ 獲頒第八十六屆奧斯卡金像獎最佳原創劇本獎，故事由導演史派克・瓊斯（Spike Jonze，一九六九—）讀了有關網站使用人工智慧程式，進行即時通訊的文章後，所構思而得。

以模仿人類相互回應的方式，來回應我們的這方面能力則變得愈來愈複雜，但其反應完全是以機器演算法（machine algorithms）⑱為基礎。

人工智慧下的理解

微軟、蘋果（Apple）、谷歌、亞馬遜和臉書等公司，都在開發可以辨認特定人臉，以及區分不同臉部表情的軟體。[8]這項技術非常強大，而且其準確度只會不斷提升，就在我們撰寫這些內容的時候，谷歌的FaceNet臉部辨識系統能辨到從一百萬張臉中分辨出某一張臉。[9]這些技術對我們日常生活的潛在影響取決於其使用方式：一方面，臉部辨識⑲軟體是功臣，可以對我們任何人的智慧型手機上的照片進行分類；另一方面，人工智慧則可能會被政府或公司用在（並且可能被濫用）更有問題的目的上，作為監視和監控的臉部辨識技術（例如，辨認犯罪嫌疑人或潛在的恐怖分子，並可能用於監視一般平民）。[10]人工智慧系統使用來自各種來源（包括社群媒體網站和約會網站）的臉部圖像來訓練自己進行臉部辨識。[11]不少臉部辨識軟體服務，被賣到警察部門和政府機構，引爆民眾強烈反彈，擔心政府可能會監視老百姓！[12]一家名為Clearview AI⑳的公司則開發了一款功能極為強大的臉部辨識應用程式，該應用程式允許使用者將某個人的照片與該公司從網際網路（臉書、YouTube等）上搜羅的三十多億張圖片之資料庫進行對照，就背景而言，這個人臉資料庫比美國聯邦調查局（ＦＢＩ）的資料庫大得多！該應用程式現在被數百個執法機構使用，並可以與擴增實境眼鏡（augmented-reality glasses）㉑配合，以便使用者可以辨認他們透過眼鏡看到的每個人。[13]大家都擔心這些臉部辨識系統在識別女性、有色人種和其他少數群體時不太準確，因此可能會犯更多錯誤。[14]臉部辨識技術正被用於國防專案計畫，因為可以幫助分析軍用無人機拍攝的影像剪輯片段，這表示它有可能用於認出目標人群。此類專案計畫層出不窮，導致該領域的不少領導人紛紛呼籲對臉部辨識技術進行公開監管，指出臉部辨識對保護隱私和言論自由等基本人

⑱ 指電腦處理事情的方法、流程。

⑲ 臉部辨識系統（Facial recognition system），或稱「人臉識別」。特指利用分析比較人臉視覺特徵信息，進行身分鑑別的電腦技術。

⑳ 美國臉部辨識軟體公司，二〇一七年創立，總部設立於美國紐約市曼哈頓區。

㉑ 將電腦輔助資料直接匯入佩戴者視野，佩戴者可即時接收更多資訊，例如放入使用者視野的操作或維修說明。疊映的區域與佩戴者眼前的世界融為一體。

權構成威脅。[15]

除了辨識人臉之外，人工智慧還能夠識別你所說或所寫的內容其模式。目前，能夠預測「你會說什麼」的機器已被廣泛使用。谷歌**Gmail**電子信箱中的「智慧撰寫」（**Smart Compose**）功能，即是使用自然語言處理的人工智慧來預測你接下來將在電子郵件中輸入的內容，而且它可以幫你寫完句子。[16]

已經有愈來愈多的人工智慧和機器學習系統被開發出來，可以分析文本中表達的情緒——這種功能稱為情感分析。[17]例如，臉書正在資助開發可穿戴式高科技頭帶狀設備（即「語音解碼器」）的研究，這些設備可以根據你大腦中的**電活動模式**，來確定你在自然的對話中想要說什麼。[18]研究人員認為這些語音解碼器有潛在的治療用途，可以幫助那些因神經系統疾病而無法說話，或是以其他方式交流溝通的人。有人對這種技術在某種程度上從個人的大腦活動中「讀」出當事人思想的潛力表示擔憂。根據《麻省理工科技評論》（MIT Technology Review）㉒的一篇報導，臉書希望開發一種能夠測量大腦活動的耳機，並且讓使用者能夠光是使用他們的思想，即可控制他們的設備或在虛擬現實中進行互動；另一項技術同樣獲得臉書的專利，該技術有可能在你查看應用程式上的內容時，透過手機攝影機追蹤你的情緒，最後再讓企業商家能超前密集部署定製你新聞提要（newsfeed）中的內容。[19]儘管有些研究聽起來很牽強附會、充滿未來感，但是我們離這樣的先進技術真的只剩一步之遙了！

麻省理工學院教授羅莎琳・懷特・皮卡德（Rosalind W. Picard）㉓是開發人工智慧情緒辨識這個領域的領袖研究員，她的實驗室帶頭開創了「情感運算（affective computing）」㉔領域，在這項前瞻性研究中，電腦被用於解碼、模擬和影響眾人的情緒，甚至使電腦能夠根據一個人的情緒狀態去調整他們的行為。[20]她在麻省理工學院媒體實驗室（MIT Media Lab）㉕的情感運算研究小組致力於開發專案計畫，以建立可以自動檢測話語中的情感（情緒）的電腦系統，並且能夠監控情緒的非語言表達，例如臉

㉒一八九九年由麻省理工學院創刊，注重新理論與技術配合實際的商業模式，特色為高素質、有實際驗證的理論基礎，適合社會大眾及專業人士閱讀。

㉓全名為Rosalind White Picard（一九六二—），麻省理工學院媒體藝術與科學教授，一九九五年發表相關論文，使得人工情感智慧成為現代電腦科學分支。

㉔或譯：情感計算、人工情感智慧。指與情緒相關、由情緒引起，或故意影響情緒之相關計算，目的在研發能夠辨識、解釋、處理、模擬人類情感的系統。

㉕隸屬麻省理工學院建築與設計學院，創辦人兼主持人為尼葛洛龐帝（Nicholas Negroponte，一九四三—），成立願景為「傳播與資訊通訊科技終將匯聚合一」。

部表情、肢體語言，和情緒的生理徵兆數據（例如皮膚的電導特性㉖，會隨著情緒的變化而變化）。[21]皮卡德教授與芮娜．卡里歐比（Rana el Kaliouby）博士㉗一起創辦了Affectiva㉘公司，該公司開發了從臉部和語音中檢測複雜而微妙人類情緒與認知狀態的技術。[22] Affectiva公司的產品，使得廣告商能透過監測消費者對數位內容的情緒反應來進行市場調查，使得應用程式和設備能夠感知與採用使用者的情緒臉部表情，並且能夠監控政治討論期間的情緒反應。Affectiva的網站（www.affectiva.com）保留了一份該公司正在增長運行中的數字清單：在撰寫這篇文章時，已經分析了超過九百萬張臉，而且這些數據資料已經被企業品牌使用。

這種對開發人工智慧讀取人類情感的濃厚興趣，已經完全不僅止於在研究方面摩拳擦掌，而是引起了主要策略諮詢公司、國際智囊團和大公司聚在一起集思廣益如何有效地利用此類資訊。二〇一九年九月，產業用社交和情緒／情感人工智慧國際研討會（The International Workshop on Social and Emotion AI for Industry）㉙在英國劍橋召開，知名機構（諸如KPMG安侯建業聯合會計師事務所㉚、美商麥肯錫亞洲股份有限公司〔McKinsey〕㉛、世界經濟論壇〔World Economic Forum〕㉜、IBM）的代表出席了該研討會。該研討會有個主要目標——將學術界和各產業界的領袖聚集在一起，思考如何開發具有能力的未來科技與技術，可以處理眾人的情緒、態度、意圖和慾望。這是在令人不舒服的親密層面上進行數據資料收集。[23]

人工智慧可以被使用的潛在有建設性方式之一是：協助自閉症等身心障礙者。自閉症類群患者通常會錯過社交線索、誤讀眾人的情緒表達——特別是在自閉症類群患者與

㉖ 人體皮膚是一種相當好的電導體。假如向皮膚施加小電流，此時皮膚的傳導率會發生可測之變化。

㉗（一九七八—）劍橋大學博士，埃及裔美國電腦科學家。二〇一二年入選為麻省理工學院全球青年科技創新人才榜前三十五位三十五歲以下最有潛力科學家。

㉘ 二〇〇九年創立，總部位於麻薩諸塞州波士頓，從麻省理工學院媒體實驗室分拆出來，專門研發人工智慧情緒辨識軟體。

㉙ 該研討會於九月三日與IEEE情感計算和智慧交互國際會議（IEEE International Conference on Affective Computing and Intelligent Interaction）同步進行，根據會議組織者的說法，在同一天組織的不同研討會中，該研討會吸引了最多的參與者。

㉚ 全球性的專業諮詢服務組織，擁有超過二十一萬九千名跨領域、服務與國界的專家，在一百四十七個國家提供專業化的審計、稅務及顧問服務。

㉛ 芝加哥大學會計系教授詹姆斯·麥肯錫（James Oscar McKinsey，一八八九—一九三七）創立於芝加哥的管理諮詢公司，致力於為企業或政府高層獻策與提出經營問題適當解決方案。

㉜ 非營利組織，一九七一年成立，總部設在瑞士日內瓦州科洛尼（Cologny, Canton of Geneva, Switzerland）。全球工商、政治、學術、媒體等巨頭每年冬季在達佛斯（Davos, Switzerland）舉辦年會，討論世界最緊迫問題。

神經正常的人進行互動時尤其如此。人工調和科技與技術是對自閉症類群患者有益處的個人輔助工具，可以幫助他們理解臉部表情和其他社交線索。在二〇一八年於荷蘭鹿特丹（Rotterdam, Netherlands）舉行的國際自閉症研究學會（INSAR）㉝會議上，皮卡德教授是主題演講人，她強調了情感運算在幫助自閉症患者理解他人臉部情緒方面的潛在治療用途。在最近的國際自閉症研究學會的會議上，有愈來愈多舉不勝舉的研究報告其內容與使用人工智慧和機器學習、可穿戴式設備、智慧型手機和機器人成為教導自閉症兒童社會技巧（社交技巧）的工具相關，這說明了大眾對這些科技與技術的興趣日益增加。正在開發和測試用於支援自閉症患者的社會理解之工具包括了虛擬現實（virtual reality, VR）㉞，這是指使用者透過耳機與電腦合成、模擬的世界互動，其概念是自閉症類群患者可以藉由虛擬現實，而將社會情境理解得更透徹、更深刻，並且可能因為重複虛擬體驗，對這些情境產生的焦慮感也會降低。

人工智慧下的回應

人工智慧能夠在基本層面上回應我們已經是一件不足為奇的事——我們可以與智慧

型手機或其他設備上的虛擬助手交談，比方說蘋果的Siri[35]、亞馬遜的Alexa[36]、抑或三星（Samsung）的Bixby[37]。這些人工智慧系統可以解碼我們的口頭問題，並且在回應我們要求提供資訊的請求時，以聽起來像人類的聲音回答我們，雖然可以大致模擬對話，但是這些系統仍然比較粗糙——機器形成的聲音聽起來有些不自然，而且人工智慧隨隨便便就會出錯，又成天誤解我們的問題或請求，其反應是預先編程的，靈活度有限；不過，科技一日千里，使得這種人工智慧體驗似乎也愈來愈自然了，這種技術突發猛進的人類虛擬助理如雨後春筍般出現，結果是機器一副好像可以跟我們調和的樣子，

---

[33] 全名為International Society for Autism Research，為一非營利組織，設立於二〇〇一年，總部設在美國堪薩斯市。

[34] 利用電腦3D繪圖技術，建構互動式虛擬環境，讓使用者彷彿身歷其境，可以及時、沒有限制地與三維空間內的場景及事物，進行視覺與聽覺的體驗互動。

[35] Siri公司創立於二〇〇七年，在蘋果二〇一〇年四月二十八日收購了該公司並重新開發後，Siri成了蘋果裝置的內建軟體，並只允許在iOS、macOS中執行。

[36] 亞馬遜智慧音箱中內建的語音助理，歐美人士會使用亞馬遜Alexa來控制家中智慧型裝置；Alexa還可以播音樂、查天氣、排行程、通話等等。

[37] 三星Bixby是三星人工智慧系統的統稱，整個系統由Bixby語音、Bixby視覺、Bixby提醒、Bixby主頁四項主要功能組成。

好比谷歌開發了一個名為Duplex㊳的仿人機器人，它可以撥打聽起來像人類打出來的電話，使用聽起來像人類的語調，還會發出「嗯哼」和「嗯」的聲音。[24]「琴鳥」（Lyrebird）公司㊴也不甘示弱，打造了一種人工智慧技術，可以合成人的講話，以假亂真，從一分鐘的樣本錄音來模仿特定某位人士的聲音，[25]該技術所產生的談話聽起來就像那個真人，而且比Siri、Alexa或Bixby的聲音更自然！

為了使人工智慧下的回應更加活靈活現與引人入勝，人工智慧不僅要有一個聽起來更像人類的聲音，而且在理想情況下，還能夠根據其人類對話夥伴之行為調整回應——使人工智慧的回應不僅由對方說什麼來決定，也取決於對方的情緒。麻省理工學院皮卡德教授的實驗室戮力開發軟體以幫助機器與人互動，同時檢測人是否能與機器互相連結或者信任機器，從而使機器能夠進行路線修正，以促進人能夠信任以及人可以與機器建立聯繫的能力。[26]大型科技公司也在開發方法以執行這套方案——亞馬遜擁有專利技術，可以讓Alexa分析人類聲音的聲調和音量，利用這些資訊來識別聲音中的情緒，然後根據該位人士的情緒提出回應，可能是用定向廣告（targeted ad）㊵來加以回應。谷歌則有一項類似的專利，用於檢測負面情緒，然後提供建議。[27]你不妨想像一下，讓Alexa在你的日曆中設定一次治療預約，之後Alexa決定為你播放舒緩的正念冥想旋律——因為Alexa「注意到」了你的嗓音洩漏了你心情沉重、情緒低落。

人工智慧下的回應快速異軍突起，已經觸及了我們最個人親身的互動——對於感到孤獨並且希望有朋友傾訴，但是由於某種原因，無法與另一個人交談的人來說，現在有稱為聊天機器人（care chatbot）㊶和友誼聊天機器人（friendship chatbot）的人工智慧程式，你可以透過文字跟它們進行交流溝通。針對尋求心理幫助的人，則有人工智慧聊天機器人可以「傾聽」他們，並以模擬治療師的方式向他們提出回應。開發這些治療機器人的人士認為，他們解決了現場治療的實際限制，例如由於費用或地理上的不方便，而導致獲取現場治療很麻煩，以及有些人不願意與另一個人談論這種個人問題。模擬同理

㊳ 二〇一八年推出的Duplex，讓使用者只需要求谷歌Google Assistant，就會自動去電美髮店、餐廳用合成語音預約，以及查詢營業時間與庫存等。

㊴ 二〇一七年成立的加拿大人工智慧新創公司，二〇二〇年成為專門設計平臺供影片語音編輯的Descript公司之子公司。

㊵ 指廣告主針對特定使用者特徵，包括種族、經濟狀況、性別、年齡、教育水平、收入水準和興趣，或根據使用者瀏覽器瀏覽記錄、購買記錄投放廣告。

㊶ Facebook Messenger、LINE、WeChat、Telegram、Kik等通訊軟體，都提供了讓程式開發者自由建置機器人的服務；或可到聊天應用程式去享受機器人服務。

心的人工智慧談話治療聊天機器人（採用文字進行處理的線上治療程式）目前已經在使用：這些機器人包括Woebot[42]和SimSensei[43]。有些心理健康專家譴責用人機互動來取代真實的、人與人之間的心理治療關係，他們認為，儘管與真人交談似乎更有負擔或更尷尬，但是與人類治療師交談具有重要的治療價值（被人類同胞看到、聽到和真正理解）這是機器所無法取代的，因為機器並不能真正聽到、認可、體會、同情、心領神會、站在別人的立場設身處地或關心，而只是表面上看起來如此。[28]

人工智慧下的身體

躍躍欲試開發「人工智慧下的調和」其研究人員和公司發現到：無血無肉的人工智慧語音或簡訊文字程式並不能完全模擬人與人之間的互動，我們對彼此連結的感覺有很多都與我們的肉身（我們的身體）存在有關，而不僅僅是跟我們的思想和聲音相關而已，即使沒有任何身體接觸，另一個人的身體存在則可以豐富連結的感覺，我們透過身體來瞭解彼此之線索和情緒，我們有一部分的連結是靠著身體同步的體驗來實現的。在最近因COVID-19而限制所有居民在家中防疫、不得外出的期間，大家的互動主要是經由Zoom㊹、Skype㊺或FaceTime㊻進行的。即便如此，許多人仍然渴望親臨現場的互動——儘管我們可以透過影片看到別人，但是由於Wi-Fi信號不可靠、時間滯㊼、不明確，以上林林總總的各種現象，以及經由影片去傳遞眼神交流和其他身體線索的這種方式，與這些元素在親身互動時的傳達方式相去甚遠，使得這種互動感覺上很僵硬不自然（更不用說在每次通話中，所花費的精力都是在盯著自己瞧！）我們有位朋友描述了他感受到的壓力有多大，他覺得自己好像錯過了重要的社會／社交資訊（好比眼神交流、

㊷由史丹佛大學臨床心理學家艾莉森．達西（Alison Darcy）研發，透過認知行為治療（Cognitive Behavioral Treatment, CBT）幫人們重新建立思考框架，治療憂鬱症。

㊸透過體感控制器及鏡頭，捕捉患者的臉部表情變化和肢體語言，衡量患者聊天過程中的心理狀態，並適時調整問題，向醫療專業人員反映患者的心理狀態。

㊹指總部位於加州聖荷西市的Zoom公司所推出，以雲端運算為基礎的遠端會議軟體；也是整合了視訊電話、即時通訊和商務電話系統的電腦軟體及行動應用程式。

㊺通訊應用軟體，可透過行動裝置、電腦和平板電腦使用，具有影片聊天、多人語音會議、多人聊天、傳送檔案、文字聊天等功能。現隸屬於微軟。

㊻蘋果推出的免費視訊、通話通話功能，可在iPhone 4或4S、iPod Touch第四代、iPad第二代、iPad第三代、或Mac OS X的蘋果電腦上使用。

㊼指兩個相關聯事件之間的時間間隔。

微妙的身體動作和手勢）因為他實際上並沒有出現在與他進行視訊會議的任何人面前。他注意到，在一連串的日常視訊通話後，自己感到疲憊不堪，起初他不確定原因，後來他回憶起來恍然大悟：雖然視訊聊天使他和其談話對象在精神上看起來像是在一起的，但是實際上他們並沒有。隨著時間發展，這種認知失調（cognitive dissonance）[48]給他敲響了一記警鐘。

二〇一三年《雲端情人》（Her）這部電影在說明我們在社交互動中，對身體存在的渴望方面，可能已經超越了電影本身所處的時代。片中的人工智慧程式珊曼莎只能與人類角色西奧多交談，但是珊曼莎並沒有實體，西奧多開始對珊曼莎漸生情愫、展開浪漫情緣，她則暗示西奧多可以透過一個活生生的人——伊莎貝拉（Isabella）與她進行身體上的親密接觸，伊莎貝拉可以當珊曼莎的替身。在二〇一四年的電影《人造意識》（Ex Machina）[49]中，一位名叫艾娃（Ava）的機器人雖然擁有機器人的身體，但卻有著跟人類相差無幾的臉、手和腳。這些類似人類的身體特徵，加上她能夠模擬人類的聲音、情緒以及反應，足以令程式設計師加勒（Caleb）對她傾心，並試圖將她從她的主人手中拯救出來。艾娃似乎對迦勒的男女之情浪漫情懷有所回應，但是最後，艾娃操縱了他，這樣她就可以在沒有他的情況下逃跑。在電影的最後，（小心爆雷！）她用人造皮膚覆蓋住她的機械身體，穿著人類的衣服，逃到城市的人群中，她在那裡面跟活生生的人沒有兩樣。這些電影都在窮追不捨解決這個問題：即人工智慧可以在多大程度上模擬跟人類調和，以及謀求與探索能打造出人工或替代的身體，以便可以完全充分地模擬調和。

這種謀求與探索不僅僅是科幻小說，實際上，人工智慧下的調和目前正在發展，超越了具有自然聲音的人工智慧程式，一直到愈來愈逼真的機器人，可以與人類進行親密的互動。麻省理工學院皮卡德教授的情感運算實驗室悉力開發社交機器人，能夠及時回應人的情緒狀態，並促進電腦與人之間建立融洽關係、和諧相處，[29]目標是開發一個具有生命力的機器人，可以與人進行長期互動。人工智慧將使這個機器人能夠運用建立融洽關係的反應，使得與這個機器人互動者有一種與這個機器人接觸合作的感覺，有共同的經歷，以及感覺到他們之間有一種關係。這些社交機器人使用的互動演算法會模仿自

㊽ 一九五七年美國心理學家利昂．費斯廷格（Leon Festinger，一九一九—一九八九）指出人的思想和行為不一致時會陷入失調，因期望兩者一致，人會傾向調整思想以符合行為。

㊾ 本片入圍第八十八屆奧斯卡金像獎最佳原創劇本，並榮獲最佳視覺效果。導演是亞歷山大．梅達沃．「亞力克斯」．嘉蘭（Alexander Medaw "Alex" Garland，一九七〇—）是一位英格蘭小說家、編劇、電影監製和導演。這也是他首次執導演筒。

然的、人與人交互的偶發反應。這些開發設計不僅僅是學術實驗，而且也是世界各地的企業非常樂此不疲的。現今全世界所生產的一些機器人幾乎和《人造意識》結尾的艾娃一樣跟人類相似，日本的石黑浩（Hiroshi Ishiguro）(50)實驗室正在生產他們所謂的geminoids機器人，這是一種極其相像、非常接近特定真實人類的人型機器人（類人機器人），這些geminoids機器人其外觀、動作和聲音都與其所模仿的真實男人或女人一樣，甚至有著感覺像人類，生動逼真的表面「皮膚」。此外，該公司正在為他們配備語音辨識技術（speech recognition technology），以及以適合環境背景的方式，靈活進行對話的能力。石黑浩實驗室計畫向獨居或與社會隔絕的人推銷與銷售這些geminoids機器人，當作對話機器人伴侶使用。[30]香港的漢森機器人技術公司（Hanson Robotics）(51)也在開發一種名為蘇菲亞（Sophia）(52)的機器人，其外觀跟人像得不得了！根據愛上人工智慧（Loving AI）(53)網站的解釋，蘇菲亞可以使用稱為**愛上人工智慧**的人工智慧協議，這個協議使得機器人能夠用流暢的對話與人類互動：「這些對話在情緒上是敏感的，而且也能連結關係！」漢森機器人技術公司創辦人大衛．漢森（David Hanson）(54)以打造出「世界上最像人、最善解人意的機器人，具有非凡出眾、栩栩如生的表現力和互動功能」而聞名。[31]

雖然所有這些設備背後的技術令人感到十分驚奇，但是，假如你也對這些人模人樣的機器人其概念感到背脊有些發涼，這是可以理解的！你並不孤單——研究顯示，假如機器人在一定程度上跟人類十分相像，大家向來會更喜歡，不過一旦變得跟真人太像時，大家往往就會不那麼喜歡，這稱為恐怖谷（uncanny valley）[32](55)反應。但有一個問題是，這是不是只是一件跟我們的習慣有關係之事：要是人愈來愈習慣於非常像人的機器人，成為他們日常生活的一部分，這樣一來，對其厭惡可能就會消退。

㊿ 日本國際電氣通信基礎技術研究所（Advanced Telecommunications Research Institute International, ATR）石黑浩特別研究室室長，他被稱為日本現代機器人之父。

(51) 二〇一三年在香港設立總部，以開發用於消費、娛樂、服務、醫療和研究應用的類似人類之機器人而聞名。

(52) 二〇一七年十月，有「全球最美機器人」封號的蘇菲亞獲邀在聯合國發表演說，不久後沙烏地阿拉伯甚至給予她公民權。

(53) 該合作研究專案的目的在討論與解決人工智慧代理（intelligent agent）（或譯「人工智慧主體」）如何透過編程向人類傳達無條件的愛。

(54)（一九六九—）身兼該公司執行長，二〇一六年開發蘇菲亞機器人，他曾在環球影業和ＭＴＶ公司擔任設計師、雕塑家和機器人開發人員。

(55) 另名詭異谷，是一九七〇年由日籍機器人科學家森政宏提出。人從喜歡突然急轉直下變成極端厭惡，就會在理論曲線圖表出現像是山谷一般的反轉區域。

電腦程式經過修訂和擴充的、強化的人工智慧下之調和：腦機介面（BRAIN-MACHINE INTERFACES）[56]

用於解碼一個人的思想和情緒之人工智慧技術，大多是在與這個人保持一定距離的情況下運作的——針對他們的臉部表情和肢體語言進行影片剖析，經由他們的聲音進行音頻解析，或者透過他們所寫的內容進行文本分析。有時候有關情緒生理徵兆數據的資訊，好比皮膚的電導特性，會與其他資訊相結合。[33]雖然所有這些資訊可以揭露多不勝數關於人的精神狀態，不過這並沒有讓科學家完全瞭解思想和情緒的最終來源（大腦活動）。這種活動在很多方面都是所有資料裡最私人而且最具個人特色的訊息，畢竟有些人可以擺出一張喜怒不形於色的撲克臉，以及克制自己的言行，來隱藏或掩飾自己的想法和感受；但是他們內心深處的想法和感受，以及他們可以讓人觀察到的行為，都以某種方式在他們的大腦活動中編碼。假如開發人員能夠獲得大腦活動的測量方法，並且可以更明白理解腦迴路活動與思想、感覺和行為之間的關係，這麼一來，人工智慧下的調和就可以演變成更強大之工具！

可以提供這種接觸大腦活動的關鍵技術發展途徑是腦機介面。為了尋求更妥當的神經系統疾病與精神病疾患（Psychotic Disorder）[57]治療方法，美國國家衛生研究院（National Institutes of Health, NIH）[58]腦科學計畫（BRAIN Initiative）[59]（透過先進創新神經技術進行大腦研究）二〇一三年啟動，以開發更強大的技術（包括腦機介面）來測量和操縱人腦中的細胞和神經迴路其活動。截至二〇一八年，在該新措施啟動的前五年內，美國國家衛生院腦科學計畫已經資助了約十億美元的研究經費，而且二〇一八年的撥款速度還加快了，相對於前一年增加了五十%。[34]相似的專案計畫正在全世界遍地開花——由歐盟人腦計畫（European Human Brain Project）[60]和日本大腦圖譜計畫（日本

---

[56] 為腦與裝置間的溝通系統，包含五個元件：一、腦部活性感測裝置，二、訊號特徵萃取，三、訊號轉譯演算，四、輸出裝置，五、操作程序。

[57] 常被簡稱為：精神病。指個人思考、情緒、知覺、認知、行為等精神狀態表現異常，導致適應生活的能力發生障礙，患者也可能脫離現實，分不清楚現實和幻覺。

[58] 或譯：美國國家衛生院。隸屬於美國衛生及公共服務部，由二十七個不同的生物醫學學科和研究中心組成，是美國聯邦政府中首要的生物醫學研究機構。

[59] 或譯：腦啟動計畫，這項研究將繪製老鼠和其他動物神經元活動的動態圖，最終繪製出人腦中數百億神經元的圖譜。

[60] 該計畫的三大核心議題：不同時空尺度下的腦網路、腦網路對意識及意識障礙的影響、人工神經網路與神經機器人。

大腦研究計畫）（Japanese Brain / MINDS）[61]（使用整合性神經技術製作有助於腦疾病研究的大腦圖譜）專案計畫提供基金。正如這些機構所指出的：這項研究可能會產生許多重要的醫學應用，包括診斷和治療嚴重神經以及精神疾病的新途徑與更有效的方法，比如幫助患有難治型憂鬱症（treatment-resistant depression）[62]的人士。二〇一七年，美國國防部的一個機構——國防高等研究計畫署（Defense Advanced Research Projects Agency, DARPA）[63]提出了神經工程系統設計專案（Neural Engineering System Design Project, NESD），目標是開發一個「無線人腦設備，可以同時使用一百萬個電極[64]監測大腦活動，並有選擇地刺激多達十萬個神經元」。[35]

政府對這項研究大量撒錢投資，讓正在開發腦機介面技術的新創業公司之那股衝勁和動力更加熾烈——二〇一七年，伊隆・馬斯克（Elon Musk）[65]成立了一家新公司Neuralink[66]，該公司開發超高頻寬腦機介面以連接人與電腦——基本上是使電腦能夠「讀取」人類大腦活動，並將訊息「寫入」大腦。[36]大約在寫這篇文章的時候，Neuralink正在向美國食品藥物管理局（FDA）申請進行人體實驗許可，以查看在他們大腦裡植入電極的人士，是否可以藉由思考文字即可將這些文字輸入成簡訊或電子郵件，或者能否光靠著思考就能夠移動游標（箭頭鍵）並瀏覽網頁。[37]Neuralink認為，自己公司的技術可以在腦部疾病診斷與治療方面取得突破，並且在幫助和增強肢體障礙人士的能力方面，有驚人的進展，例如幫助癱瘓者光是運用他們的思維就能使用電腦。

運用腦機介面技術的實驗，也有望能大大促進我們對大腦迴路活動「代碼」的基本理解，大腦透過這些「代碼」處理感覺訊息並且產生思想、情感或情緒、決定和行動。最終，這項研究可能會導致技術的發展，使我們內心世界的思想與情感和情緒，更容易直接從神經迴路活動中獲得或讀取，以及帶來能操縱調節思想和情感與情緒其神經迴路

---

61 二〇一四年六月啟動，期限為十年，主要透過對融合靈長類模式動物（狨猴）大腦的多種神經技術研究，加速對人類大腦疾病之瞭解。

62 也就是使用兩種以上之抗憂鬱藥，仍無顯著效果的患者。

63 一九五八年成立，研發GPS全球定位系統、隱形戰機、無人戰機等軍事用途新高科技武器，近年更進一步開發無人反潛艦、無人地面戰鬥系統等新式裝備。

64 腦電波檢查是在皮膚上貼上電極、或把電極感應器植入在大腦的裸露表面，來偵測人體大腦釋放出的電氣活動。

65 （一九七一—）創辦電動車巨頭特斯拉（Tesla）、完成NASA太空梭任務的SpaceX太空探索技術公司等，人稱科技業領導者，獲選二〇二一年時代雜誌年度風雲人物。

66 總部在舊金山，計畫研發治療嚴重腦部疾病設備，並達到人類增強目的。提出neural lace（神經織網、神經帶）概念，透過頸部靜脈在人腦植入帶狀裝置。

活動的工具。神經科學家拉斐爾・尤斯特（Rafael Yuste）(67)和哲學家莎拉・高林（Sara Goering）(68)寫過這段話：「技術其發展代表我們正走在通往某一座世界的道路上，在這片天地裡，我們有可能對人的心理過程進行解碼，並且直接操縱在他們的意圖、情感或情緒，以及決定背後的大腦機制；在這裡，人可以僅僅透過思考就可以與他人交流溝通。」[38]

因此，該項技術有望為治療神經精神障礙患者的臨床醫生帶來福音，提供他們嶄新的診斷與治療利器，而該研究也可能讓技術突飛猛進，超越目前的間接情緒和情感識別技術（emotion recognition technologies），譬如臉部表情的影片分析。腦機介面可以直接「讀取」思想和情緒與情感的大腦活動，無形上是在閱讀人的思維，進而又可能會在人工智慧下的調和技術方面產生重大突破，因此可能會瓦解典型的人類交流溝通模式，這反而又可能會被企業或政府利用。[39]考慮到腦科學計畫技術可能引發的嚴重倫理問題，美國國家衛生研究院在腦科學計畫內設立了神經倫理學方案。[40]賓夕法尼亞大學的神經倫理學家喬納森・莫雷諾（Jonathan Moreno）(69)則主張美國國家衛生研究院應該設置一個永久持續的神經倫理方案，來規範這些技術的潛在影響與結論。[41]

人工智慧下的調和的倫理困境

正如你從閱讀前幾章所瞭解到的那樣，我們高度重視人與人之間的連結，我們尊重每個人的自我意識，以及他們的隱私權和自主權。人與人之間的調和是我們人類固有的內在屬性，因此即使面對不斷發展之人工智慧下的調和技術，人與人之間的調和也具有其獨特價值，值得保存，應該受到我們的保護。這意思並不是說我們反對科技，科技是一股強大的力量，可以有助於把遠距離的人聯繫起來——無論是在社交還是治療方面，這些人可能根本沒有機會進行連結。我們已經見識到了科技在COVID-19全球大流行期間，將人聯繫起來的那種威力；除此之外，藉由我們的專業工作，我們還認識到有些患

---

⑰（一九六三—）西裔美籍科學家，哥倫比亞大學（Columbia University）神經學家，生物系教授暨神經科學領域專家，為二〇一三年美國腦科學計畫的發起人之一。

⑱ 美國華盛頓大學（University of Washington）哲學系教授，並協同領導華盛頓大學神經技術中心的倫理學研究工作。

⑲（一九五二—）是一位醫學倫理與健康政策教授，專門研究生物倫理學、文化、科學和國家安全，並發表生物學和醫學的歷史、社會學和政治學相關著作，其作品影響深遠。

有神經或精神疾病的人，他們在與他人連結聯繫或交流溝通方面，總是歷盡艱辛，他們需要更好的科技工具來提升與改善他們的交流溝通能力。

不過，更確切地說，我們應該對人工智慧技術的發展保持著謹慎的態度——一方面，我們與美國國家衛生研究院和其他醫學研究人員一樣真誠地希望，期待這些技術能夠有建設性地應用、建功立業，以幫助身心障礙者與腦部疾病患者，讓他們大大提升與改善他們的生活品質，同時也對這些人士的知情同意（informed consent）(70)權、自主權與隱私權表示十二萬分的尊重；從事人工智慧研究的研究人員和公司，強調了該技術的潛在科學和治療用途。另一方面，我們知道，人工智慧技術往往會蔓延擴散到醫療保健領域之外，有些令人擔憂與值得關注的原因，包括這些強大的技術可能會被世界各國政府或公司利用或濫用，去侵犯眾人的隱私和我們最親密的人際關係領域，並且監控抑或操縱我們的情緒與情感和我們的決策，[42]這其中的方式之多，不勝枚舉。這些人工智慧工具的效果（無論是建設性的還是破壞性的），是取決於如何去監管和使用。不論是開發人員還是研究人員，都應該繼續強調這些情感運算技術所帶來的倫理問題，而且他們應該呼籲對「如何將情感運算技術用於良好目的上」去進行更多研究，而不是未經大家同意就濫用或使用。[43]

即使我們每天都要使用應用程式和社群媒體，我們仍然對科技現在影響這麼大量人際互動，以及我們培養人與人之間直接交流溝通技巧的時間愈來愈少感到憂慮焦急。智慧型手機和社群媒體打著**建立連結最佳方式**的旗幟，向我們招手，它們被標榜為退散我們疏離感的及時雨；但是，假如科技長期主宰我們的時間和我們的互動，科技並沒有減少我們的疏離感，反而似乎變本加厲延續並加深了這種疏離感。隨著「人工智慧下的調和」快速攻城掠地，因此衍生出一種有可能使大家更加偏愛或優先考慮與機器互動，而不是與其他人類互動的風險。人工智慧、虛擬實境（virtual reality）⑪與機器人百花齊放，有可能大大加速我們的社會**原子化**。有人預測，人類和機器人之間的界限將愈來愈模糊，一直到我們在很多時候都會毫無所知：我們是在與另一個真正的人類還是跟機器人互動？最詭異的是，我們可能會愈來愈適應這種概念，[44]這是一個跟電影《銀翼殺手》（*Blade Runner*）裡的幻象雷同之設想，在這部電影中，沒有人完全確定誰是人類、誰又

---

⑩ 讓研究對象先清楚知道研究的主題、方法、經費贊助單位，以及未來研究成果的發表形式等，還有在研究中的基本權利，以自由決定是否參與研究。

⑪ 利用電腦3D繪圖建構3D空間虛擬環境，使用者可與虛擬場景和事物即時互動，加上視覺、聽覺、觸覺等多重感官刺激，讓使用者感覺彷彿身歷其境。

是人造的「複製人」。這種類型的世界，似乎損害和削弱了跟我們自己，以及與我們連結有關的一些必需基本要素。

腦機介面拓土開疆，帶來了一系列新的倫理困境。二〇一七年時，一個由科學家、臨床醫生、倫理學家與工程師所組成的國際團體——名為晨興創投（Morningside Group）[72]。當時團員們共濟一堂，討論神經技術和人工智慧的異軍突起所帶來之倫理問題，他們建議在推行腦機介面研究與技術時，要堅持遵循四項倫理原則：（一）尊重眾人的隱私和同意事項；（二）保護眾人的自主感（sense of agency）[73]與身分認同（sense of identity）[74]（自我意識／自我感知意識）（sense of self）[75]；（三）對大腦功能的增強設定限制；（四）防止對群體形成偏見[76]。[45]

哲學家安德烈亞・拉瓦薩（Andrea Lavazza）[77]認為，腦機介面被用來侵犯我們一些最重要和最有價值的人權：即一個人的完整思想和完全獨特感（selfhood）、個人自主性（autonomy）[78]，以及一個人自己的思想、感受與「大腦數據」的隱私，而且情況可能比過去任何時候都更加嚴重。拉瓦薩指出，隱私是跟自主性有關的一項重要與基本關聯因素（換句話說，倘若不被允許擁有某種程度的隱私，一個人就不可能具備在思想和行動自由上的自主感——而這是真正調和不可或缺的環節）。假若一個人的思想不具有私密性，這樣一來，要為自己決定事情並且提出自己的選擇，而不受外界壓力和條件限制，簡直就是天方夜譚！[46]

今天，在有影響力的「思想領袖」中，這些領導者對「人工智慧下的調和」大行其道的看法眾說紛紜，從沒有過比此刻的說法更莫衷一是的時候了！有些人激動而且熱烈

---

⑫ 晨興創投幫助初創和成長型高科技企業，為創業家提供長期風險投資、管理支持，創業家也可分享該集團的全球商業網絡和合作夥伴。

⑬ 指自己能讓某事情發生的感覺，指某人正在發起、執行，並控制其自身在世界中的意志行動之主觀覺知，是一種「我」作為行動發起者的感覺。

⑭ 身分認同是與其他擁有相近價值取向、生活態度等的人互相認同和接納，因擁有共同價值而產生歸屬感，自覺是該群體一員而形成「自己人」的身分。

⑮ 指一個人對自己的感知，會受社會、受他人目光影響，必須在兩者之中取得平衡，而這種影響自身行為思想的情形則有利於社會化動物（指人）演化。

⑯ 指一直以來，不同群體之間或多或少都存在著偏見，尤其是大眾對少數群體存在的偏見，例如少數民族、其他宗教人士與同性戀等。

⑰（一九六七—）認知科學的學者、哲學家暨義大利阿雷佐市（Arezzo, Italy）國際大學中心研究員，主要研究神經倫理學，曾幫助將該領域引進義大利，並發表關於增強和記憶操縱論文。

⑱ 指個體本身可以自我決定、自我規範，個體成為自己的歷程。意思是能夠依據自身的理性與動機而生活，而非操控或扭曲之外在力量形塑下的產物。

擁抱新技術，還有人則對此表示嚴重關切而且有所顧忌。在他主筆的二〇一八年《紐約時報》（New York Times）社論《我們正在與機器人合併，這是一件好事》（We Are Merging with Robots. That's a Good Thing）中，愛丁堡大學（University of Edinburgh）[79]教授安迪．克拉克（Andy Clark）[80]認為：我們應該歡迎並盡情擁抱新的人工智慧，以及人工智慧下調和技術的到來，這不僅是為了幫助身心障礙者，而且也能對一般普羅大眾人士有所裨益，如此一來，人工智慧和人工智慧下的調和，就可以成為我們每個人最親密的伴侶，「這些演算法產物[81]與我們交談、觀察我們、為我們交易、為我們選擇日期、建議我們可以去購買、販賣或穿戴的東西，」他認為這一切全都是好事！雖然他對有些人「口袋不夠深」因此飽受冷落、得不到特權可以獲取這些科技而感到遺憾，但是他基本上認為這些技術盛行，是一個值得品味的時刻，這是一個瞬息萬變的嶄新時代，充滿著令人興奮莫名的自由與潛力和可能！他謳歌性愛[82]和伴侶機器人的面世、對使用沉浸式互動虛擬實境[83]讚美不已、歌頌神經增強／認知強化，包括透過大腦植入物改善我們的體驗和互動；以及稱許大腦／思想與機器之間、人類與後人類[84]之間的界限之模糊。[47]

就在兩天前，另一篇由麻省理工學院教授雪莉．特克（Sherry Turkle）[85]撰寫的社論則採取了相反的立場，也就是人工智慧和機器人不能、也不應該取代我們人與人之間的親密關係。她提醒我們，機器所表現出來人為的、類似同理心的反應，只是一個空洞的模擬：「我們表現得好像我們與它們（機器人）形成的情感聯繫是互惠的，以及真實的，仿佛有一種正確的情感聯繫，是我們可以與根本沒有情感的物體一起去形成

---

(79) 是英語世界現存第六古老的大學、蘇格蘭四所古典大學之一，一五八三年成立，為公立研究型大學，十九名諾貝爾獎得主為該校的校友和教職研究人員。

(80) 和大衛・查默斯（David Chalmers，一九六六—）提出「延伸心靈／心智」（extended mind）的概念，主張「環境對心靈／心智機制扮演主動的角色。」

(81) 人工智慧是透過建立及應用內建於動態運算環境的演算法，模擬人類智慧過程的基礎；需要運算系統、資料與資料管理、進階人工智慧演算法（程式碼）。

(82) 她的身體有不同感測器，能把身體的互動作用傳送至大腦，因此能告訴人她在什麼時候、速度、力度受到刺激變得興奮，甚至能模仿人類女性高潮時的反應。

(83) 格里戈雷・布爾迪亞（Grigore C. Burdea，一九五五—）建議應以功能特性來定義虛擬實境，他提出虛擬實境金三角的概念，即互動性（Interaction）、沉浸性（Immersion）與想像性（Imagination）。

(84) 美國後現代文學評論家南希・凱薩琳・海爾斯（N. Katherine Hayles，一九四三—）指出「後人類」是人類與人工智慧的結合，甚至十分之一的美國人已步入後人類世代。

(85) （一九四八—）她也是麻省理工學院科技和自我創新計畫創辦人暨主任，還是一位有執照的臨床心理學家；投身科技心理研究超過三十年，獲譽為科技界的佛洛伊德。

的。」[48]特克教授還對使用人工智慧技術來幫助患有疾病的病患或身心障礙人士，與將人工智慧用作人為的、虛假的關係相比，從倫理的角度加以劃分。為了處理我們有不少人在二十一世紀的美國所經歷的空虛孤獨感，我們被推銷伴侶機器人或其他形式之人工智慧下的調和，作為填補空虛的一種方式。但是特克教授認為，這些技術在填補空虛上於事無補，而且在被銷售術語所吸引時，我們失去了一些關於自己的基本特質，最終加深了空虛：

現在一般都會耳聞到這種說法：那一套理論都是從這樣的念頭開始萌發的——那就是伴侶機器人「有總比沒有好」，因為沒有足夠的人手可以去教導、愛護與照顧大家嘛！不過這個想法一下子就會被推翻成另一種見解：機器人抵得過千軍萬馬！它們跟人不一樣，它們不會拋棄你、也不會掛病號或翹辮子！雖然它們可能沒有能力去愛，但是它們不會讓你心碎喔！

從「聊勝於無」到「勝過一切」，積羽沉舟，群輕折軸，結果下場就是我們忘記了身為人類的核心意義是什麼！[49]

人工智慧下的調和其時代已經來臨，而且正如燎原之火加速蔓延，即使有人想阻止，似乎也沒有人能夠阻擋得了這項技術大舉擴張，機器辨認眾人、閱讀與激起情緒以及模擬人際關係的能力與日俱增，而且在有機會影響到每個人這個方面上尤其立竿見影，同時機器可以對我們的生活產生重大影響。考量到這種影響力空前絕後，關於該怎麼使用和監管這些技術的倫理辯論是健康而且必要的——這些技術如何才能幫助人類和睦相處，並且加強我們人與人之間的連結，而不是增強疏離感、讓人反而覺得與身旁的人形同陌路？這是我們所有人都在面臨的重大問題，值得我們重視！

第七章

我們該何去何從？

「我們不會停止探索，而且我們所有探索的終點，將會來到我們開始探索，並且是第一次認識那裡的那個地方。」

——托馬斯．斯特恩斯．艾略特（T. S. ELIOT）①《四個四重奏》（*Four Quartets*）之最後一首詩《小吉丁》（*Little Gidding*）[1]

①或譯：T．S．艾略特（一八八八—一九六五），諾貝爾文學獎得主，出生於美國，一九一四年到英國倫敦，一九二七年加入英國國籍，成為英國文壇上最卓越的詩人及評論家。

大局觀：看得更清楚

為這本書執筆改變了我們作者倆，在展開這項專案計畫之前，我們跟很多人過日子的方式一個樣兒：完全就是「忙碌」！自我們每個人從床上爬起來，並且把腳放下來踏在地上的那一刻起，就展開了一天的對談與互動，隨後那些對話和互動則變得模糊不清了。一天中的大部分時間裡，我們都在試著當場圓滿答覆一切向我們襲來的事情——路過的互動、會議、電子郵件、文字和簡訊以及社群媒體貼文；我們並不一定會一直仔細去傾聽，往往有人故意激怒我們、惹到我們時，我們的反應都是情緒化的，而不是經過深思熟慮的。直到我們回到家、把頭躺下來進入夢鄉，而且在昏昏欲睡之前，終於抓住一個真正可以專注用心的時候，我們都沒有機會好好想一想當天互動的細微之處。

但是就在我們倆一起進行研究，並著手下筆寫這本書時，我們即開始進一步思索：為什麼大家似乎在很多時候都會錯過彼此，以及為什麼他們有時候（但是這種情況少之又少）又能夠真正建立起連結。我們同樣身為自閉症研究領域的兩個人頻頻談到「社會技巧」是改善與提升眾人連結能力的主要目標，但是我們並不想只局限於去研究一長串技巧與社交腳本②而已，我們反問自己：假如把人與人之間連結的**精髓**萃取出來，這個連結的關鍵要素會是什麼？「調和」的概念開始在我們腦海中形成，我們認為這是導致兩個人彼此之間互相連結，或者擦身而過這兩種截然不同現象的原因。一剛開始調和只是我們看到過使用在母嬰連結（mother-infant bonding）③研究上的一種學術觀點而已，而不是我們想得到的與我們日常生活有關之概念；但是我們愈是去思考以及記錄它，我們就愈能看到在幾乎所有類型的互動與關係中，到處都會出現調和或失調的時刻。

在開發出第二到第五章裡說明的練習和實作時，我們開始親歷其境、躬體力行去練習它們，並試圖將它們融入我們的工作和個人生活裡。隨著我們按時定期練習，它們開始變成新的習慣，我們則是形成了「肌肉記憶」這種東西——我們這樣形容最能恰當詮釋它們。譬如，現在一踏進某個可能有壓力、讓人很緊張的會議之前，我們都會出於本能，而且分開不連續地先進行一次放鬆的意識練習——我們的頭頂上方有一條線輕輕地把我們的頭懸掛著，我們的肩膀下垂放鬆，並且感覺到我們的肚子在吸氣時輕輕膨脹

②社會腳本是一種對社會生活結構的描述，其規定了什麼樣的人演什麼樣的角色，什麼樣的社會行為是「規範性的」，並以此給予社會生活一定的秩序。

③指母親對嬰兒的認知、情緒，以及願意付出的意圖，是母親對嬰兒的態度，母嬰連結可能在嬰兒誕生後出現，也可能在嬰兒誕生之前就已經存在。

著。沒多久，在一到兩個呼吸之內，我們就會感覺到自己更平靜了，但是仍然有意識和警覺，我們感覺自己準備得更加充分，對任何可能出現的事情，可以見招拆招，因時制宜。在會議開始之前，我們提醒自己要放鬆、傾聽、試著去理解，並且把我們的自我放在一邊，我們不會陷入對會面結果的擔憂裡，而是努力專注於在「對方所在的地方」與他們相會，而且我們的反應能抓得住重點、知己知彼，並且沉浸在與對方的交流之中。我們發現，專注於這些調和的要素，而不是可能會發生的後果，會更有可能獲取召開會議時所預期的結果。隨著我們養成這些新的習慣，一天中會有愈來愈多的時刻是我們感到自己真正**人在心也在**的，可以真的「接觸」我們自己和對方——不管是在愉快的、正常的還是壓力大、緊張的情況下。我們離完美的調和技巧其典範還差得很遠，但是事情已經朝著積極的方向發展，我們一直勵精圖治實踐這個計畫，試圖使完美的調和技巧，成為我們生活中更重要的一環，沒有最終的終點或目的地，你能在自己身上把調和發展到什麼程度，是沒有限制、任你揮灑自如的。因為我們已經看到了好處，調和已經成為我們生活中的一個重要價值與好處，我們會繼續發展與培養調和——並且希望與你一起分享我們開發的調和。

我們的希望是，我們已經用一種能與你產生共鳴的方式來描述調和這個概念。雖然調和有時看起來是無形的，不過我們想用一種讓你稍微容易搞清楚一些「調和是什麼」的方法，來把調和的精華提出來。儘管調和的四個組成元素是相互關聯的，並且一起運作，不過按順序記住它們往往會比較輕鬆。首先，加強**放鬆的意識**，這是你的基礎，是一種心態，在這種心態下，無論周圍發生了什麼事，你都能感覺你可以控制住自己的情緒和思想，並且自在安適無拘束——托馬斯．斯特恩斯．艾略特則稱之為「旋轉世界的靜止點」。[2]這種放鬆的意識基本能力使你能夠集中注意力，不帶偏見地同情你自己的想法和感受，同時還要把這個狀態跟你對他人的意識與察覺互相平衡，只有這樣，我們才能準備好開始真正的**傾聽**，從最廣泛的意義上講，真正的**傾聽**的意思是指你敞開心扉，去感知對方透過他們的言語與行動，去跟你交流溝通的一切事物，一旦你有了放鬆的意識，對你可能從對方那裡感知與察覺到的東西不再感到如此擔憂顧慮時，這麼一來，你就準備好接受他們試圖交流溝通的任何東西——無論是好的、壞的，還是介於兩者之間。認真專心傾聽，會孕育出深刻的**理解**。這種理解往往不僅僅是瞭解對方所說的話而已，除了你們每個人的個人「過濾器」之外（人們藉由這個過濾器來交流溝通和「傾聽」彼此），還會包括理解對方的觀點與你自己的觀點。放鬆的意識、傾聽和理解為我們之間實際發生的事情（相互回應）奠定了基礎，相互回應錯綜複雜，為對話的來回交流溝通營造了流暢與銜接的氛圍。我們希望我們為你提供的練習和實作，可以讓你更具體地感受到這些概念在付諸行動時，是什麼樣的。我們也希望你可以把我們所形容的那種「肌肉記憶」搬離瑜伽墊或家裡的沙發，並且帶著它，在你忙碌的日子裡利用它。你愈是開始將這些練習與做法持續融入你的日常工作中，你每天恢復連結的時刻就會愈多！

培養與發展調和似乎是充滿矛盾的過程——我們鼓勵你放鬆、**同時也要**集中精力；你要傾聽自己的聲音，這是為了能好好地傾聽對方的聲音；你要跟對方在他們身處的地方與他們相會，以使你能更有效地堅持自己的立場。這些辯證關係最初可能會讓人感到一頭霧水，一旦你學習與練習調和的要素，並試圖在與他人的互動中實行這些要素時，起初你可能會感到尷尬和驚慌失措，你需要有意識地努力納入具體和特定的策略，比如在聽別人講話時，你要注意自己的呼吸或檢查你的身體緊張程度，不過目標是讓你持續不斷地練習和運用這些策略，令你達到一種境界，能夠使這些技能自然而然、不加思索地出現，並且與你的互動方式水乳交融結合在一起。這些策略不應該顯得矯揉造作，又過度不大自然或者牽強附會，你不應該讓你在你的家人和朋友看來，你不再是你自己了，抑或你的行為怪裡怪氣。真正的調和會呈現出你非常真實的、真正的自我——你就是會更加理解、關注並融入對方，而且你與對方的連結會更加緊密。一旦調和成為你的一部分，你不斷壯大的連結能力會開始變得自然，而且是不自覺地本能自動。雖然調和的要素似乎強調放鬆和接納，而不是果斷自信，但是這個與我們的直覺剛好相反之事實是：透過真正的放鬆和共情關注對方，專注於對方正在專注的事物上，與對方在同一個頻道，跟隨並回應對方的領導，藉由傾聽和理解他們，並在他們所在的地方與他們相會，我們實際上會處於一個更好的位置，可以在這種關係中堅持並且表達自己，而且對方會傾聽我們、和我們相會。

調和的力量與不支配、不操縱或不傷害，而是對他人和自己都有幫助和好處的倫理框架相結合。真正的調和是互惠互利的，而且調和包含了雙方的想法和感受，也尊重每個人各自的權利和自主權。即使是在衝突中使用，調和也能強效有力地把對你自己和他人的傷害降到最低，收到吹糠見米的效果。

你身為一個人，藉著閱讀本書，以及研究如何加強你與他人的連結而主動出擊，不過，一旦人與人之間的關係，是相互的、平衡的，這時候，調和的力量就會是最強大的！可能有一些時刻，你會覺得自己的資源已經耗盡，甚至不願意費心去嘗試理解、關注並融入另一個人，跟對方和諧相處；或者也可能有這樣的日子：儘管你已經殫精竭處，但是對方要不是不會、就是不能跟你在你所處的地方與你相會。在你無法實行這些策略的時光裡，請你要憐憫、同情你自己，休息一下，明天再試一次吧！在你覺得自己努力不會得到回報的這些時間裡，請記住，即使是偏向單方面的調和，在這種情況下，無論是解決衝突還是進行親密的對話，調和的力量仍然銳不可當！無論你有沒有熱情的夥伴搭檔，我們都鼓勵你在自己身上培養與發展這種能力，並且嘗試採取主動。一旦你藉著使用這些技巧去伸出你的手時，你會感到驚奇，對方在大多數的時候，往往都會對你的勇氣產生共鳴，並且以一種意想不到的方式回應你，即使他們不能完全理解為什麼。

調和為什麼重要？

在前面的章節中，我們已經花了不少時間來說明假如我們的個人關係中其調和出現問題時，可能會發生的情況——要是父母或看護保褓姆始終無法跟小孩彼此感應、協調，這樣一來，這些小孩在成年後，就會在人際關係方面感覺自己陷入困境。即使我們的父母或看護保褓在我們孩提時期，跟我們的調和、保持同步一致都進行地非常順利，但是現在我們長大成人，生活裡日常普通令人分心的事情，也會導致我們忽視自己的人際連結，這加深了我們社會中普遍存在的孤獨感和疏離感。[3]我們希望我們已經讓你瞭解到，培養與發展調和可以加強你的溝通表達，為你的人際關係增添新的活力和深度。

基本上，假若愈來愈多人培養與發展出調和技能，就可以在我們每個人的個人生活之外，產生相當大的影響，並擴展延伸到我們更大的社區。全球社會現在面臨的考驗可能會讓人感到問題是如此嚴峻艱鉅——氣候變遷、病毒全球大流行、結構性種族主義、社會經濟差異、社會原子化和不信任、政治衝突，以及破壞性愈來愈強的武器擴散，類似的例子不勝枚舉，像氣候變遷和破壞性武器這樣的生存威脅是全球性問題，要解決這些問題，需要人類以一個全球社區的狀態來進行溝通和合作；但是，這一點都還沒看到半點影子，卻反而似乎存在著一個惡性循環，一方面是大規模的環境、政治和社會問題，另一方面則是個人疏離。我們的環境威脅和社會衝突變得愈嚴重，我們就愈感到不知所措、害怕與疏遠，而我們愈是感到疏遠，我們就愈是覺得沒有能力去同心協力，在針對我們的社會和環境問題對症下藥、因事制宜這件事感到有心無力。智慧型手機、社群媒體，以及最新近的人工智慧和機器人技術被推銷給我們，這些噱頭號稱能排解我們的疏離感，但是根據使用它們的方式，這些工具的淨效應（net effect）④可能會延續並加深我們的疏離感。

儘管「調和的技能」無論如何都不是靈丹妙藥，不過調和的技能有可能會增強我們有效連結、溝通和合作的能力，以解決這些令人難以承受的問題。例如，培養與發展放鬆的意識，是一種在恐慌和輕率地否認這兩種極端之間遊走的方式，我們可以在不恐慌的情況下，面對這些問題的現實，並且通力合作，以培養與開發解決這些問題的建設性方法，這跟達賴喇嘛「世界和平來自內心的安寧」的理念之一不謀而合——為了解決我們的全球性問題，我們每個人都必須培養與發展（正如我們所說的那樣）我們自己放鬆的意識、傾聽和理解，這會有助於我們有效共同努力合作。達賴喇嘛曾提到：「改變從我們每一個人開始，要是有個人變得更有同情心，就會影響他人，因為蓬生麻中，不扶而直，因此我們將改變這個世界。」4

調和與合作有個主要障礙——也就是根據我們之間感知到的差異，而產生出來的偏見與恐懼。在第四章中，我們花了一些時間，讓你注意到我們不斷地對我們周圍的人和情況進行**歸因**之方式；假如特定的身分群體把他們自己和其他群體之間，畫出一道鮮明的分野，此時這些偏見和恐懼問題就會更加雪上加霜、變得十分嚴重。這種「異己化

（othering）⑤」——無論是從種族、民族、世代或政黨路線的角度使人與人之間壁壘分明，都阻礙了我們傾聽和真正理解他人的能力。倘若沒有這種傾聽和理解，我們很可能會似懂非懂地回應他們；比方說，由於喬治・佛洛伊德被警方壓制而斷魂後，出現了抗議活動，反種族主義活動持續升高為集體意識，積極的傾聽和消息靈通的對話，已經成為反種族主義活動的基石，「黑人的命也是命（Black Lives Matter）⑥」運動的非黑人盟友受到鼓勵要去傾聽、學習和教育自己以瞭解黑人的經歷，以及結構性種族主義滲透到社會許多方面的方式。個人和機構會被慫恿去找出自己內心的種族主義，並且召喚他人內心的種族主義——這兩種情況都會導致出現負面情緒與尷尬的對話。放鬆的意識則讓你有機會放慢腳步，尋找可能蒙蔽你自己或其他人的觀點之偏見與特權，放鬆的意識還能讓你暫停下來，發現你自己的反應和防禦，你會有足夠的時間來調節自己，這樣你就

④指某事的最後結果或效果／影響。

⑤即「非我族類」。指標籤及定義他人為一個次等人的化約性行動，視某人為屬於社會下等類別的異類，將他們由社會群體中排除並將其邊緣化。

⑥指平權運動。出現在發生警察擊殺黑人事件後，這項運動也反對如種族歸納、暴力執法和美國刑事司法系統中的種族不平等諸如此類更為廣泛的問題。

可以繼續傾聽。一旦你認出這些偏見與情緒反應，你不去理會它們的機會就會相當高，因為你試著孜孜不倦、真的努力實現你與他人的相互理解。要是我們以自我，而非以謙卑為主導；或以仇恨，而非以愛為主導，並且在給對方機會之前就關上了門。這樣一來，我們幾乎不可能有辦法穿越那道障礙，並且清楚傾聽對方。

為了以一個全球社區的狀態向前邁進，並且向上進步，我們需要提升與改善我們相互傾聽和理解的能力——即使我們立場不同而且意見相左；我們要尊重和回應彼此；要巧妙地駕馭不可避免的衝突，並且將破壞降到最低程度；要以一個人類大家庭的狀態，同心戮力解決我們所面臨的威脅。這可能聽起來像是對調和的力量，懷抱著崇高理想主義的觀點，當然，倘若沒有政治行動和領導力，光靠調和是不夠的；但是，假若不努力提升與改善我們的交流溝通和合作能力，卻要看出我們如何能夠有效地解決這些舉世皆然、存在的問題，這就跟刻舟求劍沒什麼不同了。

（每天）不積跬步，無以至千里；不積小流，無以成江海

「勇氣是所有美德中最重要的，因為沒有勇氣，你就無法始終如一地實踐任何其他美德。」

——瑪雅．安吉羅（MAYA ANGELOU）[5] ⑦

我們為你摩拳擦掌、想要加強你生活中的調和而喝彩！決定踏上任何自我反省（self-reflective）⑧的旅程（就像這一個）你需要勇氣並且自我疼惜，善待自己（self-compassion）⑨。並不是每個人都會極力想要在他們的生活裡，花時間去投資他們建立

---

⑦（一九二八—二〇一四）美國作家、詩人、教師、舞蹈家暨導演，寫作生涯超過五十年；曾獲葛萊美獎最佳誦讀專輯、普立茲獎、總統自由勳章，並獲頒超過三十個榮譽博士學位。

⑧或譯：自我反思。並非指批評自己，而是正面看待別人的批評，勉勵自己，並且客觀地反省自己，讓自己變得更強大。

⑨或譯：自我關懷、自我慈悲。由奧斯汀德州大學人類發展副教授克莉絲汀．聶夫（Kristin Neff, Ph.D.，一九六六—）提出；指為情緒找到出口，以擁有快樂幸福的人生。

連結與發展關係的能力。嘗試與他人建立更有意義的連結，可以豐富我們的生活，但是這種企圖與努力也會掀起我們的情緒風暴，願意忍受這些情緒需要非常脆弱，其中有些情緒可能難以面對。若是你堅持貫徹練習我們所安排的習題，每次用一定的距離和視角來承認你的想法和情緒，應該就會變得更容易一些——這種距離和視角，足以讓你能確定你的想法和情緒如何在你的溝通交流風格中發揮作用，以及最終**它們**會如何影響你與他人的關係。

這並不容易——我們知道這句話並不是大多數人在嘗試新事物時，會想聽到的事情。我們發覺到，我們藉由這個練習與實作所設定的目標，看起來儼然是野心勃勃，而且又是複雜艱難的。學習與他人以及自己調和，並且在這兩件事之間取得平衡，同時又要在常會令人緊張壓力大的整個曲折起伏其互動過程中，從頭到尾都要保持輕鬆的意識狀態，可能是非常勞神費心的！而實際執行這些事情可能似乎是不切實際，甚至是不可能真正去駕馭的。對於那些沒有人（父母或看護褓姆）在他們還是小孩子的時候，就能夠真正去理解、關注和融入他們的人來說；或者對於那些他們的安全和照顧之基本需求，在目前沒有得到滿足、抑或在他們成長過程中不曾得到滿足的人而言，還是對那些精神受創的人，或是那些悲不自勝或健康狀況亮紅燈，甚至是有心理精神健康問題的人來講，**發展調和力**可能顯得特別高不可攀。我們承認現實情況是這些障礙有時似乎無法克服，在這本書中所闡述的練習不能替代適當的醫療、心理或精神方面的幫助，我們鼓勵你在需要時尋求相關協助。不過，一旦你覺得準備好了，我們認為你動起來、全力以赴讓自己培養與發展出這些能力（即使是在有限的範圍內）可以在你生活的許多方面有所幫助。不必把這些能力執行到盡善盡美——假如我們裡面有人能辦到的話，那也是少數。但是，只要付出某種程度的努力去發展與培養調和能力，就可以大有裨益。

就像訓練任何複雜的綜合技能一樣，基礎知識是關鍵。基本功愈強，路就能走得愈遠愈長久——這是任何一位世界級運動員或音樂家的經驗談。假如你想盡可能多加培養與發展調和的力量，就要不斷回到練習調和的基本要素，特別是放鬆的意識。一旦你根據你自己的優勢和劣勢模式，以及你自己的時間、精力和動機水準去調整練習方法時，你就會突飛猛進！我們已經制定了一套通用的、循序漸進的練習，以發展調和的每個組成元素，不過你應該會覺得自己有權根據自己的特殊需要，把這個習作調整成切合你的個人需求。為了瞭解你的需求，你可以查看一下你在附錄裡「調和小測驗」的分數結果，你是不是在調和的某些部分得分較低，顯示出你在這些方面需要再接再厲、多動腦筋？你在閱讀前面的章節時，是不是有某些調和的成分要素，看起來似乎是那種你可以一頭栽進去、額外花心思經營的？要是你特別對放鬆的意識感覺無法可施，不妨集中火力在練習這個類型的習題上；或者假若你並非天生就擅於傾聽，這樣一來，你可以下更多功夫，去練習能幫助你加強傾聽技能的習作；倘若你是身心障礙者、抑或在身體生理方面受到限制，則請跳過那些偏向體能色彩的鍛鍊，像是伸展、纏絲和推手，並且把你的練習重心移往坐禪和對話習題與實作上。陪你練習的搭檔任君選擇——你的死黨姊妹淘、男女朋友、家庭成員、鄰居，任何人都好；不過，假如沒有夥伴，如此一來，你獨自一個人練習，並且嘗試將調和的組成元素，融入你日常生活中的任何互動裡，對你來說仍然是非常重要而且寶貴的。

我們在本書裡所概述的練習和實作，是培養與發展調和基礎的好方法，對各位讀者裡面的不少人來說，這可能是相當實在的出發點；不過，針對那些想要進一步接受培訓和進修的人，或者對於有他們自己想要解決其特定問題的某些人（例如他們的工作生涯領域中，他們可以應用這些培養與發展出來的調和），抑或有的人其個人關係可以因為與調和結合在一起而從中受益，像這些人士，他們從這本書和配套網站中學習這些技能的基礎知識可能還不夠。在這種情況下，請繼續前進，把事情發展到下一個更高的層次，不妨藉由參與一些發展與培養調和的活動或課程（好比太極拳、音樂、舞蹈、戲劇或體育），或者透過尋求針對關係問題的進一步諮詢或輔導，感受到自己獲得鼓舞，以進一步培養與發展調和的能力。雖然我們每每都強調在兩個人（成對的人）之間進行互動，不過你所培養和發展的調和要素，也可以應用在規模更大的團體上——無論是把這些調和要素運用在你的家庭中、在你的朋友之間、在體育運動隊伍或音樂團體中，還是在工作場所裡都可以。

提升到下一個更高層次的調和，並不代表要持續不斷地與他人親近。我們都需要一些自己的空間透透氣，這當然也並非指侵入另一個人的空間，以至於你變得過度糾纏對方，或與他人太過相互依賴；其意思也不是要讓任何一個人失去自己的個性，或思想和行動上的自由。永遠不要忘記為自己找到你所需要的空間，而且也要為他人提供他們需要的空間。試著在擁有空間和變得親密之間取得平衡。親密本身對大家來說，可能或多或少對其感到既期待又被受傷害，特別是對那些渴望而且需要大量獨處空間的人，或者是那些可能有心理精神創傷的人，抑或有過被虐待經歷的人而言更是如此。倘若你是這種情況的當事人，可以盡情自便，並將注意力集中在某些練習上，而對那些可能牽涉到更大程度的身體親密的練習則不必太重視，後者這類練習可能會讓你特別不舒服。

我們知道，有時候要把這一類策略安插進去你的時間行程表裡，可能會令人大感吃不消，特別是假如你通常時間很緊迫時更是如此；不過，知道你所需要進行的大部分時間投資，都是要預先安排的，而這可能是件好事！一旦你練習這些習題一段時間之後，它們就會變成你的第二天性，而且在你的日常生活中，你要把它們融入你與他人的互動中，所花費的時間會漸漸變少，要不了多久，它們就會開始自動、一帆風順地現身，有時候，只需要花一點點時間記得放鬆你的肩膀、注意你的呼吸是平穩順暢地呼氣和吸氣，並且把更仔細地傾聽列為第一優先的事，這樣就行了！

我們對你的期望

人與人之間的連結，具有獨特的力量和價值，我們應該珍惜並且恢復這種連結，而不是放棄這份連結。調和是我們人性的核心，也是我們跨越人際鴻溝並且相互聯繫的能力所在。對調和的研究可以貫穿古今——調和將音樂和太極拳等古老領域的見解與實踐，跟最新科學研究的領會與做法結合起來。雖然調和的一些元素，譬如正念和社會認知，近年來一直是加速神經科學和心理學研究的重點，但是調和就其整體而言，還沒有得到應該擁有的研究關注。關於調和這門科學，我們還有很多需要學習的地方，未來幾年接著要進行的研究發展則會令人感到欣喜激動！

我們非常鼓勵各位現在把注意力重新集中在調和的技巧上，並且在你自己的生活中採取措施，力求在不久的將來，試著建立起這些與生俱來的人類能力。我們希望本書中概述的想法，能夠讓大家更加認可、意識到調和在我們所有人的生活中是極為重要的，並且有助於掀起一波熱潮，也就是大家對調和這個領域的興趣與研究又開始時興起來。同時，我們對各位讀者的期望是：你現在就開始充分施展調和的力量，以更加透徹瞭解你自己，並且與你生命中的人建立更深之連結！

附錄

調和小測驗

整體調和

在**整體調和**部分得到低分（<5分），在其他部分可能也會同時出現低分，或者**整體調和**分數可能會低於其他部分的得分。有時候調和的幾個組成要素裡一些較小的問題，加起來會對整體調和產生更大的影響，也可能就是在這個時候，讓你不容易確定你自己在調和一系列要素裡的哪個環節上變得徘徊無助，因為沒有出現明顯確鑿的問題。在你閱讀本書時，隨著你加強理解調和的每個組成要素，此時不妨定期回到調和小測驗上，來調整你對每項問題的答案——你的答案是不是因此而改變了呢？

放鬆的意識

在**放鬆的意識**這裡得到低分（＜5分），可能代表你會焦慮、緊張、在忍受強烈情感與情緒波動上出現障礙，和／或你在調節你自己的情緒方面有毛病，可能會使你更不容易進行調和。

傾聽

在**傾聽**方面得到低分（＜5分）可能說明了你要長時間一直密切留意另一個人，會讓你感覺為難且麻煩，要跟另一個人的情感或情緒產生共鳴對你來說很費力氣（你打從內心就較少受到他人的情緒或情感所影響）和／或要意識到你自己的想法和感受並沒那麼簡單（要你「傾聽」你自己，你會花了老半天都無法進入狀況），使你的調和之路波折不斷。

理解

在**理解**這個層面得到低分（＜5分）可能表示你對理解他人的暗示（例如臉部表

情、語氣、肢體語言、隱含意義）感到茫茫然，要你在欣賞對方觀點的同時，仍然尊重你自己的觀點，會讓你腦袋一片空白，和／或你摸不著頭腦要怎麼保持開放的態度，來進一步修改你的理解（不要急於下結論），想要**理解**，卻屢屢感覺失意或挫敗，這時可能會出現交流溝通不良或者誤解對話內容的問題，因此又可能導致衝突，或者變成你與他人連結的絆腳石。

相互回應

在測驗**相互回應**時得到低分（＜5分）可能顯示「與對方在他們所在的地方跟他們相會」這件事令你窮於應付；以「有的放矢」和相稱的方式去回應對方（回應對方他們實際上說過或做過的事情，而不是對你自己所想到的其他事情予以回應；而且你回應的方式要能表達出「你確實聽到以及理解他們了」）對你而言是一件苦差事；或者要你「沉浸在與對方的交流之中」（也就是跟上互動的節奏和風格），以及與他人「同步一致」會帶給你無力感。

整體調和					分數
我能夠與另一個人建立彼此之間融洽、投契的感覺，跟他們「一拍即合、打成一片」。	不曾有過 (0)	有時候 (1)	常常 (2)	幾乎總是 (3)	
我跟不是很親密的人（例如在工作會議裡的與會人士）交談時，我們之間的溝通效率佳，而且進行地頗順利。	不曾有過	有時候	常常	幾乎總是	
我與朋友或夥伴交談時，我感覺與他們同步一致。	不曾有過	有時候	常常	幾乎總是	
我感覺我自己跟我的朋友、家人和／或男女朋友的感情很親近。	不曾有過	有時候	常常	幾乎總是	
在我與朋友、家人和／或我的戀人的關係中，我感覺我們相親相愛，「感情深厚」。	不曾有過	有時候	常常	幾乎總是	
				總計：	

放鬆的意識					分數
我能夠同時有所警覺而且感到平靜。	不曾有過 (0)	有時候 (1)	常常 (2)	幾乎總是 (3)	
我在壓力下會保持冷靜。	不曾有過	有時候	常常	幾乎總是	
在與人交談或互動時，我會保持冷靜而且人在心也在。	不曾有過	有時候	常常	幾乎總是	
我與他人的連結很好，不容易被分心、強烈的情緒、壓力或緊張所影響。	不曾有過	有時候	常常	幾乎總是	
我喜歡正念和／或自己一個人獨自度過時光去充電和放鬆。	不曾有過	有時候	常常	幾乎總是	
				總計：	

傾聽					分數
對我來說，持續關注和傾聽另一個人，並對他們所說的話保持開放的態度一點都不難。	不曾有過 (0)	有時候 (1)	常常 (2)	幾乎總是 (3)	
聽別人說話時，我不費吹灰之力就可以把注意力轉移到他們的眼睛、語氣和肢體語言上。	不曾有過	有時候	常常	幾乎總是	
我對另一個人所說的話產生情感上的共鳴。	不曾有過	有時候	常常	幾乎總是	
我全神貫注傾聽另一個人說話時，我仍然能意識到我自己，以及我自己的想法和感受，而不會因為我們的對話而受到干擾。	不曾有過	有時候	常常	幾乎總是	
我輕而易舉就能把我的身體行動跟他人配合一致，或者與他人同步行動(好比說與某人一起走路、與他人一起移動或搬運東西、與他人一起跳舞、與他人一起運動，與我周圍其他的汽車一起開車)。	不曾有過	有時候	常常	幾乎總是	
				總計：	

理解	不曾有過 (0)	有時候 (1)	常常 (2)	幾乎總是 (3)	分數
理解其他人在傳達或交流溝通什麼，以及他們真正的意思，對我來說是易如反掌的事。	不曾有過	有時候	常常	幾乎總是	
對我來說，從另一個人的角度來想像事情是很簡單就能辦得到的。	不曾有過	有時候	常常	幾乎總是	
一旦對某人產生憐惜、認同、理解、同情和情感共鳴以及同理心時，我並不會無法感受到自己的觀點和情感或情緒。	不曾有過	有時候	常常	幾乎總是	
親近的家人、朋友或親密愛人覺得我很理解他們。	不曾有過	有時候	常常	幾乎總是	
我對其他人保持敞開心房的心態，我也願意及時改進我對他們的理解。	不曾有過	有時候	常常	幾乎總是	
				總計：	

相互回應	不曾有過 (0)	有時候 (1)	常常 (2)	幾乎總是 (3)	分數
為了進行對話，我會詢問一些事情、或提出一個我認為對方可能感興趣的話題，即使這個話題不是我最關心的話題。					
與某人交談時，我對他們說的話是我自己心中有數、能抓得住切入點的（也就是說對他們剛剛所說的話有所回應、以他們剛剛所說的話為根據，或者與他們剛剛所說的話有某種關聯）。	不曾有過	有時候	常常	幾乎總是	
我非常輕鬆就能在對談中跟上另一個人的節奏，在對話時交換意見與話輪轉換（turn-taking）①，對我來說是一件唾手可得而且自然的事情。	不曾有過	有時候	常常	幾乎總是	

假如我想改變談話的方向或提出一個新的話題，我可以用一種順利轉移的方式，並把對方帶入其中來達成這個目標（換句話說就是我不會讓對方「跟我脫隊」）。	不曾有過	有時候	常常	幾乎總是	
在對談中，我可以跟對方「一搭一唱」，熱熱鬧鬧隨對話內容恣意談天說地。	不曾有過	有時候	常常	幾乎總是	

總計：

① 指對話雙方需要知道在對話中尋找合適的機會插入自己的意見、也要在說完話之後給對方一些暗示，表示對話結束（或者並未傳達任何暗示而繼續說話）。

致謝

本書中的想法來自於我們作者倆彼此之間的連結，以及我們與其他許多對我們而言很重要的人的連結。我們要感謝那些一路上愛護、栽培、激勵、指導、挑戰、引導和鼓勵我們的人，這些人士數不勝數，無法在這裡一一列舉，不過他們都讓這本書成為可能！首先，我們感謝我們的家人：雅各布（Jacob）、瑪莎（Martha）和萊恩・帕拉斯特拉（Ryan Pallathra）、查理（Charlie）、路易斯（Louis）、愛黛兒（Adele）和羅傑・布羅德金（Roger Brodkin），以及伊麗莎白・布勞爾（Elizabeth Brauer），他們教會了我們，並將繼續教會我們無條件的愛和連結的意義。

我們很感謝我們在神經科學領域的良師益友和同事，他們激發了我們對社會腦和情意腦（emotional brain）①的強烈好奇，並支持我們以身為研究人員去追求成長：這些人士包括艾瑞克・J・內斯特勒博士（Drs. Eric J. Nestler）②、史蒂芬・E・海曼（Steven E. Hyman）③、威廉・A・卡萊松（William A. Carlezon）④、廣井昇（Noboru Hiroi）⑤、喬治・海寧格（George Heninger）⑥、李・M・希爾佛（Lee M. Silver）⑦、泰德・阿貝爾（Ted Abel）⑧、羅伯特・T・舒爾茨（Robert T. Schultz）⑨、韋德・貝雷迪尼（Wade Berrettini）⑩、瑪雅・布坎（Maja Bucan）⑪、拉寇兒・戈爾（Raquel Gur）⑫、羅賓・戈爾（Ruben Gur）⑬、瑪莎・法拉（Martha Farah）⑭、艾德里安・雷恩（Adrian Raine）⑮和約瑟夫・凱布爾（Joseph Kable）⑯。我們與實驗室夥伴、學生

---

① 指負責情緒的腦部功能，是掌管愛、忠誠、複雜的情緒等情意的腦（emotional brain），是哺乳類動物出現時才有的腦部構造，也是群居動物才會有的反應。

② 紐約西奈山伊坎醫學院（Icahn School of Medicine）弗里德曼腦研究所（Friedman Brain Institute）院長暨學術和科學事務主任，鑽研成癮的神經科學家。

③ 麻省理工學院和哈佛大學共同創立的基因和生醫研究頂尖學術機構布洛德研究所（Broad Institute of MIT and Harvard）成員。

④ 麥克萊恩醫院（McLean Hospital）基因神經科學系主任、行為遺傳學實驗室主任暨哈佛大學醫學院精神病學教授。

⑤ 德克薩斯大學聖安東尼奧衛生科學中心（UT Health San Antonio）精神病學和行為科學系兼職臨床教授，研究思覺失調症、自閉症類群障礙、智力障礙。

⑥ 耶魯大學醫學院（Yale School of Medicine）精神病學名譽教授；資深研究科學家／學者。

⑦ 生物學家暨普林斯頓大學分子生物學的伍德羅・威爾遜公共和國際關係學院（Woodrow Wilson School of Public and International Affairs）的教授。

⑧ 神經科學家、愛荷華大學（University of Iowa）愛荷華神經科學研究所（Iowa Neuroscience Institute）創始主任暨美國科學促進會（American Association for the Advancement of Science, AAAS）當選研究員。

⑨ 費城兒童醫院（Children's Hospital of Philadelphia）自閉症研究中心主任，專業領域為自閉症類群障礙研究。

⑩ 賓夕法尼亞大學佩雷爾曼醫學院（Perelman School of Medicine）精神病學教授暨神經生物學和行為中心主任，研究遺傳學，成癮、情緒障礙等藥物治療。

⑪ 賓夕法尼亞大學佩雷爾曼醫學院遺傳學系遺傳學教授，研究神經科學、流行病學和生物統計學、基因體學、計算生物學、細胞與分子生物學。

⑫ 精神科醫生，以研究思覺失調症而聞名。她是賓夕法尼亞大學佩雷爾曼醫學院的精神病學、神經病學和放射學教授。

⑬ 密西根州立大學（Michigan State University）心理學（臨床）博士，賓夕法尼亞大學佩雷爾曼醫學院精神病學、放射學和神經學系教授暨腦行為實驗室與精神病學神經成像中心主任。

⑭ 認知神經科學家，卡內基・梅隆大學（Carnegie Mellon University）教授、賓夕法尼亞大學神經科學中心主任暨認知神經科學教授。

⑮ 約克大學（University of York）心理學博士，賓夕法尼亞大學佩雷爾曼醫學院心理學、犯罪學與精神病學教授，也是暴力的生理結構領域全球頂尖的研究權威。

⑯ 賓夕法尼亞大學的心理學家、也是該校的副教授，研究認知神經科學。

和研究同事的互動鼓舞了我們，並且鞭策了我們最好儘量保持頭腦清楚、思緒清晰而且明確溝通交流與闡述。我們要向我們的心理學和精神病學顧問與臨床督導人表達謝意，他們教會了我們很多關於心理治療和評估的知識，以及在治療師與患者關係中，與所有我們日常生活裡的調和跟連結的核心：他們是西尼・J・布拉特博士（Drs. Sidney J. Blatt）[17]、唐納德・J・科恩（Donald J. Cohen）[18]、克里斯多夫・J・麥克杜格爾（Christopher J. McDougle）[19]、勞倫斯・H・普萊斯（Lawrence H. Price）[20]、安東尼・羅斯坦（Anthony Rostain）[21]、理查・F・薩墨斯（Richard F. Summers）[22]和布倫丹・A・里奇（Brendan A. Rich）[23]。我們永遠都會記得我們年輕時期從音樂老師和樂團的朋友那裡，學到的關於情感調和其知識。我們的調和概念以及如何發展與培養調和，則是經由與了不起的陳氏太極拳其拳友和老師一起學習太極拳而形成的，他們就是：萊恩・克雷格（Ryan Craig）、麥可爾・羅薩里奧-格雷卡爾（Michael Rosario-Graycar）、瑞秋・湯姆琳森（Rachel Tomlinson），以及我們所有人的老師——任廣義。

我們非常感激那些鼓勵我們就這個主題寫書的朋友和同事，並且在一路上給予我們非常寶貴的建議，這些朋友和同事有：朱迪・福斯特（Jody Foster）、史考特・西爾（Scott Sill）、黛恩・格雷厄姆（Dawn Graham）[24]、麥可・豪根（Michael Haugen）、加

⑰ 前耶魯大學精神醫學與心理學教授，他廣泛的學術和專業領域包括臨床評估、精神分析、認知基模（cognitive schema）、心智表徵（Mental representation）、精神病理學、憂鬱症、精神分裂症和治療過程等。他二〇一四年五月十一日在康涅狄格州哈姆登市（Hamden, Conn）去世，享壽八十五歲。

⑱ 前美國精神病學家，心理分析師暨耶魯大學兒童研究中心主任，也是耶魯大學醫學院兒童精神病學、小兒科和心理學的斯特靈教授（Sterling Professor），斯特靈教授是耶魯大學最高的學術等級，一般授予在某領域最傑出的在職教授；二〇〇一年十月二日逝世。

⑲ 麻省總醫院（Massachusetts General Hospital, MGM）的路易（Lurie）自閉症中心主任。

⑳ 布朗大學（Brown University）精神病學和人類行為學教授、巴特勒醫院（Butler Hospital）院長暨非營利性醫療系統新英格蘭護理中心（Care New England Health System）大腦和行為健康服務組織執行長。

㉑ 賓夕法尼亞大學醫療系統（University of Pennsylvania Health System, UPHS）成人注意力不足過動症（Adult attention deficit hyperactivity disorder, ADHD）治療和研究項目醫學主任暨成人神經發育障礙科主任、賓夕法尼亞大學佩雷爾曼醫學院精神病學系教育副主席。

㉒ 賓夕法尼亞大學佩雷爾曼醫學院資深住院醫師顧問暨精神病學臨床教授。一九九八至二〇一七年，他擔任賓夕法尼亞大學住院醫師培訓聯合主任，也是享譽全美的教育家、作家與臨床醫生。

㉓ 美國天主教大學（The Catholic University of America）心理學系主任、副教授和碩士課程主任，專門研究焦慮症、自閉症、成人注意力不足過動症。

㉔ 格雷厄姆博士是美國數一數二頂尖的職業教練，她是賓夕法尼亞大學華頓商學院（Wharton School）高階主管在職專班（Executive MBA Program, EMBA）的職業管理總監，也是一位有執照的心理學家和前企業招募人員，她還主持了天狼星XM控股股份有限公司（SiriusXM Radio）高人氣每週一次的談話性節目《職場生涯報報》（Career Talk）。

布里埃爾・塞萊（Gabrielle Sellei）、傑森・普雷斯利（Jason Presley）、杰・摩西斯（Jay Moses）、帕特・克羅斯（Pat Croce）、和威廉・C・梅爾斯（William C. Meyers）[25]。我們從我們與瑞秋・卡巴莎卡莉蓮・麥凱（Rachel Kabasakalian McKay）[26]、史蒂芬妮・赫克（Stephanie Heck）[27]、茱莉亞・蘭迪斯（Julia Landis）和隊列電子報（The Cohort）[28]的交談中，瞭解到不可勝數關於調和的知識，讓我們感到如醍醐灌頂！我們對萊恩・克雷格、貝絲・戈德堡（Beth Goldberg）和凱拉・利維（Kyra Levy）在練習與實作部分給予我們鼎力相助深表感動。我們要謝謝泰德・阿貝爾對本書的一個部分提供回饋。我們還有一位大恩人，他就是我們的著作出版經紀人艾瑞克・路普佛（Eric Lupfer）[29]，他從一剛開始就相信我們和我們的想法，幫助我們把早期的理念設計規劃成一個連貫的書籍提案，並且指導我們找到一位出類拔萃的編輯和一家非凡出色的出版商。我們對我們優秀出眾的編輯科琳・勞莉（Colleen Lawrie）以及她在公共事務出版社（PublicAffairs）[30]的同事感激不已，感恩她們認識到這個主題的重要性，感謝她們給了我們機會，讓我們將自己的想法帶給全世界，並且在整個過程中這麼高超熟練地指導我們，使我們一路得以把我們對這本書的點子變成真實！

㉕ 發現核心肌群（包括髖關節在內）會導致損傷的權威專家，逾二十五年致力於核心肌肉損傷（也稱為運動型疝氣〔athletic pubalgia〕或運動疝〔sports hernia〕）的診斷、治療、康復和預防事宜。

㉖ 費城精神分析心理學會（Philadelphia Society for Psychoanalytic Psychology）臨床心理學家、精神分析師。

㉗ 為有執照的心理學家暨國際教練聯盟（International Coach Federation, ICF）認證的執行顧問，在費城的栗樹山（Chestnut Hill）和中心城市（Center City）地區執業，擅長為成年人和高級主管提供心理治療與指導建議。

㉘ 由非營利性波因特（Poynter）媒體研究院（新聞學院和研究組織）出版的電子期刊，內容討論有關數位媒體和新聞中的性別議題，每月出刊兩次。

㉙ 他在全方位服務的文學管理公司，並且與各種非小說、商業和文學小說的作家和創作者合作的Fletcher & Company工作，他負責代表出版高級消費市場非小說類作品，所經手出版作品的專家作者都是來自新聞界、學術界和各個專業領域的翹楚。

㉚ 為位於紐約市的美國圖書出版公司柏修斯圖書（Perseus Books）的出版社，柏修斯圖書自二〇一六年以來一直是阿歇特圖書出版集團（Hachette Book Group）的一部分。阿歇特圖書出版集團的母公司拉加代爾集團（法語：Lagardère）是一家法國綜合企業公司。

資料來源

序

1 E. M. Forster, *Howards End* (York, UK: Empire Books, 2012).

2 D. H. Strober and G. S. Strober, *His Holiness the Dalai Lama: The Oral Biography* (Hoboken, NJ: John Wiley & Sons, 2005).

3 Strober and Strober, *His Holiness*.

4 V. Gallese, "Intentional Attunement: A Neurophysiological Perspective on Social Cognition and Its Disruption in Autism," *Brain Research* 1079 (2006): 15–24.

5 D. Bolis, J. Balsters, N. Wenderoth, C. Becchio, and L. Schilbach, "Beyond Autism: Introducing the Dialectical Misattunement Hypothesis and a Bayesian Account of Intersubjectivity," *Psychopathology* 50(6) (2017): 355–372.

6 M. de Guzman, G. Bird, M. J. Banissy, and C. Catmur, "Self-Other Control Processes in Social Cognition: From Imitation to Empathy," *Philosophical Transactions of the Royal Society B* 371 (2016): 20150079.

第一章　什麼是「調和」？為什麼很重要？

1 H. G. Lerner, *The Dance of Intimacy: A Guide to Courageous Acts of Change in Key Relationships* (New York: HarperCollins Publishers, 1999).

2 T. Gliga, M. Elsabbagh, A. Andravizou, and M. Johnson, "Faces Attract Infants' Attention in Complex Displays," *Infancy* 14(5) (2009): 550–562.

3 T. Suddendorf, *The Gap: The Science of What Separates Us from Other Animals*(New York: Basic Books, 2013); B. D. Perry, M. Szalavitz, *Born for Love* (New York: HarperCollins, 2010).

4 J. Holt-Lunstad, T. B. Smith, M. Baker, T. Harris, and D. Stephenson, "Loneliness and Social Isolation as Risk Factors for Mortality: A Meta-Analytic Review,"*Perspectives on Psychological Science* 10(2) (2015): 227–237.

5 R. F. Baumeister and M. R. Leary, "The Need to Belong: Desire for Interpersonal Attachments as a Fundamental Human Motivation," *Psychological Bulletin* 117(3) (1995): 497–529.

6 N. Spencer, "Look In to My Eyes: What Attunement Means for Communication," Royal Society for the Encouragement of Arts, Manufactures and Commerce(2013), www.thersa.org/discover/publications-and-articles/rsa-blogs/2013/01/look-in-to-my-eyes-what-attunement-means-for-communication.

7 R. G. Erskine, "Attunement and Involvement: Therapeutic Responses to Relational Needs," *International Journal of Psychotherapy* 3(3) (1998): 235–244.

8 L. C. Hibel, D. A. Granger, C. Blair, and E. D. Finegood, "Maternal-Child Adrenocortical Attunement in

Early Childhood: Continuity and Change,"*Developmental Psychobiology* 57(1) (2015): 83–95; C. Suveg, A. Shaffer, and M. David,"Family Stress Moderates Relations Between Physiological and Behavioral Synchrony and Child Self-Regulation in Mother-Preschooler Dyads," *Developmental Psychobiology* 58 (2016): 83–97; R. V. Palumbo, M. E. Marraccini, L. L. Weyandt, O. Wilder-Smith, H. A. McGee, S. Liu, and M. S. Goodwin, "Interpersonal Autonomic Physiology: A Systematic Review of the Literature," *Personality and Social Psychology Review* 21(2) (2017): 99–141.

9 K. Whitehead, " 'On the Way to Two' Offers a Snapshot of a True Jazz Partnership," Fresh Air / NPR Music Reviews (2015), www.npr.org/2015 /11/12/455753907/-on-the-way-to-two-offers-a-snapshot-of-a-true-jazz-partnership.

10 J. Lewis, Terry Gross interview of Jerry Lewis, NPR Fresh Air, "Jerry Lewis on Dean Martin: 'A Love Story' " (2005), www.npr.org/templates/story/story.php?storyId=4973590.

11 "The Impact of Social Media Use on Social Skills," New York Behavioral Health, staff writers'blog, https://newyorkbehavioralhealth.com/the- impact-of-social-media-use-on-social-skills.

12 M. G. Hunt, R. Marx, C. Lipson, and J. Young, "No More FOMO: Limiting Social Media Decreases Loneliness and Depression," *Journal of Social and Clinical Psychology* 37(10) (2018): 751–768.

13 S. Turkle, *Alone Together: Why We Expect More from Technology and Less from Each Other* (New York: Basic Books, 2011); S. Turkle, *Reclaiming Conversation: The Power of Talk in a Digital Age* (New York: Penguin Books, 2015).

14 B. A. Primack, A. Shensa, J. E. Sidani, E. O. Whaite, L. Lin, D. Rosen, J. B. Colditz, A. Radovic, and E.

Miller, "Social Media Use and Perceived Social Isolation Among Young Adults in the U.S.," *American Journal of Preventive Medicine* 53(1) (2017): 1–8; O. Sacks, "The Machine Stops: The Neurologist on Steam Engines, Smartphones, and Fearing the Future," *The New Yorker* (February 11, 2019).
15 Sacks, "The Machine Stops."
16 Turkle, *Reclaiming Conversation*; S. Turkle, "Stop Googling. Let's Talk.," *The New York Times*, Sunday Review, Opinion (September 26, 2015).
17 Brian Lamb interview of Cornel West, "Cornel West on John Coltrane, American Transcendentalism, Jazz, Radical Politics," *C-SPAN Booknotes* (2000), www.youtube.com/watch?v=FFcKjok4ZZ4.
18 J. Keller, "Americans Are Staying as Far Away from Each Other as Possible," *Pacific Standard* (June 11, 2015).
19 M. McPherson, L. Smith-Lovin, and M. E. Brashears, "Social Isolation in America: Changes in Core Discussion Networks over Two Decades," *American Sociological Review* 71(3) (2006): 353–375.
20 A. Novotney, "Social Isolation: It Could Kill You," *Monitor on Psychology* 50(5) (2019): 33–37.
21 L. C. Hawkley, M. E. Hughes, L. J. Waite, C. M. Masi, R. A. Thisted, and J. T. Cacioppo, "From Social Structural Factors to Perceptions of Relationship Quality and Loneliness: The Chicago Health, Aging, and Social Relations Study, *Journals of Gerontology. Series B, Psychological Sciences and Social Sciences* 63(6) (2008): S375–384.
22 J. Olien, "Loneliness Is Deadly: Social Isolation Kills More People than Obesity Does—And It's Just as Stigmatized," *Slate* (August 23, 2013).

23 C. Bethell, J. Jones, N. Gombojav, J. Linkenbach, and R. Sege, "Positive Childhood Experiences and Adult Mental and Relational Health in a Statewide Sample: Associations Across Adverse Childhood Experiences Levels," *JAMA Pediatrics* (2019): e193007.

24 N. Way, A. Ali, C. Gilligan, and P. Noguera, eds., *The Crisis of Connection: Roots, Consequences, and Solutions* (New York: New York University Press, 2018); V. H. Murthy, *Together: The Healing Power of Human Connection in a Sometimes Lonely World* (New York: HarperCollins, 2020).

25 Cigna, *Cigna U.S. Loneliness Index: Survey of 20,000 Americans Examining Behaviors Driving Loneliness in the United States* (2018), www.cigna.com/assets/docs/newsroom/loneliness-survey-2018-full-report.pdf.

26 D. Gaffney and D. S.-V. Sim, *The Essence of Taijiquan* (CreateSpace Independent Publishing Platform, 2009); C. P. Ong, *Taijiquan: Cultivating Inner Strength* (Bagua Press, 2013).

第二章　放鬆的意識

1 J. Braza and T. N. Hanh, *The Seeds of Love: Growing Mindful Relationships* (North Clarendon, VT: Tuttle Publishing, 2017).

2 H. Delehant, "Buddha and the Bulls: An Interview with Phil Jackson," *Tricycle: The Buddhist Review* Vol 3 (Summer 1994): 93–94.

3 M. Csikszentmihalyi, *Flow: The Psychology of Optimal Experience* (New York: HarperCollins Publishers,

2008).

4 G. Kolata, "Before Hustling to Finish, Relaxed Is a Good Way to Start," *The New York Times* (October 1, 2008).

5 B. Stulberg, "The Best Athlete in the World Right Now Is an 18-Year-Old Swimmer, and What She's Doing Is Nuts," *Outside Magazine* (August 11, 2015).

6 "Who Is Eliud Kipchoge?" INEOS 1:59 Challenge (2019), www.youtube.com/watch?v=u5BgB9_6d6c&feature=youtu.be.

7 B. Lee, *Tao of Jeet Kune Do* (Valencia, CA: Black Belt Communications, 1975).

8 A. Wallace, "The Wisdom Podcast," in D. Aitken, ed., Alan Wallace Shamatha Live Interview, Talk, Q&A (2017), www.youtube.com/watch?v=xgtoX6tIXwk&t=506s.

9 Delehant, "Buddha and the Bulls."

10 P. H. Wolff, ed., "The Causes, Control, and Organization of Behavior in the Neonate," *Psychological Issues, Monograph Series* No. 5 (1966); H. F. R. Prechtl, *The Neurological Examination of the Full-Term Newborn Infant, 2nd Edition* (Philadelphia: L. B. Lippincott, 1977).

11 J. Moran, "Infant Behavior, Dyslexia and War Orphans: A Portrait of Peter Wolff, MD," *Boston Children's Hospital Vector* (2017); C. Einspieler, "Heinz F. R. Prechtl (1927–2014),"ICNApedia (2014).

12 S. J. Rogers and J. H. G. Williams, *Imitation and the Social Mind: Autism and Typical Development* (New York: The Guilford Press, 2006).

13 B. Beebe, F. Lachmann, and J. Jaffe, "Mother-Infant Interaction Structures and Presymbolic Self-

and Object Representations," *Psychoanalytic Dialogues* 7(2) (1997): 133–182; T. B. Brazelton, B. Koslowski, and M. Main, "The Origins of Reciprocity: The Early Mother-Infant Interaction," in M. Lewis and M. Rosenblum, eds., *The Effect of the Infant on Its Caretaker: The Origins of Behavior* (New York: Wiley, 1974), 49–76.

14 C. H. Zeanah and M. M. Gleason, "Annual Research Review: Attachment Disorders in Early Childhood—Clinical Presentation, Causes, Correlates and Treatment," *Journal of Child Psychology and Psychiatry* 56(3) (2015): 207–222; C. A. Nelson, E. A. Furtado, N. A. Fox, and C. H. Zeanah, "The Deprived Human Brain: Developmental Deficits Among Institutionalized Romanian Children—And Later Improvements—Strengthen the Case for Individualized Care," *American Scientist* 97(3) (2009).

15 C. Robazza and M. C. Ruiz, "Emotional Self-Regulation in Sport and Performance,"*Oxford Research Encyclopedia, Psychology* (2019).

16 R. Feldman, "Mutual Influences Between Child Emotion Regulation and Parent-Child Reciprocity Support Development Across the First 10 Years of Life: Implications for Developmental Psychopathology," *Development and Psychopathology* 27 (4 Pt 1) (2015): 1007–1023.

17 R. B. Lopez, B. T. Denny, and C. P. Fagundes, "Neural Mechanisms of Emotion Regulation and Their Role in Endocrine and Immune Functioning: A Review with Implications for Treatment of Affective Disorders," *Neuroscience Biobehavioral Reviews* 95 (2018): 508–514.

18 C. C. Streeter, P. L. Gerbarg, T. H. Whitfield, L. Owen, J. Johnston, M. M. Silveri, M. Gensler, C. L. Faulkner, C. Mann, M. Wixed, A. M. Hernon, M. B. Nyer, E. R. P. Brown, and J. E. Jensen, "Treatment

of Major Depressive Disorder with Iyengar Yoga and Coherent Breathing: A Randomized Controlled Dosing Study," *Journal of Alternative and Complementary Medicine* 23(3) (2017): 201–207.

19 I. A. Strigo and A. D. Craig, "Interoception, Homeostatic Emotions and Sympathovagal Balance, *Philosophical Transactions of the Royal Society B*. 371 (2016): 20160010.

20 S. W. Porges, "The Polyvagal Theory: Phylogenetic Substrates of a Social Nervous System," *International Journal of Psychophysiology* 42 (2001): 123–146.

21 L. Wulsin, J. Herman, and J. F. Thayer, "Stress, Autonomic Imbalance, and the Prediction of Metabolic Risk: A Model and a Proposal for Research," *Neuroscience & Biobehavioral Reviews* 86 (2018): 12–20.

22 S. W. Porges and S. A. Furman, "The Early Development of the Autonomic Nervous System Provides a Neural Platform for Social Behavior: A Polyvagal Perspective,"*Infant and Child Development* 20(1) (2011): 106–118; L. S. Colzato, R. Sellaro, and C. Beste, "Darwin Revisited: The Vagus Nerve Is a Causal Element in Controlling Recognition of Other's Emotions," *Cortex* 92 (2017): 95–102; S. W. Porges "Vagal Pathways: Portals to Compassion," in E. M. Seppala, E. Simon-Thomas, S. L. Brown, M. C. Worline, C. D. Cameron, and J. R. Doty, eds., *The Oxford Handbook of Compassion Science* (Oxford University Press, 2017), 189–202.

23 Y. Jiang and M. L. Platt, "Oxytocin and Vasopressin Flatten Dominance Hierarchy and Enhance Behavioral Synchrony in Part via Anterior Cingulate Cortex,"*Scientific Reports* 8 (2018): 8201.

24 G. J. Norman, J. T. Cacioppo, J. S. Morris, W. B. Malarkey, G. G. Bernston, and A. C. DeVries, "Oxytocin Increases Autonomic Cardiac Control: Moderation by Loneliness, *Biological Psychiatry*

86 (2011): 174–180; J. R. Yee, W. M. Kenkel, J. L. Frijling, S. Dodhia, K. G. Onishi, S. Tovar, M. J. Saber, G. F. Lewis, W. Liu, S. W. Porges, and C. S. Carter, "Oxytocin Promotes Functional Coupling Between Paraventricular Nucleus and Both Sympathetic and Parasympathetic Cardioregulatory Nuclei," *Hormones and Behavior* (2016): 82–91.

25 M. Q. Steinman, N. Duque-Wilckens, and B. C. Trainor, "Complementary Neural Circuits for Divergent Effects of Oxytocin: Social Approach versus Social Anxiety," *Biological Psychiatry* 85 (2019): 792–801.

26 L. J. Martin, G. Hathaway, K. Isbester, S. Mirali, E. L. Acland, N. Niederstrasser, P. M. Slepian, Z. Trost, J. A. Bartz, R. M. Sapolsky, W. F. Sternberg, D. J. Levitin, and J. S. Mogil, "Reducing Social Stress Elicits Emotional Contagion of Pain in Mouse and Human Strangers," *Current Biology* 25 (2015): 326–332.

27 R. M. Sapolsky, *Why Zebras Don't Get Ulcers* 3rd ed. (New York: Henry Holt, 2004).

28 C. Robazza and M. C. Ruiz, "Emotional Self-Regulation in Sport and Performance,"in *Oxford Research Encyclopedia, Psychology,* https://ricerca.unich.it/retrieve/handle/11564/694477.11/141173/OREP_Robazza2018.pdf (July 2018) 1–33.

29 J. Kabat-Zinn, *Wherever You Go There You Are: Mindfulness Meditation in Everyday Life* (New York: Hyperion, 1994).

30 E. L. Garland, A. W. Hanley, A. K. Baker, and M. O. Howard, "Biobehavioral Mechanisms of Mindfulness as a Treatment for Chronic Stress: An RDoC Perspective,"*Chronic Stress (Thousand Oaks)* (2017): 1.

31 B. K. Holzel, S. W. Lazar, T. Gard, Z. Schuman-Olivier, D. R. Vago, and U. Ott, "How Does Mindfulness Meditation Work? Proposing Mechanisms of Action from a Conceptual and Neural Perspective,"

Perspectives on Psychological Science 6(6) (2011): 537–559.

32 S. Guendelman, S. Medeiros, and H. Rampes, “Mindfulness and Emotion Regulation: Insights from Neurobiological, Psychological, and Clinical Studies,” *Frontiers in Psychology* 8 (2017): Article 220; Y.-Y. Tang, B. K. Holzel, and M. I.Posner, “The Neuroscience of Mindfulness Meditation,” *Nature Reviews Neuroscience* 16 (2015): 213–225; A. Raffone, L. MarzettiL, C. Del Gratta, M. G. Perrucci, G. L. Romani, V. Pizzella, “Toward a Brain Theory of Meditation, ”*Progress in Brain Research* 244 (2019): 207–232.

33 Raffone et al., “Toward a Brain Theory”; A. Lutz, H. A. Slagter, J. D. Dunne, and R. J. Davidson, “Attention Regulation and Monitoring in Meditation,” *Trends in Cognitive Sciences* 12(4) (2008).

34 D. Gaffney and D. S.-V. Sim, *The Essence of Taijiquan* (CreateSpace Independent Publishing Platform, 2009).

35 J. F. Christensen, A. Gomila, S. B. Gaigg, N. Sivarajah, and B. Calvo-Merino, “Dance Expertise Modulates Behavioral and Psychophysiological Responses to Affective Body Movement,” *Journal of Experimental Psychology: Human Perception and Performance* 42(8) (2016): 1139–1147.

36 M. Nedeljkovic, B. Ausfeld-Hafter, K. Streitberger, R. Seiler, and P. H. Wirtz, “Taiji Practice Attenuates Psychobiological Stress Reactivity—A Randomized Controlled Trial in Healthy Subjects,” *Psychoneuroendocrinology* 37 (2012): 1171–1180; M. C. Pascoe, D. R. Thompson, Z. M. Jenkins, and C. F. Ski,“Mindfulness Mediates the Physiological Markers of Stress: Systematic Review and Meta-Analysis,”*Journal of Psychiatric Research* 95 (2017): 156–178.

37 A. Wong, A. Figueroa, M. A. Sanchez-Gonzalez, W. M. Son, O. Chernykh, and S. Y. Park, "Effectiveness of Tai Chi on Cardiac Autonomic Function and Symptomatology in Women with Fibromyalgia: A Randomized Controlled Trial," *Journal of Aging and Physical Activity* 26 (2018): 214–221.

第三章　傾聽

1 D. Isay, "Listening as an Act of Love," *On Being with Krista Tippett*, April 17, 2014, https://onbeing.org/programs/david-isay-listening-as-an-act-of-love.

2 E. Hemingway, *Across the River and Into the Trees* (New York: Charles Scribner's Sons, 1950).

3 S. J. Kayser, R. A. A. Ince, J. Gross, and C. Kayser, "Irregular Speech Rate Dissociates Auditory Cortical Entrainment, Evoked Responses, and Frontal Alpha," *The Journal of Neuroscience* 35(44) (2015): 14691–14701.

4 M. de Guzman, G. Bird, M. J. Banissy, and C. Catmur, "Self-Other Control Processes in Social Cognition: From Imitation to Empathy, *Philosophical Transactions of the Royal Society B* 371 (2016): 20150079.

5 S. R. Covey, *The 7 Habits of Highly Effective People: Powerful Lessons in Personal Change* (New York: Simon and Schuster, 2020).

6 A. Brahm, "Jhanas— The Bliss of a Mind Released," *Buddhist Society of Western Australia Podcast,* 2018.

7 N. Sebanz, H. Bekkering, and G. Knoblich, "Joint Action: Bodies and Minds Moving Together," *Trends*

in Cognitive Sciences 10(2) (2006): 70–76; B. H. Repp and Y.-H. Su, “Sensorimotor Synchronization: A Review of Recent Research(2006–2012),” *Psychonomic Bulletin & Review* 20 (2013): 403–452; M. M. Louwerse, R. Dale, E. G. Bard, and P. Jeuniaux, “Behavior Matching in Multimodal Communication Is Synchronized,” *Cognitive Science* 36 (2012): 1404–1426.

8 C. Gallois and H. Giles, “Communication Accommodation Theory,” *The International Encyclopedia of Language and Social Interaction* (Hoboken, NJ: John Wiley & Sons, 2015), 1–18.

9 T. Vacharkulksemsuk and B. L. Fredrickson, “Strangers in Sync: Achieving Embodied Rapport Through Shared Movements,” *Journal of Experimental Social Psychology* 48(1) (2012): 399–402; D. Lakens and M. Stel, “If They Move in Sync, They Must Feel in Sync: Movement Synchrony Leads to Attributions of Rapport and Entitativity.” *Social Cognition* 29(2011): 1–14.

10 S. Cacioppo, H. Zhou, G. Monteleone, E. A. Majka, K. A. Quinn, A. B. Ball, G. J. Norman, G. R. Semin, and J. T. Cacioppo, “You Are in Sync with Me: Neural Correlates of Interpersonal Synchrony with a Partner,” *Neuroscience* 277(2014): 842–858; T. L. Chartrand and J. A. Bargh, “The Chameleon Effect: The Perception-Behavior Link and Social Interaction,” *Journal of Personality and Social Psychology* 76 (1999): 893–910; R. Hari, T. Himberg, L. Nummenmaa, M. HΣmΣlΣinen, and L. Parkkonen, “Synchrony of Brains and Bodies During Implicit Interpersonal Interaction,” *Trends in Cognitive Sciences* 17(3) (2013): 105–106.

11 N. Zeliadt, “Autism, Through the Eyes of a Computer,” *Spectrum* (September 4, 2019).

12 G. Volpe, A. D’Ausilio, L. Badino, A. Camurri, and L. Fadiga, “Measuring Social Interaction in Music

Ensembles," *Philosophical Transactions of the Royal Society B* 371 (2016): 20150377.

13 A. Chang, H. E. Kragness, S. R. Livingstone, D. J. Bosnyak, and L. J. Trainor, "Body Sway Reflects Joint Emotional Expression in Music Ensemble Performance," *Scientific Reports* 9 (2019), 205.

14 P. Keller, "Musical Ensemble Performance: A Theoretical Framework and Empirical Findings on Interpersonal Coordination," in A. Williamson and W. Goebl, eds., *Proceedings of the International Symposium on Performance Science 2013* (Brussels, Belgium: European Association of Conservatories (AEC), 2013), 271–285.

15 A. Shankar Instagram post, June 28, 2018.

16 N. Shave, "The Berlin Philharmonic: With a Performance of Beethoven and Mahler Symphonies, the German Orchestra Proved Again Why It's One of the Best in the World," *Proms Diary*, Classical-music.com: The official website of *BBC Music Magazine* (September 6, 2010), www.classical-music.com/blog/proms-diary/berlin-philharmonic.

17 S. Jones, "Can Newborn Infants Imitate?," *Wiley Interdisciplinary Reviews: Cognitive Science* 8 (2017): e1410; A. N. Meltzoff, "Elements of a Comprehensive Theory of Infant Imitation," *Behavioral and Brain Sciences* 40 (2017): e396.

18 R. Feldman, R. Magori-Cohen, G. Galili, M. Singer, and Y. Louzoun, "Mother and Infant Coordinate Heart Rhythms Through Episodes of Interaction Synchrony," *Infant Behavior & Development* 34 (2011): 569–577; E. Z. Tronick, "Emotions and Emotional Communication in Infants," *American Psychologist* 44 (1989): 112–126.

19 A. L. Woodward and S. A. Gerson, "Mirroring and the Development of Action Understanding," *Philosophical Transactions of the Royal Society of Biological Sciences* 369 (2014): 20130181; J. Decety and M. Meyer, "From Emotion Resonance to Empathic Understanding: A Social Developmental Neuroscience Account," *Development and Psychopathology* 20 (2008): 1053–1080.

20 D.W. Winnicott, *Playing and Reality* (London: Routledge Classics, 1971).

21 Feldman, "Mother and Infant"; M. Davis, K. West, J. Bilms, D. Morelen, and C. Suveg, "A Systematic Review of Parent-Child Synchrony: It Is More than Skin Deep," *Developmental Psychobiology* 60 (2018): 674–691.

22 R. Brooks and A. N. Meltzoff, "Gaze Following: A Mechanism for Building Social Connections Between Infants and Adults," in M. Mikulincer and P. R. Shaver, eds., *Mechanisms of Social Connection: From Brain to Group* (Washington, DC: American Psychological Association, 2014), 167–183; P. Mundy, "A Review of Joint Attention and Social-Cognitive Brain Systems in Typical Development and Autism Spectrum Disorder," *European Journal of Neuroscience* 47(2018): 497–514.

23 H. Moll and A. N. Meltzoff, "Perspective-Taking and Its Foundation in Joint Attention," in N. Eilan, H. Lerman, and J. Roessler, eds., *Perception, Causation, and Objectivity. Issues in Philosophy and Psychology* (Oxford: Oxford University Press, 2011), 286–304.

24 S. J. Kayser, R. A. A. Ince, J. Gross, and C. Kayser, "Irregular Speech Rate Dissociates Auditory Cortical Entrainment, Evoked Responses, and Frontal Alpha,"*The Journal of Neuroscience* 35(44) (2015): 14691–14701; U. Hasson, A. A. Ghazanfar, B. Galantucci, S. Garrod, and C. Keysers, "Brain-to-Brain

Coupling: A Mechanism for Creating and Sharing a Social World,"*Trends in Cognitive Sciences* 16(2) (2012): 114–121.

25 I. Tal, E. W. Large, E. Rabinovitch, Y. Wei, C. El Schroeder, D. Poeppel, and E. Zion Golumbic, "Neural Entrainment to the Beat: The 'Missing-Pulse' Phenomenon," *The Journal of Neuroscience* 37(26) (2017): 6331–6341.

26 Hari et al., "Synchrony of Brains."

27 G. Rizzolatti and C. Sinigaglia, "The Mirror Mechanism: A Basic Principle of Brain Function," *Nature Reviews Neuroscience* 17 (2016): 757–765; V. Gallese, "The Manifold Nature of Interpersonal Relations: The Quest for a Common Mechanism," *Philosophical Transactions of the Royal Society of London* 358 (2003): 517–528.

28 Rizzolatti and Sinigaglia, "The Mirror Mechanism"; M. Sperduti, S. Guionnet, P. Fossati, and J. Nadel, "Mirror Neuron System and Mentalizing System Connect During Online Social Interaction," *Cognitive Processing* 15 (2014): 307–316.

29 Decety and Meyer, "From Emotion Resonance"; F. Happe, J. L. Cook, and G. Bird, "The Structure of Social Cognition: In(ter)Dependence of Sociocognitive Processes," *Annual Review of Psychology* 68 (2017): 243–267; S. Anders, J. Heinzle, N. Weiskopf, T. Ethofer, and J.-D. Haynes, "Flow of Affective Information Between Communicating Brains," *NeuroImage* 54 (2011): 439–446.

30 F. B. M. de Waal and S. D. Preston, "Mammalian Empathy: Behavioural Manifestations and Neural Basis," *Nature Reviews Neuroscience* 18 (2017): 498–509.

31 W. Wei, S. Allsop, K. Tye, and D. Piomelli, "Endocannabinoid Signaling in the Control of Social Behavior," *Trends in Neurosciences* 40(7) (2017): 385–396; B. D. Heifets and R. C. Malenka, "MDMA as a Probe and Treatment for Social Behaviors," *Cell* 166 (2016): 269–272.

32 Y. Jiang and M. L. Platt, "Oxytocin and Vasopressin Flatten Dominance Hierarchy and Enhance Behavioral Synchrony in Part via Anterior Cingulate Cortex," *Scientific Reports* 8 (2018): 8201; R. Hurlemann, A. Patin, O. A. Onur, M. X. Cohen, T. Baumgartner, S. Metzler, I. Dziobek, J. Gallinat, M. Wagner, W. Maier, and K. M. Kendrick, "Oxytocin Enhances Amygdala-Dependent, Socially Reinforced Learning and Emotional Empathy in Humans," *The Journal of Neuroscience* 30 (2010): 4999–5007; Y. Mu, C. Guo, and S. Han, "Oxytocin Enhances Inter-Brain Synchrony During Social Coordination in Male Adults," *Social Cognitive and Affective Neuroscience* 11 (2016): 1882–1893.

33 V. Gallese, M. N. Eagle, and P. Migone, "Intentional Attunement: Mirror Neurons and the Neural Underpinnings of Interpersonal Relations," *Journal of the American Psychoanalytic Association* 55(1) (2007): 131–176.

34 R. J. R. Blair, "Psychopathic Traits from an RDoC Perspective," *Current Opinion in Neurobiology* 30 (2015): 79–84; A. Raine, "The Neuromoral Theory of Antisocial, Violent, and Psychopathic Behavior," *Psychiatry Research* 277(2019): 64–69.

35 De Guzman et al., "Self-Other Control Processes."

36 R. Brewer, R. Cook, and G. Bird, "Alexithymia: A General Deficit of Interoception,"*Royal Society Open Science* 3 (2016): 150664.

37 T. N. Hanh, *The Way Out Is In: The Zen Calligraphy of Thich Nhat Hanh* (London: Thames & Hudson, 2001).

38 Brewer, Cook, and Bird, "Alexithymia"; J. Murphy, C. Catmur, and G. Bird, "Alexithymia Is Associated with a Multidomain, Multidimensional Failure of Interoception: Evidence from Novel Tests," *Journal of Experimental Psychology: General* 147(3) (2018): 398–408.

39 H. D. Critchley and S. N. Garfinkel, "Interoception and Emotion," *Current Opinion in Psychology* 17 (2017): 7–14.

40 Brewer, Cook, and Bird, "Alexithymia."

41 B. Bornemann and T. Singer, "Taking Time to Feel Our Body: Steady Increases in Heartbeat Perception Accuracy and Decreases in Alexithymia over 9 Months of Contemplative Mental Training," *Psychophysiology* 54 (2017): 469–482; C. J. Price and C. Hooven, "Interoceptive Awareness Skills for Emotion Regulation: Theory and Approach of Mindful Awareness in Body-Oriented Therapy (MABT),"*Frontiers in Psychology* 9 (2018): article 798.

42 Y. N. Harari, "Yurval Harari, Author of *Sapiens*, on AI, Religion, and 6-Day Meditation Retreats," *The Ezra Klein Show* podcast (2017).

43 J. F. Christensen, S. B. Gaigg, and B. Calvo-Merino, "I Can Feel My Heartbeat: Dancers Have Increased Interoceptive Accuracy," *Psychophysiology* 55 (2018): e13008.

44 D. Grynberg and O. Pollatos, "Perceiving One's Body Shapes Empathy," *Physiology and Behavior* 140 (2015): 54–60; P. Shah, C. Catmur, and G. Bird, "From Heart to Mind: Linking Interoception, Emotion, and Theory of Mind," *Cortex* 93 (2017): 220–223.

第四章　理解

1 J. Joyce, *Finnegans Wake* (Hertfordshire, UK: Wordsworth, 2012).

2 A. A. Pallathra, M. E. Calkins, J. Parish-Morris, B. B. Maddox, L. S. Perez, J. Miller, R. C. Gur, D. S. Mandell, R. T. Schultz, E. S. Brodkin, "Defining Behavioral Components of Social Functioning in Adults with Autism Spectrum Disorder as Targets for Treatment," *Autism Research* 11 (2018): 488–502.

3 A. E. Pinkham, D. L. Penn, M. F. Green, B. Buck, K. Healey, and P. D. Harvey, "The Social Cognition Psychometric Evaluation Study: Results of the Expert Survey and RAND Panel," *Schizophrenia Bulletin* 40(4) (2014): 813–823.

4 R. C. Gur, R. E. Gur, "Social Cognition as an RDoC Domain," *American Journal of Medical Genetics Part B, Neuropsychiatric Genetics* 171B (2016): 132–141.

5 C. Frith, "Social Cognition," *Philosophical Transactions of the Royal Society of London B: Biological Sciences* 363(1499) (2008): 2033–2039.

6 Frith, "Social Cognition."

7 D. Goleman, *Emotional Intelligence: Why It Can Matter More Than IQ* (New York: Bantam Books, 2005).

8 J. LeDoux, "The Amygdala," *Current Biology* 17 (2007): R868–R874; R. P. Spunt and R. Adolphs, "The Neuroscience of Understanding the Emotions of Others," *Neuroscience Letters* 693 (2019): 44–48.

9 L. S. Colzato, R. Sellaro, and C. Beste, "Darwin Revisited: The Vagus Nerve Is a Causal Element in Controlling Recognition of Other's Emotions," *Cortex* 92 (2017): 95–102.

10 G. Chronaki, J. A. Hadwin, M. Garner, P. Maurage, and E. J. S. Sonuga-Barke, "The Development of Emotion Recognition from Facial Expressions and Non-Linguistic Vocalizations During Childhood," *British Journal of Developmental Psychology* 33 (2014): 218–236.

11 M. E. Barrera and D. Maurer, "Recognition of Mother's Photographed Face by the Three-Month-Old Infant," *Child Development* 52 (1981): 714–716.

12 H. Oster, " 'Recognition' of Emotional Expression in Infancy?," in M. E. Lamb and L.R. Sherrod, eds., *Infant Social Cognition: Empirical and Theoretical Considerations* (Hillsdale, NJ: Lawrence Erlbaum, 1981).

13 Chronaki et al., "Development of Emotion Recognition."

14 Chronaki et al., "Development of Emotion Recognition"; C. L. Gohm and G. L. Clore, "Four Latent Traits of Emotional Experience and Their Involvement in Well-Being, Coping, and Attributional Style," *Cognition & Emotion* 16 (2002): 495–518.

15 J. M. Salguero, R. Palomera, and P. Fernßndez-Berrocal, "Perceived Emotional Intelligence as Predictor of Psychological Adjustment in Adolescents: A 1-Year Prospective Study," *European Journal of Psychology of Education* 27 (2012): 21–34.

16 Frith, "Social Cognition."

17 F. Happe, J. L. Cook, and G. Bird, "The Structure of Social Cognition: In(ter)Dependence of Sociocognitive Processes," *Annual Review of Psychology* 68 (2017): 243–267; C. Schwenck, J. Mergenthaler, K. Keller, J. Zech, S. Salehi, R. Taurines, M. Romanos, M. Schecklmann, W. Schneider,

A. Warnke, and C. M. Freitag, "Empathy in Children with Autism and Conduct Disorder: Group-SpecificProfiles and Developmental Aspects," *Journal of Child Psychology and Psychiatry* 53(6) (2011): 651–659.

18 A. Smith, "The Empathy Imbalance Hypothesis of Autism: A Theoretical Approach to Cognitive and Emotional Empathy in Autistic Development," *The Psychological Record* 59 (2008): 273–294.

19 J. Decety and M. Meyer, "From Emotion Resonance to Empathic Understanding: A Social Developmental Neuroscience Account," *Development and Psychopathology* 20 (2008): 1053–1080; C. Trevarthan and P. Hubley, "Secondary Intersubjectivity: Confidence, Confiders and Acts of Meaning in the First Year," in A. Lock, ed., *Action, Gesture and Symbol* (New York: Academic Press, 1978); D. Stern, "Chapter 6: The Sense of the Subjective Self: I. Overview," *The Interpersonal World of the Infant* (New York: Basic Books, 2000).

20 L. A. Winczewski, J. D. Bowen, and N. L. Collins, "Is Empathic Accuracy Enough to Facilitate Responsive Behavior in Dyadic Interaction? Distinguishing Ability from Motivation," *Psychological Science* 27(3) (2016): 394–404.

21 J. Stietz, E. Jauk, S. Krach, and P. Kanske, "Dissociating Empathy from Perspective-Taking: Evidence from Intra-and Inter-Individual Differences Research," *Frontiers in Psychiatry* 10 (2019): 126.

22 F. B. M. de Waal and S. D. Preston, "Mammalian Empathy: Behavioural Manifestations and Neural Basis," *Nature Reviews Neuroscience* 18 (2017): 498–509.

23 Happe, "Structure of Social Cognition"; de Waal and Preston, "Mammalian Empathy."

24 V. Gallese, M. N. Eagle, and P. Migone, "Intentional Attunement: Mirror Neurons and the Neural Underpinnings of Interpersonal Relations," *Journal of the American Psychoanalytic Association* 55(1) (2007): 131–176.

25 Happe, Cook, and Bird, "Structure of Social Cognition."

26 T. F. Heatherton and T. Wheatley, "Social Neuroscience," in R. F. Baumeister and E. J. Finkel, eds., *Advanced Social Psychology: The State of the Science* 1st ed. (New York: Oxford University Press, 2010).

27 C. C. Peterson, H. M. Wellman, and V. Slaughter, "The Mind Behind the Message: Advancing Theory-of-Mind Scales for Typically Developing Children, and Those with Deafness, Autism, or Asperger Syndrome," *Child Development* 83(2) (2012): 469–485; H. M. Wellman and D. Liu, "Scaling Theory of Mind Tasks," *Child Development* 75 (2004): 759–763.

28 S. Baron-Cohen, A. M. Leslie, and U. Frith, "Does the Autistic Child Have a 'Theory of Mind' "? *Cognition* 21 (1985): 37–46.

29 Dogen, "The Point of Zazen," in K. Tanahashi, ed., *Moon in a Dewdrop: Writings of Zen Master Dogen* (New York: North Point Press, 1985), 218–219.

30 N. Rasheta, "Breaking the Chain of Reactivity," *Secular Buddhism Podcast* (2018), https://secularbuddhism.com.

31 P. Ekman, "How to Deal with Emotions," *Paul Ekman Group Blog* (2019), https://www.paulekman.com/blog/how-to-deal-with-emotions.

32 M. de Guzman, G. Bird, M. J. Banissy, and C. Catmur, "Self-Other Control Processes in Social

Cognition: From Imitation to Empathy," *Philosophical Transaction of the Royal Society B* 371 (2016): 20150079.

33 E. Hong, "This Korean Parenting Style Is the Best-Kept Secret to Raising Smart and Successful Kids," *CNBC Make It* (November 15, 2019), https://www.cnbc.com/2019/11/15/how-korean-parents-raise-smart-successful-kids- best-kept- secret.htm; "What is Nun-Chi?," *Catch the Wave / K-Talk with Hyunwoo* (2012), www.youtube.com/watch?v=RomYCZ-IHxc.

34 J. Y. Yim, "Nunchi, a Korean Value of Social Intelligence, and Its Relationships to Emotional Intelligence, Psychological Functioning, and Interpersonal Problems," A dissertation presented to the faculty of the Rosemead School of Psychology, Biola University, ProQuest Number 10269476.

35 J. Gottman and J. Declaire, *Raising an Emotionally Intelligent Child: The Heart of Parenting* (New York: Simon & Schuster, 1998).

36 P. Fonagy, M. Steele, H. Steele, G. Moran, and A. Higgit, "The Capacity for Understanding Mental States: The Reflective Self in Parent and Child and Its Significance for Security of Attachment," *Infant Mental Health Journal* 12(3) (1991): 201–218; J. F. Grienenberger, K. Kelly, and A. Slade, "Maternal Reflective Functioning, Mother-Infant Affective Communication, and Infant Attachment: Exploring the Link Between Mental States and Observed Caregiving Behavior in the Intergenerational Transmission of Attachment," *Attachment and Human Development* 7(3) (2005): 299–311; D. S. Schechter and E. Willheim, "Disturbances of Attachment and Parental Psychopathology in Early Childhood," *Child and Adolescent Psychiatric Clinics of North America* 18(3) (2009): 665–686.

37 F. Larkin, J. Oostenbroek, Y. Lee, E. Hayward, and E. Meins, "Proof of Concept of a Smartphone App to Support Delivery of an Intervention to Facilitate Mothers' Mind-Mindedness," *PLoS ONE* 14 (2019): e0220948.

38 N. L. Collins and B. C. Feeney, "Working Models of Attachment Shape Perceptions of Social Support: Evidence from Experimental and Observational Studies," *Journal of Personality and Social Psychology* 87(3) (2004): 363–383.

39 B. E. Kok and T. Singer, "Effects of Contemplative Dyads on Engagement and Perceived Social Connectedness over 9 Months of Mental Training: A Randomized Clinical Trial," *JAMA Psychiatry* 74(2) (2017): 126–134; A. A. Pallathra, J. Day-Watkins, M. E. Calkins, B. Maddox, J. Miller, J. Parish-Morris, J. Herrington, S. Kangovi, R. Tomlinson, T. Creed, C. Kerns, W. Bilker, F. Handy, J. E. Connell, G. S. Dichter, D. S. Mandell, R. T. Schultz, and E. S. Brodkin, "TUNE In, a Novel Cognitive Behavioral Treatment Program to Improve Social Functioning in Adults with ASD: Pilot Study Results," International Meeting for Autism Research (IMFAR) (2017); C. Campos, S. Santos, E. Gagen, S. Machado, S. Rocha, M. M. Kurtz, and N. B. Rocha, "Neuroplastic Changes Following Social Cognition Training in Schizophrenia: A Systematic Review, *Neuropsychology Review* 26 (2016): 310–328.

40 J.-M. Yang, *Tai Chi Theory and Martial Power: Advanced Yang Style Tai Chi Chuan* (Wolfeboro, NH: YMAA Publication Center, 2015).

41 J. F. Christensen, A. Gomila, S. B. Gaigg, N. Sivarajah, and B. Calvo-Merino, "Dance Expertise Modulates Behavioral and Psychophysiological Responses to Affective Body Movement," *Journal*

of Experimental Psychology: Human Perception and Performance 42(8) (2016): 1139–1147; J. F. Christensen, S. B. Gaigg, B. Calvo-Merino, "I Can Feel My Heartbeat: Dancers Have Increased Interoceptive Accuracy, *Psychophysiology* 55 (2018): e13008; T. Shafir, "Using Movement to Regulate Emotion: Neurophysiological Findings and Their Application to Psychotherapy, *Frontiers in Psychology* 7 (2016): article 1451.

第五章　相互回應

1 N. Fischer, *Everyday Zen* podcast, "Sustaining Compassion—Metta Institute September 2016" (September 30, 2016), http://everydayzen.org/teachings/2013/sustaining-compassion-metta-institute-september-2016.

2 D. McKesson, S. Sinyangwe, J. Elzie, and B. Packnett, *Police use of force policy analysis* (2016), Campaign Zero. https://static1.squarespace.com/static/56996151c bced68b170389f4/t/57e1b5cc2994ca4ac1d97700/1474409936835/Police +Use+of+Force+Report.pdf

3 J. Vinoski, "Chobani's Hamdi Ulukaya Throws Down the Gauntlet with His 'Anti-CEO Playbook,' " *Forbes* (June 29, 2019), www.forbes.com/sites/jimvinoski/2019/06/29/chobanis-hamdi-ulukaya-throws-down-the-gauntlet-with- his-anti-ceo-playbook/#27c7bedb44d2.

4 P. Jackson, *Sacred Hoops: Spiritual Lessons of a Hardwood Warrior* (New York: Hyperion, 1995).

5 Jackson, *Sacred Hoops*.

6 M. Gladwell, *Talking to Strangers: What We Should Know About the People We Don't Know* (New York: Little, Brown, 2019).

7 *Chen Village,* Empty Mind Films, produced and directed by Jon Braeley (2009).

8 C. Catmur and C. Heyes, "Is It What You Do, or When You Do It? The Roles of Contingency and Similarity in Pro-Social Effects of Imitation," *Cognitive Science* 37 (2013): 1541–1552.

9 U. Hasson, A. A. Ghazanfar, B. Galantucci, S. Garrod, and C. Keysers, "Brain-to-Brain Coupling: A Mechanism for Creating and Sharing a Social World," *Trends in Cognitive Sciences* 16(2) (2012): 114–121.

10 E. Redcay, D. Dodell-Feder, M. J. Pearrow, P. L. Mavros, M. Kleiner, J. D. E. Gabrieli, and R. Saxe, "Live Face-to-Face Interaction During fMRI: A New Tool for Social Cognitive Neuroscience," *NeuroImage* 50 (2010): 1639–1647.

11 D. J. Baker, "2020 Vision," *Opera News* Vol 81 (March 2017), https://yannicknezetseguin.com/en/pressroom/interviews/detail/2020-vision.

12 M. Griffin, "Chamber Music as Prep for Med School," *Juilliard Journal* (December 2018–January 2019): 18.

13 T. Hellstrom, editor, *The Dalai Lama Book of Quotes: A Collection of Speeches, Quotations, Essays and Advice from His Holiness* (Hobart, NY: Hatherleigh Press, 2016).

14 E. A. Butler and A. K. Randall, "Emotional Coregulation in Close Relationships," *Emotion Review* 5(2) (2013): 202–210.

15 A. Schultz, "The Space Between Us Is a Creative Possibility," *On Being* blog (October 16, 2017), https://onbeing.org/blog/ali-schultz-the-space-between-us-is-a-creative-possibility.

16 Schultz, "Space Between Us."

17 S. Braten and C. Trevarthen, "Prologue: From Infant Intersubjectivity and Participant Movements to Simulation and Conversation in Cultural Common Sense," in S. Braten, ed., *On Being Moved: From Mirror Neurons to Empathy* (Amsterdam, the Netherlands: John Benjamins, 2007), 21–34.

18 B. Beebe, J. Jaffe, S. Markese, K. Buck, H. Chen, P. Cohen, L. Bahrick, H. Andrews, and S. Feldstein, "The Origins of 12-Month Attachment: A Microanalysis of 4-Month Mother-Infant Interaction," *Attachment & Human Development* 12 (2010): 3–141.

19 D. Stern, "Chapter 7: The Sense of a Subjective Self: II. Affect Attunement," *The Interpersonal World of the Infant* (New York: Basic Books, 2000).

20 A. Gianino and E. Z. Tronick, "The Mutual Regulation Model: The Infant's Self and Interaction Regulation and Coping and Defensive Capacities," in T. M. Field, P. M. McCabe, and N. Schneiderman, eds., *Stress and Coping Across Development* (Hillsdale, NJ: Lawrence Erlbaum, 1988), 47–68.

21 Gianino and Tronick, "Mutual Regulation Model."

22 D. S.-V. Sim and D. Gaffney, *Chen Taijiquan: Masters and Methods* (Blaine, WA: D&D Publications, 2018).

23 D. Stern, *The First Relationship: Infant and Mother* (Cambridge, MA: Harvard University Press, 1977).

24 W. Yu-hsiang, "Expositions of Insights Into the Practice of the Thirteen Postures," in B. P. J. Lo, M. Inn, R. Amacker, and S. Foe, eds., *The Essence of T'ai Chi Ch'uan: The Literary Tradition* (Berkeley, CA: Blue Snake Books, 1979), 41–60.

25 M. Przyrembel, J. Smallwood, M. Pauen, and T. Singer, "Illuminating the Dark Matter of Social Neuroscience: Considering the Problem of Social Interaction from Philosophical, Psychological, and Neuroscientific Perspectives," *Frontiers in Human Neuroscience* 6 (2012): Article 190.

26 Redcay et al., "Live Face-to-Face Interaction During fMRI"; G. F. Donnay, S. K. Rankin, M. Lopez-Gonzalez, P. Jiradejvong, and C. J. Limb, "Neural Substratesof Interactive Musical Improvisation: An fMRI Study of 'Trading Fours' In Jazz, *PLoS One* 9(2) (2014): e88665.

第六章　人工智慧下的調和

1 B. Smith, "Facial Recognition Technology: The Need for Public Regulation and Corporate Responsibility," *Microsoft / Microsoft On the Issues* blog July 13, 2018, https://blogs.microsoft.com/on-the-issues/2018/07/13/facial-recognition-technology-the-need-for-public-regulation-and-corporate-responsibility.

2 A. M. Turing, "Computing Machinery and Intelligence," *Mind* 49 (1950): 433–460.

3 "Go Master Quits Because AI 'Cannot Be Defeated,' " *BBC News* (November 27, 2019), www.bbc.com/news/technology-50573071.

4 H. Kissinger, "How the Enlightenment Ends: Philosophically, Intellectually—In Every Way—Human Society Is Unprepared for the Rise of Artificial Intelligence," *The Atlantic* (June 2018), www.theatlantic.com/magazine/archive/2018/06/henry- kissinger-ai-could-mean-the-end-of-human-history/559124; M. Klein, "Google's AlphaZero Destroys Stockfish in 100-Game Match," Chess.com (updated December 6,

2017), www.chess.com/news/view/google-s-alphazero-destroys-stockfish-in-100- game-match.

5 C. Metz, "DeepMind Can Now Beat Us at Multiplayer Games, Too," *The New York Times* (May 30, 2019), www.nytimes.com/2019/05/30/science/deep- mind-artificial-intelligence.html?smid=nytcore-ios-share; M. Jaderberg, W. M. Czarnecki, I. Dunning, L. Marris, G. Lever, A. G. Castaneda, C. Beattie, N. C. Rabinowitz, A. S. Morcos, A. Ruderman, N. Sonnerat, T. Green, L. Deason, J. Z. Leibo, D. Silver, D. Hassabis, K. Kavukcuoglu, and T. Graepel, "Human-Level Performance in 3D Multiplayer Games with Population-Based Reinforcement Learning," *Science* 364(6443)(2019): 859–865.

6 N. Brown and T. Sandholm, "Superhuman AI for Multiplayer Poker," *Science* 365(6456) (2019): 885–890.

7 C. Metz, "With $1 Billion from Microsoft, an A.I. Lab Wants to Mimic the Brain," *The New York Times* (July 22, 2019), www.nytimes.com/2019/07/22/technology/open-ai-microsoft.html?smid=nytcore-ios-share.

8 Microsoft Azure, Emotion Recognition software, https://azure.microsoft.com/en-us/services/cognitive-services/face/?v=18.05.

9 R. Yuste and S. Goering, "Four Ethical Priorities for Neurotechnologies and AI," *Nature* 551 (November 9, 2017): 159–163.

10 P. Mozur, "Inside China's Dystopian Dreams: A.I., Shame and Lots of Cameras," *The New York Times* (July 8, 2018), www.nytimes.com/2018/07/08/business/china-surveillance-technology.html.

11 C. Metz, "Facial Recognition Tech Is Growing Stronger, Thanks to Your Face," *The New York Times* (July 13, 2019), www.nytimes.com/2019/07/13/technology/databases-faces-facial-recognition-technology.html.

12 K. Conger "Amazon Workers Demand Jeff Bezos Cancel Face Recognition Contracts with Law Enforcement), *Gizmodo* (June 21, 2018), https://gizmodo.com/amazon-workers-demand-jeff-bezos-cancel-face-recognitio-1827037509.

13 K. Hill, "The Secretive Company That Might End Privacy as We Know It, *The New York Times* (January 18, 2020), www.nytimes.com/2020/01/18/technology/clearview-privacy-facial-recognition.html?smid=nytcore-ios-share.

14 N. Nittle, "Amazon's Facial Analysis Tech Often Mistakes Dark-Skinned Women For Men, Study Shows" (January 28, 2019), https://www.vox.com/the- goods/2019/1/28/18201204/amazon-facial-recognition-dark-skinned-women-mit-study.

15 Smith, "Facial Recognition Technology."

16 A. McCarthy, "How 'Smart' Email Could Change the Way We Talk,"*BBC* (August 12, 2019), www.bbc.com/future/article/20190812-how-ai-powered-predictive-text-affects-your-brain.

17 R. Johnson, "How and Why Companies Will Engineer Your Emotions," *IEEE Spectrum* (October 3, 2019), https://spectrum.ieee.org/the-human-os/biomedical/devices/how-and-why-companies-will-engineer-your-emotions; P. Gundecha, "IBM Watson Just Got More Accurate at Detecting Emotions," *IBM Cloud* (October 6, 2016), www.ibm.com/cloud/blog/announcements/watson-has-more-accurate-emotion-detection.

18 A. Regalado, "Facebook Is Funding Brain Experiments to Create a Device That Reads Your Mind, *MIT Technology Review* (July 30, 2019), https://www.technologyreview.com/2019/07/30/133986/

facebook-is-funding-brain- experiments-to-create-a-device-that-reads-your-mind; D. A. Moses, M. K. Leonard, J. G. Makin, and E. F. Chang, "Real-Time Decoding of Question-and-Answer Speech Dialogue Using Human Cortical Activity," *Nature Communications* 10 (2019): 3096.

19 Regalado, "Facebook Is Funding."

20 L. Fridman, "Rosalind Picard: Affective Computing, Emotion, Privacy, and Health," *Artificial Intelligence* podcast (2019), www.youtube.com/watch?v=kq0VO1FqE6I; R. W. Picard, *Affective Computing* (Cambridge, MA: The MIT Press, 2000).

21 R. W. Picard, MIT Media Lab, Affective Computing Lab web page, www.media.mit.edu/groups/affective-computing/overview.

22 R. el Kaliouby, "This App Knows How You Feel—From the Look on Your Face," TED talk, TedWomen (May 2015), www.ted.com/talks/rana_el_kaliouby_this_app_knows_how_you_feel_from_the_look_on_your_face?language=en.

23 International Workshop on Social & Emotion AI for Industry SEAIxI (September 3, 2019), http://seaixi.neurodatalab.com.

24 G. Colvin and Editors of *Fortune*, "25 Ideas That Will Shape the 2020s," *Fortune* (December 19, 2019).

25 B. Gholipour, "New AI Tech Can Mimic Any Voice: Emerging Technologies in Speech Generation Raise Ethics and Security Concerns," *Scientific American* (May 2, 2017), www.scientificamerican.com/article/new-ai-tech-can-mimic-any-voice.

26 Picard, MIT Media Lab.

27 S. Fussell, "Alexa Wants to Know How You're Feeling Today," *The Atlantic* (October 12, 2018), www.theatlantic.com/technology/archive/2018/10/alexa- emotion-detection-ai-surveillance/572884.

28 T. Essig, "The War for the Future of Psychotherapy," *Forbes* (December 27, 2019), www.forbes.com/sites/toddessig/2019/12/27/the-war-for-the-future-of -psychotherapy/#7947d3dc759b; T. Essig, S. Turkle, and G. I. Russell, "Sleepwalking Towards Artificial Intimacy: How Psychotherapy Is Failing the Future," *Forbes* (June 7, 2018), www.forbes.com/sites/toddessig/2018/06/07/sleepwalking-towards-artificial -intimacy-how-psychotherapy-is-failing-the-future/#5d83b61c4037.

29 Picard, MIT Media Lab.

30 Hiroshi Ishiguro Laboratories, www.geminoid.jp/en/index.html.

31 Loving AI, https://lovingai.org.

32 A. M. Rosenthal-von der Putten, N. C. Kramer, S. Maderwald, M. Brand, and F. Grabenhorst, "Neural Mechanisms for Accepting and Rejecting Artificial Social Partners in the Uncanny Valley," *The Journal of Neuroscience* 39(33) (2019): 6555–6570.

33 Picard, MIT Media Lab.

34 "NIH Greatly Expands Investment in BRAIN Initiative, *National Institutes of Health News Releases* (November 2, 2018), www.nih.gov/news-events/news- releases/nih-greatly-expands-investment-brain-initiative.

35 R. Yuste and S. Goering, "Four Ethical Priorities for Neurotechnologies and AI," *Nature* 551 (November 9, 2017): 159–163.

36 Yuste and Goering, "Four Ethical Priorities."
37 A. Vance, "Elon Musk's Neuralink Says It's Ready for Brain Surgery," *Bloomberg Businessweek* (July 16, 2019), www.bloomberg.com/news/articles/2019-07-17/elon-musk-s-neuralink-says-it-s-ready-to-begin-brain- surgery?srnd=premium.
38 Yuste and Goering, "Four Ethical Priorities."
39 Yuste and Goering, "Four Ethical Priorities."
40 H. T. Greely, C. Grady, K. M. Ramos, W. Chiong, J. Eberwine, N. A. Farahany, L. S. M. Johnson, B. T. Hyman, S. E. Hyman, K. S. Rommelfanger, and E. E. Serrano, "Neuroethics Guiding Principles for the NIH BRAIN Initiative," *Journal of Neuroscience* 38(50) 2018: 10586–10588; K. M. Ramos, C. Grady, H. T. Greely, W. Chiong, J. Eberwine, N. A. Farahany, L. S. M. Johnson, B. T. Hyman, S. E. Hyman, K. S. Rommelfanger, E. E. Serrano, J. D. Churchill, J. A. Gordon, and W. J. Koroshetz, "The NIH BRAIN Initiative: Integrating Neuroethics and Neuroscience," *Neuron* 101(3) (2019): 394–398.
41 T. Requarth, "This Is Your Brain. This Is Your Brain as a Weapon.," *Foreign Policy* (September 14, 2015), https://foreignpolicy.com/2015/09/14/this-is-your- brain-this-is-your-brain-as-a-weapon-darpa-dual-use-neuroscience.
42 S. Zuboff, *The Age of Surveillance Capitalism: The Fight for a Human Future at the New Frontier of Power* (New York: Public Affairs, 2019).
43 Fridman, "Rosalind Picard."
44 G. Colvin and Editors of *Fortune*, "25 Ideas."

45 Yuste and Goering, "Four Ethical Priorities."

46 A. Lavazza, "Freedom of Thought and Mental Integrity: The Moral Requirements for Any Neural Prosthesis," *Frontiers in Neuroscience* 12 (February 2018): Article 82.

47 A. Clark, "We Are Merging with Robots. That's a Good Thing.," *The New York Times* (August 13, 2018).

48 S. Turkle, "There Will Never Be an Age of Artificial Intimacy," *The New York Times* (August 11, 2018).

49 Turkle, "There Will Never Be an Age."

第七章　我們該何去何從？

1 T. S. Eliot, "Little Gidding," *Four Quartets* (New York: Houghton Mifflin Harcourt, 1943).

2 T. S. Eliot, "Burnt Norton," *Four Quartets* (New York: Houghton Mifflin Harcourt, 1943).

3 J. Spiegel, S. K. Severino, and N. K. Morrison, "The Role of Attachment Functions in Psychotherapy," *The Journal of Psychotherapy Practice and Research* 9(1) (2000): 25–32; N. Way, A. Ali, C. Gilligan, and P. Noguera, eds., *The Crisis of Connection: Roots, Consequences, and Solutions* (New York: New York University Press, 2018).

4 Dalai Lama, Twitter, (May 1, 2020).

5 M. Angelou, Convocation address, Cornell University (May 24, 2008).

【NEXUS】MN0002

調和：打造自身平衡，建立彼此連結

Missing Each Other: How to Cultivate Meaningful Connections

作　　者❖愛德華・布羅德金 與 愛許莉・帕拉斯拉
（EDWARD BRODKIN and ASHLEY PALLATHRA）
譯　　者❖吳郁芸
封面設計❖陳文德
內頁排版❖張彩梅
總 編 輯❖郭寶秀
責任編輯❖黃國軒
行銷企劃❖羅紫薰

發 行 人❖涂玉雲
出　　版❖馬可孛羅文化
104台北市民生東路2段141號5樓
電話：(886) 2-25007696
發　　行❖英屬蓋曼群島商家庭傳媒股份有限公司城邦分公司
10483台北市中山區民生東路二段141號2樓
客服服務專線：(886) 2-25007718；25007719
24小時傳真專線：(886) 2-25001990；25001991
服務時間：週一至週五9:00～12:00；13:00～17:00
劃撥帳號：19863813　戶名：書虫股份有限公司
讀者服務信箱：service@readingclub.com.tw
香港發行所❖城邦（香港）出版集團有限公司
香港灣仔駱克道193號東超商業中心1樓
電話：(852) 25086231　傳真：(852) 25789337
E-mail：hkcite@biznetvigator.com
馬新發行所❖城邦（馬新）出版集團【Cite (M) Sdn. Bhd.(458372U)】
41, Jalan Radin Anum, Bandar Baru Sri Petaling,
57000 Kuala Lumpur, Malaysia.
電話：(603) 90563833　傳真：(603) 90576622
E-mail：services@cite.my
輸出印刷❖中原造像股份有限公司
初版一刷❖2022年10月
定　　價❖480元（紙書）
定　　價❖336元（電子書）

ISBN 978-626-7156-35-3（平裝）
EISBN 9786267156346（EPUB）

城邦讀書花園
www.cite.com.tw

國家圖書館出版品預行編目（CIP）資料

調和：打造自身平衡，建立彼此連結／愛德華・布羅德金（Edward Brodkin），愛許莉・帕拉斯拉（Ashley Pallathra）著；吳郁芸譯. -- 初版. -- 臺北市：馬可孛羅文化出版：英屬蓋曼群島商家庭傳媒股份有限公司城邦分公司發行, 2022.10
400面；14.8×21公分 --（Nexus；MN0002）
譯自：Missing each other: how to cultivate meaningful connections
ISBN 978-626-7156-35-3（平裝）
1. CST：人際關係　2. CST：社會互動
177.3　　111015460